U0560170

商标

行政执法

与

商标

品牌战略实务

梁立敏 著

团结出版社

图书在版编目（ＣＩＰ）数据

商标行政执法与商标品牌战略实务 / 梁立敏著. --
北京：团结出版社，2021.6
ISBN 978-7-5126-8517-8

Ⅰ．①商… Ⅱ．①梁… Ⅲ．①商标法－行政执法－研
究－中国 Ⅳ．①D923.434

中国版本图书馆 CIP 数据核字 (2021) 第 024655 号

出　版：团结出版社
　　　　（北京市东城区东皇城根南街 84 号　邮编：100006）
电　话：(010) 65228880　65244790　（出版社）
　　　　(010) 65238766　85113874　65133603（发行部）
　　　　(010) 65133603（邮购）
网　址：http://www.tjpress.com
E-mail：zb65244790@vip.163.com
　　　　tjcbsfxb@163.com（发行部邮购）
经　销：全国新华书店
印　装：三河市东方印刷有限公司

开　本：170mm×240mm　16 开
印　张：20.5
字　数：258 千字
版　次：2021 年 6 月　第 1 版
印　次：2021 年 6 月　第 1 次印刷

书　号：978-7-5126-8517-8
定　价：58.00 元
（版权所属，盗版必究）

前 言

　　本人从 1992 年起在河北省工商局从事工商行政执法工作 24 年，历任公平交易局副局长、法制处处长、商标广告处副处长、处长。在长期的工作实践中，与基层执法人员共同面对执法中遇到的各种问题和挑战，在公平交易、商标行政执法等方面多有思考和领悟。多次参与原国家工商总局关于《商标法》及《商标法实施条例》修改专家会议，为 2013 年版《商标法》和 2014 年版《商标法实施条例》的修改贡献了智慧和力量。针对《商标法》实施和基层执法人员不断提出的各种疑难案件和问题，从 2015 年起怀着敬畏心和分享心着手这本书的写作，其间经历了 2019 年《商标法》第四次修正，历时 5 年多。

　　本书主要针对《商标法》实施过程中遇到的问题，从实际操作层面，就商标的注册、管理、商标违法行为及商标侵权案件的查处等方面，如何理解和把握相关法律规定，执法实践中应该注意哪些问题，根据本人多年在工作实践中对基层执法情况和执法人员的了解，提出了有针对性的意见、建议。针对商标品牌战略实施中的问题，就商标行政指导、商标品牌发展战略，也提出了一些方法建议。有理论，但不拘泥于纯粹理论的论述，用执法人员和企业商标管理人员看得懂的语言阐述观点，同时，运用执法实践中遇到的典型案例和原国家工商总局商标局、商评委公布的已经生效的典型案例，以案说法，对帮助基层执法人员比较好的理解和把握《商标法》相关规定，准确研判案件，指导商标实践，具有比较好的指引作用。对其他企事业单位从事商标业务和管理的人员，也具有一定的参考价值。总体上讲，是一本商标实务操作方面的参考书。

特别提请国家市场监督管理总局国家知识产权局条法司吕志华副司长对本书进行了审阅把关。吕司长提出了详细精准的修改意见，使相关内容更加准确，在此，表示衷心感谢。

我在人生最好的年华服务工商系统 24 年，有深厚的工商情结。希望这本书能在商标事业发展方面贡献微薄之力。希望商标品牌在经济社会发展中发挥越来越好越来越重要的作用，以商标品牌助推经济社会高质量发展。

2021 年 4 月

目 录

第
一
部
分

基
本
知
识

第一部分　基本知识

第三章　商标的变更、转让、续展、许可使用和质权

第一部分　基本知识

第二部分 商标管理问题研究

第十章 商标行政指导

第十一章 商标品牌战略

第二部分   商标管理问题研究

第
三
部
分

商
标
侵
权
行
为

第一部分 三 基本知识

第一章　商标及《商标法》概述

第一节　商标概述

一、我国商标发展情况

自 1982 年起,《商标法》实施 30 多年来,《商标法》在保护注册商标专用权,维护公平竞争的市场秩序,推动我国社会经济发展中发挥了重要作用,商标注册、运用、保护和管理水平明显提升,我国的商标事业实现了跨越式发展。商标注册申请量在"十五"期间迅猛增长。1980 年我国商标注册申请量仅为 2 万多件,截至 2020 年年底,我国商标有效注册量达到 2839.3 万件。

二、商标的概念、种类、特征和作用

(一)商标的概念

商标是用以区别所提供商品及服务的标记。这种标记可以是可视性的,也可以是非可视性的,目的是在市场上起到区别商品或者服务的作用。商标是商品的"脸"。同样都是方便面,如何区分不同品牌?靠商标这张"脸"。如:"华龙"和"康师傅",都是方便面,使用不同的商标表明出自

不同的生产厂家；"华龙"和"今麦郎"方便面都是出自华龙集团，但面向不同的目标群体。"华龙"面向中低端市场，"今麦郎"面向高端市场。商标是商品经济发展的产物。劳动产生剩余，剩余出现产品交换，交换产生竞争，竞争引发区别，区别构成形象，形象影响市场。

（二）商标的种类

《商标法》第八条规定："任何能够将自然人、法人或者其他组织的商品与他人的商品区别开的标志，包括文字、图形、字母、数字、三维标志、颜色组合和声音等，以及上述要素的组合，均可以作为商标申请注册。"

1. 根据构成形式分类：分为传统商标和新型商标。

文字商标、图形商标、文字与图形组合商标为传统商标；非传统商标或者新型商标是指除此以外的立体商标（三维商标）、颜色组合和单一颜色商标、声音商标、气味商标、位置商标或动态商标等。根据可视与否分类，将非传统商标分为两类，一类为可视性商标，包括立体商标、颜色商标等；另一类为非可视性商标，包括声音商标、气味商标、味觉商标等。

（1）文字商标：指纯粹使用文字（包括汉字、汉语拼音、少数民族文字和外国文字或字母）、数字所构成的商标。如"雪花"牌商标，用在饮料商品上，会给人一种凉爽、清洁感；"海鸥""梅鹿"等商标，在日用品和服装等商品上使用，会给人一种轻松、自如、欢畅之感。又如"张小泉"剪刀、"盛锡福"帽子等，都是文字商标。还有以数字作商标的。如"555"香烟、"414"毛巾、"999"感冒灵等，这种数字商标虽然不一定表示什么意思，或者与商标使用人自身发展经历相关，其特点是不落俗套，别具一格，对特定企业有特殊意义，也逐渐被一些人所认识和接受。文字商标具有表达意思明确、视觉效果良好、易认易记等优点。

（2）图形商标：是指仅用几何图形或其他事物图案构成的商标。图形商标的使用既有其便于识别的一面，可不受语言文字的制约，不论在何种语言文字的国度，消费者只需看图即可识牌。但又有其不便呼叫，没有名称不好宣传的弊端。图形商标在不同的语言国度里，有时有不同的含义，又不易于呼叫，特别是较抽象的图形商标，因没有具体的称谓，有碍人们的口头交流，不便于广告宣传，影响商标的传播。

从商标的历史来看，图形商标比文字商标的历史要早得多。早期的图形商标大多为花鸟虫鱼、飞禽走兽、亭台楼阁、风景名胜、名山大川、天象地理和人物头像等。随着社会和经济的发展，通过实践认知，那种繁杂的图案商标越来越少，而将文字艺术化、图形化的商标越来越多。文字与图形的相互渗透，越来越成为商标设计的趋势。

图形商标如：

（3）**组合商标**：是指由文字、图形、字母、数字、三维标志、颜色组合和声音等标记两种或两种以上成分相结合构成的商标，也称复合商标。组合商标具有图文并茂、形象生动、引人注意、容易识别、便于呼叫等优点。但文字与图形的组合要协调，表达的中心思想要明确。

组合商标如：

三维商标：三维商标又称立体商标，是以一个具有长、宽、高三种度量的立体物质形态出现的标志。这种形态可能出现在商品的外形上，也可以表现在商品的容器或者附属于商品的其他地方。《商标法》第十二条规定："以三维标志申请注册商标的，仅由商品自身的性质产生的形状、为获得技术效果而需有的商品形状或者使商品具有实质性价值的形状，不得注册。"此可得出，以下三种三维标志的形状不能作为商标注册：

一是仅由商品自身的性质产生的形状，如茶壶形状、乒乓球形状等；

二是为获得技术效果而必须有的商品形状，如剪刀的形状、齿轮的形状等；

三是使商品具有实质性价值的形状，如轮胎的形状等。

（4）颜色组合商标：颜色组合商标是由两种或两种以上颜色，以一定的比例按照一定的排列顺序组合而成的商标。颜色组合商标与指定颜色商标是不同的。首先，颜色组合商标不限定具体的形状，而指定颜色商标必须有固定的形状；其次，颜色组合商标的显著性在于颜色，而指定颜色组合商标的显著性在于图形与颜色的组合；最后，只有一种颜色的单一颜色商标缺乏显著性，只有一种颜色的指定颜色商标不缺乏显著性，指定颜色商标可以由许多颜色组成，而颜色组合商标如果由太多颜色组成，则可能因为过于复杂无法注册。商标在注册申请时要求注明是否指定颜色及指定的是什么颜色，如果商标指定了颜色，在以后的商标使用中只能使用其指定的颜色，不能使用其他颜色。若没有指定颜色，在以后的颜色使用中就没有限制。因此，商标申请人一般不指定颜色。

（5）声音商标：以声音作为识别商品和服务来源的标识。如：中央电视台《新闻联播》开始曲，中央人民广播电台《小喇叭》节目开始曲等都可以作为声音商标注册。我国首例声音商标于 2016 年 2 月 13 日初审公告，申请"中国国际广播电台广播节目开始曲",这是我国初步审定公告拟核准注册的首件声音商标。

2. 根据用途和作用分类：分为商品商标和服务商标。

（1）**商品商标**：是指商品生产者或经营者为了将自己的商品与他人的商品相区别而使用的标记。是使用在商品上的商标。如："苹果"手机；"长城"干红葡萄酒；"比亚迪"汽车。

（2）**服务商标**：是指服务提供者为了将自己提供的服务与他人提供的服务相区别而使用的标记。如：中国移动通信集团有限公司"中国移动及图""燕山大学""清华大学""小肥羊"饭店、阳光热线（河北人民广播电台栏目名称）等。

3. 根据管理分类：分为注册商标和未注册商标。

注册商标是指商标注册申请人向国家商标主管机关提出商标注册申请并获得核准的标志。注册商标在其有效期限内，注册人享有该注册商标的专用权，严禁任何组织或个人仿冒、抄袭，未经注册人许可，他人不得使用该注册商标，其专用权受到国家的法律保护。

未注册商标是指商标使用者未向国家商标主管机关提出注册申请，自行在商品或服务上使用的文字、图形、字母、数字、三维标志、颜色组合和声音等标记，以及上述要素的组合标记。未注册商标不享有商标专用权，使用的未注册商标不得在相同或类似商品和服务上与他人已注册商标相同或近似。

4. 根据商标的功能分类：分为证明商标、集体商标。

（1）**证明商标**：是指对提供的商品或服务的来源、原料、制作方法、质量、精密度或其他特点具有保证意义的一种标志，又称之为保证商标。这种商标一般由商会或其他团体申请注册，申请人对商标的指定商品或服务具有检验能力，并负保证责任。如：绿色食品标志、真皮标志、纯羊毛标志、电工标志等。

　　① 证明商标的特点

　　一是证明商标表明商品或者服务具有某种特定品质，主要作用是证明作用；

　　二是证明商标注册人对商品或者服务必须具有检测和监督能力；

　　三是证明商标注册人自己不能使用该证明商标，只能由其许可符合证明商标商品品质的其他人使用。

　　② 证明商标与普通注册商标的区别

　　一是证明商标表明商品或者服务具有某种特定品质，主要作用是证明作用，即证明商品或者服务的原产地、原料、精确度、制造方法、质量或其他特定品质或者工艺。普通商标则表明商品或者服务来源于某一经营者；

　　二是证明商标注册人对商品或者服务必须具有检测和监督能力，普通商标注册人只需是依法登记的经营者；

　　三是证明商标在申请时要求提交管理规则，普通商标无此要求；

　　四是证明商标注册人自己不能使用证明商标，而普通商标除法定原因外，注册人可以自由使用注册商标。证明商标注册人主要职责是对证明商标进行管理，这种管理分两个方面，一方面是对商品或者服务的质量进行管理，另一方面是对使用人使用证明商标进行监督；

　　五是证明商标注册人对申请使用者的商品或者服务符合证明商标使用要求时，证明商标注册人不得拒绝其使用，必须依《集体商标、证明商标注册和管理办法》的规定履行手续，发给《证明商标使用证》。普通商标注册人有权决定是否许可他人使用其注册商标，准许他人使用时，只需签订使用许可合同；

六是证明商标与普通商标都可以转让。但证明商标的受让人必须是依法成立，具有法人资格和具有检测和监督能力的组织。普通商标的受让者包括依法登记的经营者；

七是证明商标失效两年内，商标局不得核准与之相同或近似的商标注册，普通商标则只需满一年，商标局就可以核准与之相同或近似的商标注册。

（2）**集体商标**：是指以团体、协会或者其他组织名义注册，供该组织成员在商事活动中使用，以表明使用者在该组织中的成员资格的标志。如各种行业协会注册的商标供协会成员使用。集体商标的作用是向人们表明使用该商标的集体组织成员所经营的商品或者服务项目具有共同特点。集体商标的作用是向用户表明使用该商标的企业具有共同的特点。一个使用着集体商标的企业，有权同时使用自己独占的其他商标。

① **集体商标的特点**

一是集体商标不属于单个自然人、法人或者其他组织，而属于由多个自然人、法人或者其他组织组成的社团组织，表明商品或服务来源自某一集体组织，体现了其"共有"和"共享"的特点；

二是集体商标是以各成员组成的集体名义申请注册和所有，由各成员共同使用的一项集体性权利，反映在集体商标的申请注册上，要求只有具有法人资格的集体组织才可以提出申请，因为只有具有法人资格的集体组织才能以其集体的独立名义拥有商标权；

三是集体商标反映在商标的使用上，表现为：集体组织通常不使用该集体商标，而由该组织的成员共同使用；不是该组织的成员不能使用；每个成员都有平等使用的权利，成员间不存在隶属关系；同时又必须对其集体成员的使用进行监督，并对违反使用规则的成员进行处理；

四是集体商标的注册、使用及管理均应制定统一的规则，详细说明成员的权利、义务和责任，管理费用的数额、用途并公布接受会员监督；

五是当集体商标受到侵害而请求赔偿损失时，应包括集体组织成员所受的损失在内；

六是当某成员退出该集体时，就不能再使用该集体商标，当某一新成员加入时，经全体成员同意可以因获得成员的身份而使用该集体商标；

七是集体商标不得许可非集体成员使用。

② 集体商标与普通商标的区别

集体组织既可以申请注册集体商标，也可以申请注册普通商标，但两者有以下的区别：

一是集体商标与普通商标均表明商品或服务的经营者，但集体商标表明商品或服务来自某组织；普通商标则表明来自某一经营者；

二是集体商标只能由某一组织申请注册；普通商标则可以由某一组织或某一个体经营者申请注册；

三是申请集体商标的，必须提交使用管理规则；申请普通商标无此要求；

四是集体商标不能许可本组织以外的成员使用；普通商标可以许可本组织以外的成员使用；

五是集体商标准许其成员使用时不必签订许可使用合同；普通商标许可他人使用时必须签订许可使用合同；

六是集体商标不能转让；普通商标可以转让他人；

七是集体商标失效后两年内商标局不得核准与之相同或近似的商标注册；普通商标则只需一年，商标局就可以核准与之相同或近似的商标注册。

（三）商标的特征

1. 显著性。就是要有不同于其他商标的独特性，要有区别作用。区别于他人商品或服务的标志，便于消费者识别。还要区别于具有叙述性、公知公用性质的标志。

2. 独占性。注册商标所有人对其商标具有专用权、独占权；未经许可，他人不得擅自使用。

3. 财产性。商标代表着商标所有人生产或经营的商品或者服务的质量信誉和企业形象，商标所有人通过商标的创意、设计、申请注册、广告宣传及使用，使商标具有了财产价值，也增加了商品的附加值。商标属于无形资产。

4. 竞争性。商标是参与市场竞争的工具。商标知名度越高，其商品或服务的竞争力就越强，这就是品牌竞争力。知名品牌有更强的盈利能力，更高的市场占有率。

（四）商标的作用

1. 区别商品或服务的来源。这是商标的基本作用。认牌购物已经成了人们普遍的消费习惯。商标是商品的"脸"，商品或者服务换商标如同人换脸，会造成消费者辨识困难，市场风险比较大。GAP 1969 年诞生于美国，在二十世纪八九十年代发展迅速，短时间内占据了美国休闲品牌市场。但是自 2008 年以来，销量一直处于下滑阶段，已经用了 20 多年的品牌 Logo 被换成了由纽约创意公司 Laird & Partners 所设计的新 Logo，官方认为这是一款更具有时尚感的设计，但这一举动一经在社交媒体上发布，却引来了铺天盖地的否定和不满情绪。令 GAP 都没有想到是，虽然品牌的销售业绩有所下滑，但 GAP 仍令消费者们关注着、喜爱着，公司听从网友的意见，11 天后换回了蓝色的经典标志。可见，商标这种商品的"脸"的识别作用是非常大的。

2. 商标是企业财富的载体。一是商标作为无形资产，具有财产价值。

国际品牌评估机构 Brand Finance 发布了《2019 年全球最具价值品牌 500 排行榜》，前 50 强中，中国品牌有 12 个。排在第一位的是亚马逊（Amazon），美国科技公司，价值 1879.05 亿美元。其次是苹果（Apple），价值 1536.34 亿美元，谷歌（Google）1427.55 亿美元，微软（Microsoft）1195.95 亿美元。三星（Samsung）912.82 亿美元；美国电话电报（AT&T）870.05 亿美元；脸书（Facebook）美国科技 832.02 亿美元；排在第八位的是中国工商银行（ICBC）798.23 亿美元，第十位是中国建设银行（China Construction Bank）697.42 亿美元；第十二位是华为（Huawei）622.78 亿美元；第十四位是中国平安（Ping An）保险 576.26 亿美元；第十五位是中国移动（China Mobile）556.70 亿美元；第十六位是中国农业银行（Agricultural Bank Of China）550.40 亿美元。

既然商标具有财产价值，消费者就要为商标买单。据测算：消费者每花费 100 元购买品牌商品，30 元购买的是产品，70 元则在为商标"买单"。从某种程度来说，最便宜的知识产权是注册商标，因为注册费用不足千元，最有价值的知识产权也是注册商标，有的评估价值成百上千亿美元。很多国际大公司无形资产，包括品牌、专利、商誉等占公司总资产的 95% 以上。

二是商标可以作为投资手段，具有产业资本价值。《公司法》第二十四条规定："股东可以用实物出资，也可以用实物、工业产权、非专利技术、土地使用权等作价出资。"

三是利用商标进行资产运营，具有增值价值。一些企业将商标购进后，进行整体包装运作，商标升值后再转让，从中盈利。意大利卡洛·本尼特迪财团，1985 年以 8 倍于财务报表资产价值的价格购进经营艰难的布托尼公司。将布托尼商标进行包装，使其成为欧洲食品市场上首屈一指的知名品牌。3 年后，以高于实际资产 35 倍的价格——800 亿法郎将布托尼卖给雀巢公司，获利丰厚。企业资产可以分为有形资产和无形资产。无形资产包括商标、专利、商业秘密（秘密配方、客户名单）等。企业在经营过程中积累起来的商业信誉、企业形象、文化等无形资产，向商标汇集，通过商标的价值体现出来。商标成为无形资产的载体。商誉再好，商誉本身看不到摸不着，不能作价出售。商誉的价值可以通过商标体现出来。

四是商标能集成企业文化，成为企业软实力的集中体现和企业形象的缩影。有些商标的影响力已脱离单个企业或者行业的范畴，成为一个地区乃至一个国家综合竞争力和整体形象的标志，成为一个地方的经济名片。美国的经济名片有苹果、微软、IBM、可口可乐，大多为高新技术行业；日本的经济名片有本田、丰田、索尼、松下、日立等；德国的经济名片有奔驰、宝马、西门子等。提到"德国制造"，人们的第一印象就是"宝马""奔驰""奥迪"等德国品牌，正是由于这么一大批优质品牌的支撑，才让消费者认为德国制造的东西是世界上最精密的，质量是有保障的，更由此延伸到德国严谨的民族精神。有一个钟表的故事，可见"德国制造"的品质。德国殖民时期在青岛江苏路修建了基督教堂，1908 年 4 月 19 日开工建造，到 1910 年 10 月 23 日落成使用。上面的钟表迄今 110 年，依旧运转正常。2010 年，在华投资生产大型齿轮的一名德国商人陪父亲在青岛游览时看见了这座钟表，老人顿时认出了钟表所用的齿轮便是由他的家族企业供应的。在接受记者采访时，该德国商人表示："根据目前的使用情况，这些齿轮没有任何问题，还能再用上 300 年，真要维修时，恐怕要到我的曾孙一代了。"还有，1906 年清朝末期，德国泰来洋行承建甘肃兰州黄河铁桥（现在改名为兰州中山桥），1909 年建成。合同规定，该桥自完工之日起保证坚固 80 年。在 1949 年解放兰州的战役中，桥面木板被烧，纵梁留下弹痕，但桥身安稳如常。1989 年，距桥梁建成 80 年之际，德国专家专程对该桥进行了检查，并提出加固建议，同时申明合同到期。如今，中山桥仍然照常使用，并被列为市级文物保护单位。这就是国家品牌的竞争力！

我们中国的经济名片有中国电信、中石化、中国工商银行、中国银行、中国建设银行、中国人寿等，大部分还属于垄断行业。我国有学者提出："在一个知名品牌的背后往往是一个有竞争力的企业，一个有生命力的产业，一个有经济实力的城市，一个有世界影响力的国家。中国品牌的营造就是中国形象的营造，中国品牌在世界上'品牌'着中国。"

3. 商标是企业信誉的载体。企业信誉好，消费者就认这个牌子，对商标的忠诚度就高。商品质量出了问题，企业信誉没了，牌子也就砸了。如 2008 年 9 月，三鹿产品被检测出含有三聚氰胺，从此引发了奶制品行业的动荡。河北三鹿乳制品集团，作为奶制品行业的巨头之一，因为产品质量问题一夜之间垮塌；三鹿商标也变得毫无价值。三鹿集团成立于 1956 年，经过半世纪的发展，成为乳业帝国。2007 年销售额达到了 100 亿元。2007 年"三鹿"商标被商务部评为最具市场竞争力品牌，同年被认定为"中国驰名商标"；在这一年里三鹿品牌价值已经达到 149.07 亿元。2009 年 3 月，三元集团及其子公司联合组建的"联合竞拍体"以总价 6.165 亿元成功竞得三鹿，还不及 149.07 亿元的零头。三鹿商标无形资产的损失，远远大于有形资产的损失。

4. 商标是企业重要的生产要素。随着社会生产的不断发展，新的生产要素不断进入生产过程，生产要素的结构方式（劳动者、对象、工具）也在发生变化。现代经济是知识经济，作为知识产权的商标在生产中越来越成为重要的生产要素。如：商标成为企业合作、扩张、营销、定价等重要决策中必须考虑的要素。

随着国际贸易的发展，商标的作用越来越重要。国际贸易初期，首先是商品输出。商品输出，要消耗资源、能源、劳动力，要付出环境污染的代价；第二阶段，是资本输出。金钱作为资本，风险大，很多投资最终血本无归；第三阶段，是知识产权输出。商标、专利的许可证贸易，几无风险，一纸合同可抵车载船装的商品价值，不用一台设备、一间厂房，就可以将自己的品牌商品推向国际市场，如：皮尔·卡丹模式。

5. 商标是企业竞争的有力武器。商标是商品信息的载体，是参与市场竞争的工具。市场竞争就是商品或服务质量与信誉的竞争，其表现形式就是商标知名度的竞争，商标知名度越高，其商品或服务的竞争力就越强。

6. 品牌具有裂变效应。品牌发展到一定程度，其积累、聚合的各种资源（有形的和无形的）、营销力量、管理经验等就会出现张力，出现裂变，推动企业不断创新，不断衍生出新的产品和服务，不断进入新的领域，使企业不断壮大。

如：海尔品牌，经过了从一个冰箱—白色家电—黑色家电到全覆盖的延伸过程。海尔冰箱，是海尔最初的产品，在市场有一定知名度后，将品牌延伸到洗衣机、空调等其他白色家电领域；成功后，又延伸到彩电等黑色家电领域，继而覆盖几乎所有家电领域。这就是品牌的竞争力。

也有延伸不成功的案例，如：活力 28 纯净水。"活力 28，某市日化"是消费者熟悉的洗衣粉广告，企业将活力 28 延伸到纯净水产品上，消费者不认可，因为喝起来总觉得有股洗衣粉味道，最后活力 28 纯净水不得不退出市场。

7. 品牌带动效应。品牌这种无形资产集中体现了一个企业的综合素质和市场竞争能力，能够带动一个企业、一个地区甚至一个国家的经济超常规、跳跃式发展。一个地区、一个国家拥有国际知名商标品牌的多少，反映着这个地区、这个国家的经济水平和综合实力，反映着一个国家在国际社会中的经济地位。

如：河北华龙集团案例。1994 年 3 月，河北华龙食品集团有限公司成立，是一家股份制私营企业。1998 年，华龙用 4 年时间创出了一个著名商标，1999 年，华龙用 5 年时间被认定为中国驰名商标。2005 年，10 年时间，西范村百万元以上的农户已有 20 多家，全村新建别墅 79 幢，占全村总户数的 13%，全村轿车总数达到 85 辆，平均每 7 户家庭就拥有一辆轿车。华龙公司以 0.2% 的土地面积和 2.5% 的人口数量为基础，创造了隆尧县 30% 的工业产值、35% 的财政收入，使整个河北省从"小麦大省"成为"面制品强省"，隆尧县也从普通农业县一跃成为农业生产加工经济强县。2007 年华龙与日本日清公司合资，公司名称变更为今麦郎食品有限公司，推出了"今麦郎"这一高端面制品品牌，2009 年被国家工商总局认定为"驰名商标"。在全国建有 25 个生产基地，员工近 3 万人，方便面年产能 120 亿份，位居世界制面前三强，年加工小麦 180 万吨，年产饮品 300 万吨，拥有"华龙""今麦郎"驰名商标 2 个，产品销售网络遍布全国，并远销 40 多个国家和地区。20 年的时间，华龙集团实现了从中国走向世界，从民营企业向国际化企业转变的质的飞跃。

所以，商标很重要，是一种显著标识，具有区别作用；是一种知识产权，具有财产价值；是一种商战利器，具有竞争力量；是一种战略资源，具有经济带动作用。

三、注册商标和未注册商标

（一）概念

注册商标是指商标拥有人向国家商标局提出商标注册申请并获得核准

的文字、图形、字母、数字、三维标志、颜色组合和声音等，以及上述要素的组合标志。注册商标在其有效期限内，注册人享有该注册商标的专用权。

未注册商标是指商标使用者未向国家商标局提出注册申请，自行在商品或服务上使用文字、图形、字母、数字、三维标志、颜色组合和声音等，以及上述要素的组合标志。与注册商标相比，它有以下特点：

一是不确定性。体现在两个方面。第一，商标持有人虽然在一定时期内事实上持有了某个商标，但因未及时申请注册，最终有可能不能获得该商标注册，失去独占权。因我国商标管理制度实行注册原则，经过注册才受法律保护。当两个以上申请个人在相同或类似商品上申请注册的商标相同或近似时，根据申请在先原则，申请在先者将获准注册。对于申请在后者来说，除非其提出异议并有证据证实在先申请者属于商标法第十五条规定的抢注情形，否则，其在后申请的商标不能获准注册。第二，使用未注册商标时不得在相同或类似商品和服务上与他人已注册商标相同或近似。虽然商标已经在市场上使用，但会因为他人注册而被禁止使用。

二是脆弱性。体现在它难于获得强有力的法律保护。《商标法》第五十九条规定："商标注册人申请商标注册前，他人已经在同一种商品或者类似商品上先于商标注册人使用与注册商标相同或者近似并有一定影响的商标的，注册商标专用权人无权禁止该使用人在原使用范围内继续使用该商标，但可以要求其附加适当区别标识。"所以，《商标法》对未注册商标提供的保护是十分有限的，可以继续使用的前提是必须在先使用，并有一定影响。如果不能证明自己在先使用，并有一定影响，将不能继续使用该商标。《商标法》没有明确规定什么情况下属于有一定影响，实践中，商标使用人要证明自己的商标在市场上有一定影响并被商标主管部门或者法院认可，并不是一件很容易的事情。

（二）商标注册的意义

1. 商标一经注册，获得在全国范围内有效的法律权利。不用担心是否会侵犯他人权利。

2. 商标注册五年后成为不可宣告无效的注册商标。《商标法》第四十五条规定："已经注册的商标，违反本法第十三条第二款和第三款、第十五条、第十六条第一款、第三十条、第三十一条、第三十二条规定的，自商标注册之日起五年内，在先权利人或者利害关系人可以请求商标评审委员会宣告该注册商标无效。对恶意注册的，驰名商标所有人不受五年的时间限制。"注册时间超过五年的，除恶意注册的以外，他人在程序上就丧失了请求商标评审委员会宣告该注册商标无效的权利。

3. 商标注册成为转让和许可的证据，并获得更强的法律保护。未注册商标法律没有禁止许可和转让，但因为未注册商标本身权利的不确定性，导致未注册商标的许可和转让也具有权利状态的不确定性。

4. 注册商标有利于市场竞争和广告宣传，是企业信誉和质量的象征。商标是企业信誉、商品声誉等无形资产的法律表现形式。商标注册后，企业可以旗帜鲜明地宣传自己的产品和商标，不断扩大商标的知名度，积累无形资产。

（三）注册商标与未注册商标的区别

未注册商标和已注册商标是商标存在的两种形态。区别是：

1. 专用权不同。商标专用权指的是商标注册人拥有在核定商品上独占使用该注册商标的权利。未注册商标持有人不享有对该商标独占使用的权利。

2. 标记权不同。《商标法实施条例》第六十三条规定："使用注册商标，可以在商品、商品包装、说明书或者其他附着物上标明'注册商标'或者注册标记。注册标记包括注和®。使用注册标记，应当标注在商标的右上角或者右下角。"注册商标在使用时可以标明注册商标字样或者标注注册标记。正在申请注册商标的，没有取得商标注册证以前在使用中与未注册商标一样对待，不准标注注册标记，否则就是以非注册商标冒充注册商标。

注册标记有两种：®和®。应标注在商标的右上角或者右下角。同时紧密排列使用几个注册商标的，应该分别标出注册标记，不能仅仅标注一个注册标记；否则，容易被误认为是一个新的组合商标，而这个新的组合商标如果没有经过注册，又标注注册标记的，就是以非注册商标冒充注册商标。

注、®和 TM 的区别：

注，就是注册商标的意思。R 是 REGISTER 的缩写，用在商标上是指注册商标的意思。TM 是 Trademark 的缩写，有些国家如美国的商标通常加注 TM，并不一定是指已注册商标。在我国，注册申请中的商标习惯上加"TM"标记，仅表示商标（用于区分来源）之义，没有申请注册的商标也可以加"TM"。有一些国内公司不了解法律规定，一味模仿外国公司，在已注册的商标上也使用 TM 标记。

使用注册商标可以标明注册标记，也可以不标，不是强制性规定。但是，未标明注册标记对保护注册商标的权益有不利之处：一是不能让公众了解自己的商标享有注册商标专用权，影响消费者或者相关公众对该商标的认知和信赖度；二是注册商标专用权被侵犯要求处理时，法院可能会因侵权人不知该商标为注册商标而对其从轻处理，对方也可能因不知为注册商标而不同意赔偿，尤其是侵权人在证明自己销售不知道是侵犯他人注册商标专用权商品时，权利人未标注注册标记，会成为侵权人的证明理由之一。

3. 受法律保护力度不同。一个商标经国家商标局核准注册之后，申请人即取得该商标的专用权，受到法律的保护，他人就不能在相同或类似商品上使用该商标了。禁止权保护的范围扩大到了类似商品，近似商标。

《商标法》对于未注册商标，也做出了一些保护规定，如第三十二条规定：
"也不得以不正当手段抢先注册他人已经使用并有一定影响的商标。"第
五十九条规定："商标注册人申请商标注册前，他人已经在同一种商品或者
类似商品上先于商标注册人使用与注册商标相同或者近似并有一定影响的
商标的，注册商标专用权人无权禁止该使用人在原使用范围内继续使用该
商标，但可以要求其附加适当区别标识。"但是保护力度相对于注册商标
是较弱的。对在先使用未注册商标的保护，是"已经使用并有一定影响的
商标"，如果仅仅是在先使用，并未有一定影响，就不能对抗他人的抢注
行为，也不能在他人注册后在原有范围内继续使用该商标。而注册商标，
无论是否"已经使用并有一定影响"，均受到排他性的法律保护。

（四）强制注册规定

商标注册的原则是自愿注册，但是有自愿注册原则的例外规定，法律、
行政法规规定必须使用注册商标的商品，未经核准注册的，不得在市场销
售。《商标法》第六条规定："法律、行政法规规定必须使用注册商标的商
品，必须申请商标注册，未经核准注册的，不得在市场销售。"

目前，法律法规中有关商标强制注册规定的只有《烟草专卖法》。《烟
草专卖法》第二十条规定："卷烟、雪茄烟和有包装的烟丝必须申请商标注
册，未经核准注册的，不得生产、销售。"

（五）将未注册商标冒充注册商标使用的处罚

将未注册商标冒充注册商标使用的，限期改正，并可以予以通报，违
法经营额五万元以上的，可以处违法经营额百分之二十以下的罚款，没有
违法经营额或者违法经营额不足五万元的，可以处一万元以下的罚款。

第二节　商标权概述

一、商标权的概念及特征

（一）商标权的概念

商标权就是商标专用权，是商标所有人对其注册商标依法受国家法律保护的专有权。包括商标注册人对其注册商标的使用权、禁止权、收益权和处分权。商标权的内容主要包括以下四个方面：

1. **使用权。** 是指商标注册人对其注册商标所享有的独占性使用的权利。是注册人享有在指定的商品上使用其注册商标的权利，而且这种使用不承担任何侵犯他人注册商标专用权的风险，即使其商标与他人在相同或者类似商品上所注册的商标近似也不构成商标侵权，无须承担侵权责任。

2. **禁止权。** 是指商标注册人所享有的禁止他人擅自使用与其注册商标相同、近似商标的权利。注册人除了享有禁止他人在相同商品上使用与其注册商标相同的权利，还享有对于容易造成混淆的，禁止他人在类似商品上使用与其注册商标相同或近似的商标的权利。注册人享有的禁止权比其使用权的范围要广，扩大到了类似商品和近似的商标，是为了防止发生市场混淆。

3. **收益权。** 是指商标注册人所享有的通过自己使用其注册商标获得收益的权利。

4. **处分权。** 是指商标注册人所享有的以一定方式和条件许可他人使用其注册商标，或者将其注册商标所有权转让给他人的权利。

（二）商标权的特征

1. 商标权具有知识产权的一般特征

（1）**专有性**。专有性也称独占性或垄断性，是指商标所有人对其注册的商标享有专有使用的权利。这种权利一经取得就具有独占性，其他任何人未经商标所有权人同意，不得擅自使用，否则就构成侵权，要承担法律责任。商标专用权是法律赋予的一种权利，它的独占使用也要符合法律规定，不得滥用独占权。如《商标法》第五十九条规定："注册商标中含有的本商品的通用名称、图形、型号，或者直接表示商品的质量、主要原料、功能、用途、重量、数量及其他特点，或者含有的地名，注册商标专用权人无权禁止他人正当使用。

三维标志注册商标中含有的商品自身的性质产生的形状、为获得技术效果而需有的商品形状或者使商品具有实质性价值的形状，注册商标专用权人无权禁止他人正当使用。

商标注册人申请商标注册前，他人已经在同一种商品或者类似商品上先于商标注册人使用与注册商标相同或者近似并有一定影响的商标的，注册商标专用权人无权禁止该使用人在原使用范围内继续使用该商标，但可以要求其附加适当区别标识。"

（2）**时效性**。时效性是指商标权具有有效期限。在有效期限之内，商标权受到法律保护。超过有效期限，商标权不再受到法律保护。我国《商标法》规定商标权有效期限为十年，期满可以申请续展，每次续展的有效期限仍然是十年，续展没有次数限制。

（3）**地域性**。商标权具有严格的地域性，也就是通常所说的"属地原则"，商标注册人所享有的商标权只能在授予该项权利的国家主权领域内受到保护，在其他国家内不发生法律效力。如果需要得到其他国家的法律保护，必须按照该国法律规定，在该国申请注册，或者申请商标国际注册。因此，我国出口商品的商标，不仅应在本国申请注册，而且应及时在商品销售的国家或地区申请商标注册。否则，一旦被他人以相同或近似的商标在国外抢先注册，我国使用该商标的出口商品便不能再进入该国家或该地区，从而影响我国商品在国际市场上的销路。

随着国际经济交往的日益频繁，从 19 世纪末起，世界各国先后签订了一系列有关保护商标权的国际公约。但是，保护商标权的国际公约，并没有也不可能为各成员国提供一套国际统一的关于商标的实体法。因此，一个国家即使参加了统一保护商标权的国际公约，其涉外商标是否能够得到缔约国的保护，仍然取决于缔约国本国的国内法。处理有关商标事宜，仍然以缔约国法律为依据。

2. 商标权自身独有的特征

商标权除了具有知识产权的一般特征，还有独有的特征。

（1）**商标权的禁止权效力范围大于使用权效力范围。**商标权人有权禁止他人在与其注册商标核定的商品相同或类似的商品上使用与注册商标相同或近似的商标。商标权禁止权效力范围大于使用权效力范围。商标权的这一特征不仅不同于财产所有权，而且也不同于著作权和专利权。

所有权人对自己所拥有的财产享有占有、使用、处分与收益权，有权禁止他人未经许可的占有和使用，这种禁止权的范围是严格限定在所有权人所拥有的财产范围之内，不可能享有超出其占有、使用范围之外的禁止权。在知识产权的范畴内，著作权与专利权也不具有超出使用权范围的禁止权。著作权人享有作品的使用权并通过行使使用权获得收益。著作权人可以使用自己的作品，而且可通过授权他人使用作品而获得报酬。他人未经许可的擅自使用，著作权人有权禁止。但是，著作权人享有的禁止权不仅不能超出其享有的使用权范围，而且还受到一定的限制，就是他人在某些情况下使用作品，可以不经著作权人的许可，不向其支付报酬；或依据法律的规定，以特定方式使用作品，可以不经著作权人的许可，但应向著作权人支付使用费。前者称为合理使用，后者称为法定许可。如果他人使用著作权人的作品是在合理使用或法定许可的范围内，著作权人是无权禁止的。可见著作权人的禁止权的效力是小于其使用权范围的。

专利权人有权禁止他人未经许可，以生产经营为目的制造、使用、销售其专利产品或者使用其专利方法，以及使用、销售依该专利方法直接获得的产品，并有权阻止他人未经许可进口其专利产品或进口依照其专利方法直接获得的产品。专利权人所享有的这种禁止其他任何人未经许可实施其专利的权利也同样没有超出其取得的专利的范围。即专利权人的禁止权仅仅在其取得专利的发明创造范围内行使，而不能扩大到自己发明创造之外相邻的技术范围。专利权人有权禁止的，均是自己可以依所获得的专利实施的。

而商标权则有所不同，尽管商标权人有权禁止他人在与其注册商标核定的商品相同或类似的商品上使用与注册商标相同或近似的商标，但商标权人本人却无权以注册商标形式，在所核定商品上使用与其注册商标相近似的商标，以及在与所核定商品相类似的商品上使用与其注册商标相同或者近似的商标。商标权禁止权效力大于使用权效力这一特征是由于标记与作品、发明创造的性质不同而决定的。以商标与作品为例，作品一经创作产生，就可以不同利用方式来表现作品，既可以复制、播放、表演等方式原作使用，也可以翻译、改编等方式改作使用。形式多样的使用方式不仅不会冲淡作者与作品的联系，反而扩大了人们对作者与作品联系的认知。而商标作为一种标记，它与商标所有人的联系，恰恰需要无数次地重复商标这一唯一的表现方式。这种表现越是唯一的，它与其所有人的联系就越紧密，消费者对其认知就越稳固。相反就可能混淆商标与商标权人的联系，使消费者产生误认。正因为如此，法律赋予商标权人超出其使用权效力范围的禁止权，其目的不仅仅在于商标权人专用其注册商标，也在于维护消费者的合法权益。

（2）**商标权是一种相对永久权。**知识产权与财产所有权不同，它具有有效期限的性质。即经过一定的时间，智力成果就进入公有领域，人们就可以不经许可、不付报酬进行使用。例如各国的著作权法都规定了著作权人去世若干年后（一般为 50 年）就不再享有著作财产权，任何人都可以利用其作品而不必支付使用费和征得许可。发明和使用新型专利，则在授权后经过一段时间（一般为 10 — 20 年），便成为社会的共同财富，人人可以自由使用其专利。商标权也有有效期，在有效期内商标权人享有专有使用权、禁止权、收益权、处分权，超过有效期则不再享有这些权利，而且在有效期满后经过一定的时间，他人还可以通过法定程序，注册其商标而成为新的权利人。但是商标权的这种有效期限制又不同于著作权和专利权。著作权与专利权的时间限制是绝对的，期限到期，专利权人与著作权人便永远地丧失了对其作品或发明的支配权利。商标权人可通过履行续展手续继续享有商标权，而且可以不受次数限制地续展下去，从而使商标权实际上可以成为一种永久权。商标权人要获得这种永久权，需按时依照法律规定提出续展申请。此外，续展申请也可能会因为不符合续展时法律的有关规定而被驳回，同样会丧失商标权。因此，它是一种相对的永久权。

（3）**商标权不包括商标设计人的权利，更注重商标所有人的权利。**商标设计人的发表权、署名权等人身权在商标的使用中没有反映，不受《商标法》保护，商标设计人可以通过其他法律来保护。如可以商标设计图案作为美术作品通过《著作权法》来保护，与产品外观关系密切的商标图案还可以申请外观设计专利通过《专利法》保护。所以，在实践中，商标权中的人身权没有体现，商标权的行使更多体现在对其财产权的行使上。

二、与商标及商标权相关的几个问题

（一）商标与商品包装、装潢

1. 商标与商品包装、装潢的联系。

商标可以是商品包装、装潢的一部分，同时使用于商品包装上。具有美感的商标同时也可以起到美化商品的作用。

2. 商标与商品包装、装潢的区别。

（1）商标是为了区别商品的不同生产者或经营者，而装潢是为了美化商品。商标是一种区别性标志，着力于显著性，而商品装潢主要是美化商品，着力于美化装饰性。

（2）商标经核准注册后只能用于特定的商品，既不能任意扩大其核定使用的商品范围，也不能任意改变其商标图样；而商品装潢则可以随着人们审美观念的变化和市场销售的需要而改变装潢设计。

（3）商标可以作为商品装潢的一部分使用，商品装潢未表明商品本身功能、特性并具有独特性的，可以作为商标注册。如卷烟等商品，商标与装潢往往是重合的，既是商标又是装潢。消费者习惯根据整个包装图案来辨认商品。

3. 商标与商品包装、装潢保护的法律选择。

全包装注册的商标侵权案件，按照《商标法》保护。尚未注册的有一定影响的包装、装潢，依照《反不正当竞争法》保护，享有外观设计专利权的包装、装潢，也可以依照《专利法》保护。如果当事人在市场上使用的有一定影响的商品包装、装潢被侵权，向市场监督管理部门主张依照《反不正当竞争法》予以保护时，被投诉侵权人以拥有该包装的外观设计专利权抗辩时，应该查验谁拥有在先权利，如果投诉人在先使用，即使被投诉侵权人之后拥有了该包装的外观设计专利权，也构成对有一定影响的包装、装潢的侵权。《专利法》第二十三条规定："授予专利权的外观设计不得与他人在申请日以前已经取得的合法权利相冲突。"授予外观设计专利权不进行实质审查，但不得与在先权利相冲突。

（二）商标与企业名称

《商标法》第五十八条规定："将他人注册商标、未注册的驰名商标作为企业名称中的字号使用，误导公众，构成不正当竞争行为的，依照《中华人民共和国反不正当竞争法》处理。"

1. 商标和企业名称的联系。

商标是区别商品或服务来源的标志，由文字、图形、数字、颜色等要素或者其组合构成，经注册享有专用权；企业名称是区别不同市场主体的标志，经工商部门核准登记，在登记机关管辖的地域范围内，享有专用权。企业名称一般由行政区划、字号、行业或者经营特点、组织形式四部分构成，其中字号是区别不同企业的主要标志。

（1）都是企业的无形资产；

（2）同一企业的商标名称和企业名称可以一致；一个企业只能有一个企业名称，但可以有多个商标；

（3）一企业的商标名称和另一企业的企业名称可能会相同或者近似。

2. 商标和企业名称的区别。

（1）**构成要素不同。**企业名称一般由行政区划名称、字号、行业或经营特点、组织形式组成，核心是字号。商标只能由与他人使用的商标区别开来的显著部分构成，可以是文字、图形、数字、颜色或者其组合，以及立体图形、声音等。

（2）**功能不同**。商标是为了区别不同的商品或服务的来源；企业名称是为了识别不同的经营主体。企业名称对于一个企业来说是唯一的，企业名称一般只有一个，也不得许可他人使用自己的企业名称；但一个企业可以使用并注册不止一个商标，可以有多个商品或服务商标，且同一个商标通过商标使用许可等方式，可以由不止一家企业同时使用。即一个企业只能有一个名称，一个名称只能由一个企业使用；一个企业可以有一个或多个商标，一个商标可以由几个企业同时使用。一个企业的企业名称中的字号与注册商标可以相同，也可以不同。

（3）**适用的法律程序不同，法律后果差异很大**。商标只要不违反《商标法》规定的禁用条款，不侵犯他人商标专用权，不经注册就可使用，只是没有专用权。除烟草制品外，商品或者服务上可以使用注册商标，也可以不使用注册商标。企业名称则必须经国家指定的主管机关核准登记后才能使用。从事生产经营活动使用未经核准登记的企业名称属于违法行为，应当受到处罚。

（4）**专用权范围不同**。商标一经核准注册，在全国范围内享有专用权。企业名称中的字号仅在登记机关所辖区域范围内，在相关行业内享有专用权，无权禁止其他行业的市场主体以及登记机关所辖区域范围之外的市场主体，登记注册相同或者近似的字号。

（5）**表现形式不同**。商标的表现形式可以是文字、图形、数字、颜色等及其组合以及立体图形、声音等；企业名称只能用文字表示。

（6）**适用法律不同**。企业名称适用规范企业名称的法律，商标则适用《商标法》予以规范。

（7）**商标可以在全国范围内转让或许可他人使用，企业名称不得跨越**

行政区域转让并受到其他限制，也不得许可他人使用。

（8）企业名称与企业实体是密不可分的，企业实体消亡了（注销、撤销、破产、倒闭等），企业名称也就不存在了。商标虽然在产生之初由某一个企业设计并注册，但经过长期使用后，可以脱离原来的企业而存在，如：可以授权使用、转让等。目前，在市场监督管理工作中，还没有建立起商标注册和企业名称登记统一管理的综合查询平台。企业字号与注册商标的文字相同或者近似的情况在所难免，需要在执法实践中根据不同情况依法处理。对于注册商标，很容易被他人登记为企业字号造成市场混淆；反之，一个企业的字号，也很容易被他人申请注册为注册商标。因此，为避免他人抢注自己的字号（商号）为商标，造成市场混淆和维权的麻烦，经营者可以把字号注册为商标，宣传商标的同时也宣传了企业自身，事半功倍。

（三）商标、品牌和名牌

1.品牌（Brand），是以一种名称、术语、标记、符号或图案等特定"符号"来表示，用以识别所提供产品或服务的一切无形资产的总和，包括产品声誉、企业文化、商业信誉等，是产品或服务的全息浓缩。品牌不是一个法律概念，品牌的法律保护需借助于商标、商号、商誉的法律保护。

2.商标是一个法律名词，品牌是一个经济名词。商标由法律说了算，品牌由消费者说了算。商标通过注册、转让、许可等法律程序，获取商标所有权或者使用权，品牌只有打动消费者的内心，形成购买行为，才能产生市场经济效益。一个企业的产品、品质、技术、管理、渠道、服务以及流程等很容易被竞争对手复制模仿，但是竞争对手无法复制一个品牌。

3.商标可以成长为品牌。一个商标要想成长为品牌，需要经历以下几个基本阶段：

（1）**设计好商标**。商标是创建品牌的基础，是品牌价值的载体和法律表现形式。成功的品牌一定是商标，但是商标不一定就能成为品牌。

（2）**使用并宣传商标**。商标要经过长期使用和宣传，不断提升企业文化、商业信誉，使这些无形资产逐步向商标汇集，不断提升商标价值。

（3）**不断提升使用该商标的商品和服务质量**。当商标价值不仅仅由商标这个符号决定，而是由诸多无形因素决定的时候，品牌就形成了。品牌是承载了商品或者服务的质量、商誉、文化的商标。

案例：Coca-Cola 成长历程。

一是产品：是品牌的核心，包括品质、特色。可口可乐，1886 年在美国乔治亚州亚特兰大诞生，是甜中带苦味道的汽水饮料。

二是商标选择：选择一个好的商标，实现标识性区别。1927 年，上海街头出现了一种饮料——"蝌蚪啃蜡"；古怪的味道和名字，销售情况很差。在第二年，公司登报，用 350 英镑的奖金悬赏征求译名。最终，身在英国的一位上海教授蒋彝击败了所有对手，拿走了奖金。而公司也获得了迄今为止被广告界公认为翻译得最好的品牌名——可口可乐。它不但保持了英文的音译，还比英文更有寓意。

三是品牌定位：在哪儿都能买得到，任何人都能买得起。目前，全球每天有 17 亿人次的消费者在畅饮可口可乐，大约每秒钟售出 19400 瓶。

四是品牌传播、运营：广告每年不同：如"激情在此燃烧""挡不住的感觉"等。通过不断的传播和市场运营，使商誉、产品声誉等不断向商标这一载体汇集，实现目标群体的认同和对品牌的忠诚度。

商标掌握在注册人手中，而品牌则植根于消费者心中。如果一个品牌失去信誉，失去消费者的信任，品牌则一文不值。如：秦池酒。1995 年秦池酒厂以 6666 万元人民币夺得"标王"。1996 年 11 月 8 日下午，秦池酒厂以 3.2 亿元人民币的"天价"，买下了中央电视台黄金时间段广告，从而成为连任两届的"标王"。秦池酒厂一夜成名，秦池白酒也身价倍增。中标后的一个多月时间里，秦池就签订了4亿元销售合同；头两个月秦池销售收入就达2.18亿元，实现利税6800万元，相当于秦池酒厂建厂以来前55年的总和。这样的需求，远远超过了企业的生产能力，于是委托加工生产，质量越来越难以保证。最后，消费者不再选择秦池酒，这个品牌从此失去了市场。

4. 名牌（Famous Brand），是个俗称，就是知名品牌，不是法律术语。"名牌产品"是原国家质量技术监督局致力于打造的一个荣誉称号，并在相关政府文件中使用这个概念。重点在以技术和质量打造的"产品"上，不在"牌子"上。

（四）商标名称与商品名称

1. 商品名称。是指用以区别其他商品使用的称呼。如：饮料、暖气。商品名称可以分为通用名称和非通用名称（2018年版《反不正当竞争法》称其为有一定影响的商品名称）。

（1）通用名称。是指为国家或某一行业中所共用的，反映一类商品与另一类商品之间根本区别的规范化称谓。商品通用名称的确定，主要源于社会的约定俗成，或者依据法律规定或者国家标准、行业标准确定。通用名称既要得到社会或某一行业的广泛承认，又要规范化。如：电视机、计算机、桌子、碳酸饮料、LED灯；通用名称不能用来区别同一种类中不同企业生产的产品。如："计算机"这一通用名称无法用来区别"联想"公司生产的计算机与"长城"公司生产的计算机。

（2）非通用名称。是指不为相关商品所通用，具有显著区别性特征，并通过在商品上的使用，使消费者能够将该商品与其他经营者的同类商品相区别的商品名称。是指对商品名称的特有称呼，用来区别不同企业生产的同种类的产品。如：冰茶、21金维他，通过持续长时间使用和宣传，成为有一定影响的商品名称，可以获得《反不正当竞争法》的保护。

2. 商标名称与商品名称的联系与区别

（1）**商品的非通用名称。**是用来区别同种类不同商品的，商标虽然也是用来区别商品的，但主要是用来区别不同商品的生产者和销售者的。

（2）**商品的通用名称不具有显著性，不能为某个主体所独有。**因为通用名称注册不仅不能区别商品的不同生产者或销售者，还会把本该属于公众共同使用的称呼变成特定人独占，造成不应有的垄断。如：有人曾向国家局商标局申请"DM"作为注册商标，遭斥责声一片。因为"DM"是英文 Direct Mail advertising 的省略表述，直译为"直接邮寄广告"，即通过邮寄、赠送等形式，将宣传品送到消费者手中。也有的将其表述为 Direct Magazine advertising（直投杂志广告）。两者没有本质上的区别，都是固定印刷品直投广告的简称。一旦被注册，他人不得再使用，会霸占公共资源，剥夺他人合理正当使用的权利。

（3）**商品的非通用名称通过商标注册，可以成为商标名称。**但是，注册为商标就不再具有商品名称的属性，而具有了注册商标权的专有性。商品的非通用名称只要不违反《商标法》第十一条的规定，大多可以注册成为商标。

（4）**商标名称可能会淡化为商品通用名称。**如果商标的所有人对商标使用不当、保护不当，则有可能使该商标逐步转化成为家喻户晓的商品通用名称，商标将失去显著性，商标所有人也就丧失了对该标志的独占权。《商标法》第四十九条规定："注册商标成为其核定使用的商品的通用名称或者没有正当理由连续三年不使用的，任何单位或者个人可以向商标局申请撤销该注册商标。"

第三节 《商标法》概述

一、《商标法》及其《实施条例》制定及修改历程

（一）《商标法》的制定和修改

1. 制定：《中华人民共和国商标法》于 1982 年 8 月 23 日第五届全国人民代表大会常务委员会第二十四次会议通过，1983 年 3 月 1 日起施行。在我国确立了商标注册与保护制度。

2. 修改：1993 年第一次修正，基本建立了较为完备的商标法律制度，使新中国商标法律制度从初创走向逐步成熟。之后，根据商标和经济社会发展情况又经历 2001 年、2013 年和 2019 年三次修正，商标法律制度更加完善。

（二）《商标法实施条例》的制定及修改

1. 制定：1983 年 3 月 10 日国务院发布《中华人民共和国商标法实施细则》。

2. 修改：与《商标法》修改相适应，《商标法实施细则》1988 年第一次修订，之后又经历 1993 年、1995 年、1999 年、2002 年和 2014 年五次修订。2002 年第五次修订时，《商标法实施细则》改为《商标法实施条例》。

二、《商标法》的基本原则和制度特点

（一）保护注册商标专用权原则

保护注册商标专用权的原则就是把保护商标注册人的商标专用权作为国家调整商标关系的指导思想和行为准则。国家运用法律手段，按照法定的程序，赋予商标注册申请人以商标专用权，并在注册商标的使用和管理上给予切实的保护，禁止损害注册商标专用权的行为。

保护注册商标专用权就是从法律上承认和保护企业在商标信誉里凝结的"个别劳动"，并保护其因此获得的经济效益。消费者通过使用注册商标的商品和服务质量，做出消费取舍，并逐步形成对商品和商标信誉的评价。禁止用假冒他人商标的手段混淆消费者对商品来源的判断，就是为了保护商标权人和消费者的权益。

（二）注册原则

注册原则，是指商标专用权通过注册取得。注册是确认商标专用权归属的一种过程。世界各国商标法确认取得或者享有商标专用权所采用的基本原则有两种，一是注册原则，二是使用原则。不管该商标是否使用，只要符合商标法的规定，经商标主管机关核准注册之后，申请人即取得该商标的专用权，受到法律的保护。使用原则是指商标通过使用即可产生权利。根据这一原则，最先使用者可以获得商标专用权。我国《商标法》第三条规定："经商标局核准注册的商标为注册商标，商标注册人享有商标专用权，受法律保护。"由此可见，我国《商标法》采用的是注册原则。

（三）申请在先原则

申请在先原则是由注册原则派生出来的重要程序性原则之一。我国《商标法》在采用申请在先原则的前提下，以使用在先作为一种适当的补充。《商标法》第三十一条规定："两个或者两个以上的商标注册申请人，在同一种商品或者类似的商品上，以相同或者近似的商标申请注册的，初步审定并公告申请在先的商标；同一天申请的，初步审定并公告使用在先的商标，驳回其他人的申请，不予公告。"根据该原则，一个商标即使已经使用多年，如果不及时申请注册，也会因别人申请在先而失去注册机会，得不到对该商标的专用权。遇到两个以上的商标在同一天申请注册的情况时，以使用在先作为一种适当的补充。

（四）自愿注册原则

自愿注册原则是指使用的商标注册与否，由当事人自主决定。《商标法》第四条规定："自然人、法人或者其他组织在生产经营活动中，对其商品或者服务需要取得商标专用权的，应当向商标局申请商标注册。"需要取得商标专用权的，应当向商标局申请商品商标或服务商标注册。如果不打算取得商标专用权，则可以不注册。未注册的商标允许使用，但使用人没有商标专用权，不能禁止他人使用。

与自愿注册原则相对应的是强制注册原则或全面注册原则。严格讲，我国实行的并非纯粹意义上的自愿注册原则，而是在自愿注册原则的前提下仍对极少数商品实行强制使用注册商标原则。《商标法》第六条规定："法律、行政法规规定必须使用注册商标的商品，必须申请商标注册，未经核准注册的，不得在市场销售。"原来，只有《药品管理法》规定的人用药品和《烟草专卖法》规定的烟草制品，必须使用注册商标。对部分与人民身体健康关系密切的商品实行强制注册，是我国《商标法》的一个特点。2001年，国家修订《药品管理法》，人用药品不再强制使用注册商标。

（五）集中统一注册与分级管理制度

集中统一注册、分级管理制度是我国商标法律制度的特点之一。根据市场经济和商标自身的特点，商标注册打破部门和地区分割状态，由商标局统一集中负责商标的审查、核准注册工作。为此，《商标法》第二条规定："国务院工商行政管理部门商标局主管全国商标注册和管理的工作。"

这就决定了全国的商标注册工作统一由国家工商行政管理局商标局负责办理，其他任何机构都无权办理商标注册，明确了集中注册的授权确权制度，不服行政授权确权决定或者裁定，当事人只能向该行政机关所在地的人民法院起诉，其他法院无管辖权。

分级管理是指各级工商行政管理机关依据法律规定，在本地区开展商标管理工作。我国注册商标数量巨大，使用主体遍布全国各地，实行分级管理，有利于把商标管理工作与当地的实际情况紧密地结合起来，使商标行政管理工作有力有序进行。因国务院行政机构体制机制改革，上述商标行政管理职权由各级市场监督管理机关承接。根据市场经济和商标自身的特点，商标注册打破部门和地区分割状态，由国家知识产权局商标局统一集中负责商标的审查、核准注册工作。

（六）行政保护与司法保护并行制度

《商标法》规定，对商标侵权行为，商标注册人或者利害关系人可以向人民法院起诉，也可以请求市场监督管理部门处理，实行行政保护与司法保护并行制度。市场监督管理部门处理时，认定侵权行为成立的，责令立即停止侵权行为，并依法作出行政处罚。对侵犯商标专用权的赔偿数额的争议，当事人可以请求进行处理的市场监督行政管理部门调解，也可以依照《中华人民共和国民事诉讼法》向人民法院起诉。行政与司法两种途径并行保护，为当事人解决商标权益纠纷提供了便利，有利于对商标专用权的保护。

第二章　商标注册申请程序中的有关问题

第一节　禁止抢注有关问题

一、禁止抢注他人未注册商标

（一）禁止代理人或者代表人抢注，禁止业务关系人抢注。同时，禁止代理机构注册代理业务以外的商标

1. 禁止代理人或者代表人抢注，禁止业务关系人抢注的适用要件。

（1）系争商标注册申请人是商标所有人的代理人、代表人或者有业务关系的人；

（2）系争商标指定使用在与被代理人、被代表人的商标使用的商品相同或类似的商品上；

（3）系争商标与被代理人、被代表人商标相同或者近似；

（4）代理人或者代表人不能证明其申请注册行为已取得被代理人或被代表人授权。

2. 关于"代理人"。禁止代理人抢注的立法目的，是制止代理人违反诚实信用原则的恶意抢注行为。代理关系中所指代理人不仅包括《民法典》

中规定的代理人，也包括基于商事业务往来而可以知悉被代理人商标的经销商。

3. 关于"代表人"。代表人的法律特征应为自然人，不应包括除自然人外的其他组织。

规定主要是为了使法定代表人及企业内部人员的抢注行为得到遏制，因此将代表人包括所有具有从属于被代表人的特定身份，因执行职务行为而可以知悉被代表人商标的个人，包括法定代表人、董事、监事、经理及其他工作人员。

4. 关于"业务关系人"。包括定牌生产，加盟连锁，买卖关系，投资关系，赞助、联合关系，亲属关系，竞争对手等。

（二）禁止抢注他人未注册的驰名商标

《商标法》第十三条第二款规定："就相同或者类似商品申请注册的商标是复制、摹仿或者翻译他人未在中国注册的驰名商标，容易导致混淆的，不予注册并禁止使用。"

适用要件：

1. 他人商标在系争商标申请日前已经驰名但尚未在中国注册；

2. 系争商标构成对他人驰名商标的复制、摹仿或者翻译；

3. 两商标使用的商品相同或类似；

4. 系争商标的注册或者使用，容易导致混淆。

对于禁止抢注他人未注册的驰名商标的适用条件，系争商标注册申请人是任何不特定主体，而普通未注册商标禁止抢注的适用主体是商标所有人的代理人、代表人或者有业务关系的人。可见，主体的适用范围要远远大于普通未注册商标，从这一点上也体现了对未注册驰名商标的保护力度，大于对未注册普通商标的保护力度。

（三）禁止抢注他人在先使用并有一定影响的商标

《商标法》第三十二条规定："申请商标注册不得损害他人现有的在先权利，也不得以不正当手段抢先注册他人已经使用并有一定影响的商标。"

适用要件：

1. 他人商标在系争商标申请日之前已经使用并有一定影响。"已经使用并有一定影响"，是指在中国境内已经使用，并已经有一定影响。这是该条规定适用条件与前两种抢注行为适用条件的最主要的区别。前两种抢注行为适用条件，没有明确要求他人商标在系争商标申请日之前已经在先使用。特定关系人的抢注行为强调的是与系争商标所有人的特定关系；《商标法》第十三条第二款关于"就相同或者类似商品申请注册的商标是复制、摹仿或者翻译他人未在中国注册的驰名商标，容易导致混淆的，不予注册并禁止使用"的规定，强调的是他人商标是"未在中国注册的驰名商标"，对是否属于在先使用，并未强调。

2. 系争商标与他人商标相同或者近似。

3. 系争商标所使用的商品与他人商标所使用的商品原则上相同或者类似。

4. 系争商标申请人具有恶意。

二、禁止攀附他人已注册商标的商誉

（一）适用要件

1. 引证商标为已注册商标；

2. 主观恶意明显：希望通过在关联性较强的商品上抢注与他人注册商标相同或近似商标，达到攀附他人商标商誉，牟取不当利益的目的；

3. 商品依据《类似商品和服务区分表》并非类似，但关联性较强，其抢注足以损害在先注册商标权人利益或商标注册管理秩序。

（二）行为种类及表现形式

1. 侵害驰名商标注册人利益：《商标法》第十三条第三款："就不相同或者不相类似商品申请注册的商标是复制、摹仿或者翻译他人已经在中国注册的驰名商标，误导公众，致使该驰名商标注册人的利益可能受到损害的，不予注册并禁止使用。"

适用要件：

（1）他人商标在系争商标申请日前已经驰名且已经在中国注册；

（2）系争商标构成对他人驰名商标的复制、摹仿或者翻译；

（3）系争商标所使用的商品或者服务与他人驰名商标所使用的商品或者服务不相同或者不相类似；

（4）系争商标的注册或者使用，误导公众，致使该驰名商标注册人的利益可能受到损害；

（5）商标争议案件中，自系争商标注册之日起五年内，驰名商标所有人或者利害关系人可请求商标评审委员会撤销该商标，但对属于恶意注册的，驰名商标所有人请求撤销系争商标不受五年的时间限制。

2. 在关联性较强的商品上抢注他人已经注册，独创性强，具有一定知名度的商标。

适用要件：

（1）引证商标为已注册商标或者是初步审定的商标；

（2）引证商标独创性强或知名度较高；

（3）引证商标有一定知名度但在案证据尚不足以证明构成驰名商标；

（4）依《类似商品和服务区分表》为非类似商品但关联性较强，容易造成市场混淆；

（5）主观恶意明显。

三、不得损害他人在先权利

《商标法》第三十二条规定："申请商标注册不得损害他人现有的在先权利。"《商标侵权判定标准》第三十二条规定："在查处商标侵权案件时，应当保护合法在先权利。以外观设计专利权、作品著作权抗辩他人注册商标专用权的，若注册商标的申请日先于外观设计专利申请日或者有证据证明的该著作权作品创作完成日，商标执法相关部门可以对商标侵权案件进行查处。"

（一）"在先权利"的含义

仅指在系争商标申请日之前已经取得的，除商标权以外的其他权利。包括著作权、外观设计专利权、姓名权，肖像权，知名字号、他人有一定影响的商品名称、包装、装潢等。

（二）在先著作权的保护

著作权是《商标法》第三十二条规定的"申请商标注册不得损害他人现有的在先权利"中所保护的在先权利之一。因为著作权的保护不考虑商品或者服务是否相同或者近似等情形，在所有商品和服务上都给予保护，所以保护力度很大。很多人不注意保留设计商标的相关资料，也不去版权局进行版权登记，只进行商标注册，发现别人将与自己商标相同的文字或者图形注册在其他类别商品上时，没有办法进行法律保护。如果享有著作权，则可以进行有效保护。

认定是否构成对在先著作权的侵权，应当考量以下三个因素：

1. 系争商标与他人在先享有著作权的作品相同或者实质性相似。著作权法中关于作品实质性相似的判断不等同于商标近似的判断，二者在判断时考量的方法和内容有差异，商标近似的判断要考量更多的内容，考量方法要求更加客观和第三方视角。著作权法所保护的表达具有独创性，作品实质性相似是指著作权法保护的具有独创性的表达构成相同或者相近似，属于公有领域的信息或者素材不在著作权法保护的表达范围。商标标志近似的判断不仅是商标标志作为美术作品认知时对独创性部分的比对，还要根据相关公众的一般注意力，通过整体比对、部分比对和隔离比对的方法，判断标志整体上是否相近似，同时还要综合考虑标志近似程度、商品类似程度、相关商标的知名度、显著性等因素，以及是否容易导致混淆等。所以，会存在认定构成近似商标而未构成实质性相似的作品，或者构成实质性相似的作品而未构成近似商标的情况。

2. 系争商标注册申请人接触过或者有可能接触到他人享有著作权的作品。

3. 系争商标注册申请人未经著作权人的许可。

在先著作权主要涉及著作权的认定、权属证据。著作权权属证据包括：商标标志设计底稿、著作权登记证书、商标标志委托设计合同、著作权转让合同等，可以作为确定商标标志著作权归属的证据。如果仅有商标异议或者无效申请后取得的著作权登记证书，不足以证明作品著作权归属。

案例：QQ 图形商标异议复审案

案情：申请人（原异议人）：深圳市腾讯计算机系统有限公司"QQ企鹅""双企鹅"LOGO 系列作品创作完成于 2000 年 8 月 15 日，版权登记时期为 2001 年 6 月 20 日，申请人依法享有上述图形作品著作权。被申请人（原被异议人）谢丹阳被异议商标图形与申请人在先享有著作权"QQ企鹅""双企鹅"LOGO 系列图形作品完全相同。

复审决定：被申请人的 QQ 图形商标损害了申请人的在先著作权，被异议商标不予核准注册。

评析：申请注册的商标图形与他在先享有著作权系列图形作品完全相同。损害了他人的在先著作权，所以，被异议商标不予核准注册。

（三）在先商号权的保护

《反不正当竞争法》第六条规定："经营者不得实施下列混淆行为，引人误认为是他人商品或者与他人存在特定联系：（二）擅自使用他人有一定影响的企业名称（包括简称、字号等）、社会组织名称（包括简称等）、姓名（包括笔名、艺名、译名等）。"

《最高人民法院关于审理不正当竞争民事案件应用法律若干问题的解释》第六条第一款规定："企业登记主管机关依法登记注册的企业名称，以及在中国境内进行商业使用的外国（地区）企业名称，应当认定为反不正当竞争法第五条第（三）项规定的'企业名称'。具有一定的市场知名度、为相关公众所知悉的企业名称中的字号，可以认定为反不正当竞争法第（三）项规定的'企业名称'。"（该《解释》中的反不正当竞争法是指1993年版法律）

适用要件：

1. 商号的登记、使用日应当早于系争商标注册申请日；

2. 该商号在中国相关公众中具有一定的知名度；

3. 系争商标的注册与使用容易导致相关公众产生混淆，致使在先商号权人的利益可能受到损害。

案例：西贝莜面村商标争议案

案情：申请人北京西贝莜面村餐饮有限责任公司就被申请人席某某注册使用在大饼、调味品、食用淀粉等商品上的"西贝莜面村"商标提出争议，申请予以撤销。

评审裁定认为：

1. 申请人提交的在案证据可以证明，在争议商标申请日之前，"西贝莜面村"作为申请人企业字号已正式登记注册和使用，并通过多种媒体进行了较为广泛的广告宣传，使该字号在餐饮等服务领域及相关公众中已具有一定社会知名度，为相关消费者所知晓；

2. 申请人在先使用的"西贝莜面村"字号并非现代汉语固有的常见词语，具有特定指向性和一定的独创性，争议商标与之完全相同；

3. 争议商标指定使用的大饼等商品，与申请人提供的餐饮等服务具有较为密切的关联关系，争议商标的注册与使用，易导致相关消费者产生混淆，误认为争议商标指定使用商品源自于申请人，或与申请人存在某种特定联系，致使申请人的利益可能受到损害。

裁定结论：争议商标损害他人在先商号权，予以撤销。

评析：北京西贝莜面村餐饮有限责任公司在争议商标申请日之前，"西贝莜面村"作为申请人企业字号已正式登记注册和使用，该字号在餐饮等服务领域及相关公众中已具有一定社会知名度，为相关消费者所知晓；并且，争议商标"西贝莜面村"指定使用的大饼等商品，与申请人提供的餐饮等服务具有较为密切的关联关系，争议商标的注册与使用，易导致相关消费者产生混淆。所以，争议商标损害他人在先商号权，应该予以撤销。

（四）在先姓名权的保护

姓名权是自然人享有的决定、变更和使用其姓名的权利。我国《民法典》第一千零一十二条规定："自然人享有姓名权，有权依法决定、使用、变更或者许可他人使用自己的姓名。"第一千零一十四条规定："任何组织或者个人不得以干涉、盗用、假冒等方式侵害他人的姓名权或者名称权。"姓名包括户籍登记中使用的姓名，也包括别名、笔名、艺名、雅号、绰号等。能够与特定的自然人建立起对应关系的主体识别符号，视为该自然人的姓名。

在商标异议、争议案件中，损害姓名权的方式主要表现为盗用，即未经权利人的许可或者授权，擅自使用他人姓名申请注册为商标。

适用要件：

1. 系争商标与他人姓名相同；

2. 系争商标的注册给他人姓名权造成或者可能造成损害。

在先姓名权中主要涉及法律适用、姓名权的内容、知名度的影响、主张权利的主体。将政治、宗教、历史等公众人物的姓名作为商标申请注册，足以对我国政治、经济、文化、宗教、民族等社会公共利益和公共秩序产生消极、负面影响的，可以认定属于《商标法》第十条第一款第（八）项规定的"有其他不良影响"的情形。

将在世自然人的姓名作为商标申请注册从而损害该自然人姓名权的，由于《商标法》第三十二条已经另行规定了救济方式和相应程序，不宜认定属于《商标法》第十条第一款第（八）项规定的"有其他不良影响"的情形。

案例：艾斯特体育器材公司诉商标评审委员会、邓亚萍商标争议案

案情：申请人邓亚萍依据《商标法》第十条第一款第（八）项规定，请求撤销被申请人艾斯特公司注册在第 28 类乒乓球拍商品上的争议商标"亚平 YAPING 及图"。

商标评审委员会裁定：认定邓亚萍所提撤销理由成立，裁定撤销争议商标的注册。北京一中院判决维持被诉裁定。

二审法院认为：争议商标的注册仅仅涉及是否损害邓亚萍本人的民事权益的问题，属于特定的民事权益，并不涉及社会公共利益或公共秩序，

故不应适用《商标法》第十条第一款第（八）项的规定。

评析：艾斯特公司注册在第 28 类乒乓球拍商品上的争议商标"亚平YAPING 及图"商标应予以撤销，但应该适用《商标法》第三十二条申请商标注册不得损害他人现有的在先权利的规定。

四、其他不正当竞争注册的情形

（一）恶意独占公共资源

将本属于公共资源的标记抢注为商标，商标注册后妨碍他人的正当使用造成市场秩序混乱，或者使用时容易造成相关公众对商品产地或者特点等发生混淆。

1.将著名旅游景区名称申请注册在"旅游服务"上。

2.将具有表示商品特点的产地名称申请注册在该商品上。

3.已经注册的商标是以欺骗手段或者其他不正当手段取得注册的。

由商标局撤销该注册商标；其他单位或者个人可以请求商标评审委员会裁定撤销该注册商标。

（二）不以使用为目的，大量或多次在不同类别商品上注册与他人商标相同或高度近似的商标，扰乱商标注册管理秩序

相关证据虽然不足以证明构成《商标法》第十三条、第十五条、第三十条、第三十二条所述情形，但系争商标申请人恶意明显，且曾大量或多次在不同类别商品上注册与他人商标相同或高度近似的商标，构成扰乱商标注册管理秩序的行为。

第二节　商标注册程序

一、申请

商标注册申请人向商标局申请商标注册，填写《商标注册申请书》。《商标法》第二十二条规定："商标注册申请人应当按规定的商品分类表填报使用商标的商品类别和商品名称，提出注册申请。商标注册申请人可以通过一份申请就多个类别的商品申请注册同一商标。商标注册申请等有关文件，可以以书面方式或者数据电文方式提出。"

（一）一标多类的申请。"申请人可以通过一份申请就多个类别的商品申请注册同一商标。"适应了《商标法新加坡条约》及国际惯例的要求。目前，我国《商标法》执行的是商品国际分类，它把一万余种的商品和服务项目分为 45 个类，其中，商品 34 个类，服务项目 11 个类。可以通过一个申请就一个商标在多个类别上提出。注册费用仍然是按照类别收取，一个类别一份费用。

一标多类的优点是方便了申请人提交申请文件。缺点是一个商标申请包含多类商品或者服务，其中部分驳回需要分割时，会影响其他部分申请的进程。

（二）电子申请方式。"商标注册申请等有关文件，可以以书面方式或者数据电文方式提出。"即申请人可以通过注册部门规定的网站和文件格式递交电子申请，极大地方便了申请人提交申请。

（三）商标申请日的确定。确立申请日十分重要，由于我国商标注册采用申请在先原则，一旦发生在相同或者类似商品上申请相同或者近似商标，申请日的先后就成为确定商标权的法律依据。商标注册的申请日以商标局收到申请书件的日期为准（日期的最小单位为"日"）。

二、审查

（一）形式审查。 即关于商标申请人申请权、文件是否齐备等事项的审查。即书件是否符合规定，手续是否齐备。

（二）实质审查。 即关于商标注册申请是否属于《商标法》禁止或是否与在先已注册的、初步审定的商标相冲突而进行的审查。商标局对申请注册商标实质审查的内容主要包括：合法性，显著性，非功能性（针对立体商标），在先性。

1. 合法性

（1）驳回的绝对理由：涉及《商标法》第十条的禁用条款和商标法第十一条的禁注条款。

（2）驳回的相对理由：涉及《商标法》第三十条，与已初步审定或注册商标相同或者近似，涉及第三十一条的申请在先商标。

关于驳回的绝对理由的相关规定：

《商标法》第十条第一款和第二款规定，下列标志不得作为商标使用：

① 同中华人民共和国的国家名称、国旗、国徽、国歌、军旗、军徽、军歌、勋章等相同或者近似的，以及同中央国家机关的名称、标志、所在地特定地点的名称或者标志性建筑物的名称、图形相同的。

"国家名称"包括全称、简称和缩写，我国国家名称的全称是"中华人民共和国"，简称为"中国""中华"，英文简称或者缩写为"CN""CHN""PRC""CHINA""P.R.CHINA""PR OF CHINA"。

中央机关的名称、标志：我国中央国家机关所在地特定地点的名称或者标志性建筑物名称主要包括："中南海""钓鱼台""天安门""新华门""紫光阁""怀仁堂""人民大会堂"等。

② 同外国的国家名称、国旗、国徽、军旗等相同或者近似的，但经该国政府同意的除外。

例外：国家名称的合理使用

(A) 真实表示商标申请人所在国家。

(B) 外国国家名称经该国政府同意。

(C) 指定使用在餐饮上，表示餐饮风味特色的。

(D) 申请人全称中包含国家名称。如：中国博物馆。

(E) 申请人简称中包含国家名称。如中国电信。

(F) 商标整体具有其他含义，描述的是客观存在的事物，不会使公众误认。

(G) 商标同外国国名的旧称相同或者近似的。

③ 同政府间国际组织的名称、旗帜、徽记等相同或者近似的，但经该组织同意或者不易误导公众的除外。

如：世界贸易组织（WTO）世界知识产权组织（WIPO）

④ 与表明实施控制，予以保证的官方标志、检验印记相同或者近似的，但经授权的除外。

⑤ 同"红十字""红新月"的名称、标志相同或者近似的。

根据《日内瓦公约》的规定，佩带红十字或者红新月标志的人员，以及标有上述标志的处所、物品、医务运输工具，均应受到冲突各方的尊重和保护。

⑥ 带有民族歧视性的；重点是考虑尊重少数民族风俗习惯。

(A) 含有少数民族名称、民族风格建筑图形的商标使用在特定商品上，一般不予核准。例如：卫生洁具、避孕工具、熟肉制品等商品上。

(B) 带有贬低或者不友好的含义或者呼叫方式，有可能伤害民族感情的，不予核准。

例如："回回"泛指回族，亦指伊斯兰教众或国家。

(C) 少数民族节日，一般不予核准。

⑦ 带有欺骗性，容易使公众对商品的质量等特点或者产地产生误认的。

标志或者其构成要素虽不符合一般常识，但根据日常生活经验或者相关公众的通常认识等并不足以引人误解，可予以核准。

⑧ 有害于社会主义道德风尚或者有其他不良影响的。

社会主义道德风尚，是指我国人民共同生活的行为准则、规范，以及在一定时期内社会上流行的良好风气和习惯；其他不良影响，是指商标的文字、图形或者其他构成要素对我国政治、经济、文化、宗教、民族等社会公共利益和公共秩序产生消极的、负面的影响。

(A) 具有政治上不良影响的；

(B) 有违良好社会风尚的；

(C) 有伤宗教人士感情；

(D) 商标误认产生不良影响：

(a) 商标所含企业名称与申请人名义不符，或与其组织形式有实质差异；

(b) 在商品质量、数量、规格、型号等特点或者服务内容方面可能造成误认的；

(c) 侵犯姓名权造成不良影响的（取得授权的除外）。

在文化艺术方面知名度特别高的老一代艺术家及在文艺、体育、科技等领域具有杰出贡献的人物姓名，作为商标易产生不良影响。如：邓亚萍，鲁迅。

(E) 其他不良影响。

《商标法》第十条第二款规定："县级以上行政区划的地名或者公众知晓的外国地名，不得作为商标。但是，地名具有其他含义或者作为集体商标、证明商标组成部分的除外；已经注册的使用地名的商标继续有效。"

县级以上行政区划的地名以我国民政部编辑出版的《中华人民共和国行政区划简册》为准。

已经注册的商标继续有效。如：衡水老白干，上海手表，天津自行车等。

公众知晓的外国地名，包括各国的首都、重要工业城市、文化旅游胜地以及因国际会议、条约、重大国际事件而被我国公众知晓的地名全称、简称、外文名称和通用的中文译名。

禁止地名注册商标的原因：

(a) 缺乏显著性；

(b) 独占有失公允；

(c) 容易造成产源误认。

县级以上行政区划可以核准注册的情形：

(a) 地名具有其他含义且该含义强于地名含义的；

(b) 商标由地名和其他文字构成而在整体上具有显著特征，不会使公众发生商品产地误认的；

(c) 申请人名称含有地名，申请人以其全称作为商标申请注册的；

(d) 商标由两个或者两个以上行政区划的地名的简称组成，不会使公众对商品产地等产生误认的。如：晋冀。

但容易使消费者对其指定商品的产地或者服务内容等特点发生误认

的，判定为具有不良影响，适用《商标法》第十条第一款第（八）项的规定予以驳回。

商标由省、自治区、直辖市、省会城市、计划单列市、著名的旅游城市以外的地名的拼音形式构成，且不会使公众发生商品产地误认的，可以注册。如："GAO CHEGN"与河北藁城区的拼音相同。

地名作为集体商标、证明商标、地理标志组成部分的，可以注册。如：晋州鸭梨，阜平大枣。

公众知晓的外国地名可以获准注册的例外情形：

（a）商标中所含地名与其他具有显著特征部分相互独立，真实表示商标申请人所在地或者商品产地。

如：L'OREAL

　　PARIS

（申请人：L'OREAL SOCIETE ANONYME，地址：法国巴黎市）

（b）整体上有别于地名含义。如：上海滩。

（c）作为集体商标、证明商标（地理标志）的组成部分。

2. 显著性

《商标法》第九条规定："申请注册的商标，应当有显著特征，便于识别，并不得与他人在先取得的合法权利相冲突。"

（1）《商标法》第十一条第一款规定：下列标志不得作为商标注册：

① 仅有本商品的通用名称、图形、型号的。

指商标仅由国家标准、行业标准规定的或者约定俗成的名称（全称、简称、缩写、俗称）、图形、型号构成。如：单反，指定使用商品：照相机。

② 仅直接表示商品的质量、主要原料、功能、用途、重量、数量及其他特点的。

指商标仅由对指定使用商品的质量、主要原料、功能、用途、重量、数量及其他特点具有直接说明性和描述性的标志构成。如：香甜，指定使用商品：蛋糕、面包。

但如果标志或者其构成要素暗示商品的特点，不影响其识别商品来源功能的，可视为具有显著性。如：苹果红了，指定使用商品：水果罐头、果酱。

③其他缺乏显著特征的。

指《商标法》第十一条第一款第（1）（2）项以外的依照社会通常观念其本身或者作为商标使用在指定使用商品上不具备表示商品来源作用的标志。

(A) 过于简单的线条、普通几何图形、一个或者两个普通表现形式的字母。仅以普通形式、过于简单的几何图形构成的商标不易使人产生深刻的感官印象，因此不具备商标识别作用。但几何图形与文字组合的商标或者具有显著特征的图形商标，不受此限。

(B) 过于复杂的文字、图形、数字、字母或上述要素的组合；

(C) 普通形式的阿拉伯数字指定使用于习惯以数字做型号或货号的商品上；如：1035，指定使用商品：口红。

(D) 指定使用商品的常用包装、容器或者装饰性图案。

(E) 非独创的表示商品或者服务特点的短语或者句子。如：自助天地，指定使用服务：餐饮。

（2）《商标法》第十一条第二款规定：**前款所列标志经过使用取得显著特征，并便于识别的，可以作为商标注册。如：六个核桃。**

显著性（识别性）是商标的本质属性，缺乏显著性属于禁止注册的标志，但可以使用。商标显著性的有无、强弱可随使用而变化，商标按显著性的分类包括：

① 具备固有显著性的标志：包括臆造商标、任意商标、暗示商标。

② 缺乏显著性的标志：包括叙述性标志、通用性标志、其他缺乏显著特征的标志。

③ 通过使用获得显著性的标志：要求商标必须有显著特征，是商标识别作用所需要。商标在市场使用时，应该能够明显地让消费者辨别出是表示商品或服务出自某经营者的标志，而不是其他意义上的标志。凡是不能识别为不同经营者出处的商标，均属缺乏显著特征、不便识别、不符合《商标法》规定的商标。

3. 功能性——针对立体商标

立体商标，是指由三维标志或者含有其他标志的三维标志构成的商标。立体商标可以是商品本身的形状、商品的包装物或者其他三维标志。2001年《商标法》第二次修改，扩大了保护客体，明确将三维标志，即立体商标纳入《商标法》的保护范围。《商标法》第十二条规定："以三维标志申请注册商标的，仅由商品自身的性质产生的形状、为获得技术效果而需有的商品形状或者使商品具有实质性价值的形状，不得注册。"

（1）立体商标大致可分为四种类型：

一是与商品无关的"装饰性外形"；

二是带有文字成分的商品外形或包装外形；

三是包装外形；

四是商品本身外形。

（2）立体商标的实质审查：

一是立体商标不得违反《商标法》第十条规定的审查；

二是立体商标不得违反《商标法》第十二条规定的审查；

三是立体商标显著特征的审查；

四是立体商标相同、近似的审查。

立体商标的实质审查具体包括以下几个方面：

一是是否仅有由商品自身的性质产生的形状。由商品自身的性质产生的形状，是指为实现商品固有的功能和用途所必须采用的或者通常采用的形状。这种形状是对商品的叙述，而不能起到区别商品来源的商标功能。

二是是否仅有为获得技术效果而需有的商品形状。为获得技术效果而需有的商品形状，是指为使商品具备特定的功能，或者使商品固有的功能更容易地实现所必须使用的形状。

三是是否仅有使商品具有实质性价值的形状。使商品具有实质性价值的形状，是指为使商品的外观和造型影响商品价值所使用的形状。这些形状使用在不同商品上可以影响或刺激消费者消费欲望，使商品增值。

（3）立体商标的显著特征的审查：

立体商标仅有指定使用商品通用或者常用的形状、包装物或者整体不能起到区分商品来源作用，以及申请人提交的商标图样难以确定其三维形状的，判定为缺乏显著特征。

一是仅有指定使用商品的通用或者常用形状的。但非指定使用商品的通用或常用形状或者含有其他具有显著特征的标志的除外。

二是仅有指定使用商品的通用或者常用包装物的。但非指定使用商品的通用或常用包装物或者含有其他具有显著特征的标志的除外。

三是其他缺乏显著特征的。

（4）立体商标相同、近似的审查：

立体商标相同、近似的审查包括立体商标之间和立体商标与平面商标相同、近似的审查。

立体商标之间相同、近似的审查：

一是两商标均由单一的三维标志构成，两商标的三维标志的结构、形状和整体视觉效果相同或近似，易使相关公众对商品或者服务的来源产生误认的，判定为相同或者近似商标。

二是两商标均由具有显著特征的三维标志和其他具有显著特征的标志组合而成，两商标的三维标志或者其他标志相同或近似，易使相关公众对商品或者服务的来源产生误认的，判定为相同或者近似商标。但其他标志区别明显，不会使相关公众对商品或者服务的来源产生误认的除外。

立体商标与平面商标相同、近似的审查：

一是立体商标由具有显著特征的其他标志与不具有显著特征的三维标志组合而成，该其他标志与平面商标具有显著特征的部分相同或者近似，易使相关公众对商品或者服务的来源产生误认的，判为相同或者近似商标。

二是立体商标中的三维标志具有显著特征，但在视觉效果上与平面商标具有显著特征的部分相同或近似，易使相关公众对商品或者服务的来源产生误认的，判为相同或者近似商标。

4. 在先性

商标的注册是否与在先申请或注册的商标权利发生冲突。

《商标法》第三十条规定："申请注册的商标，凡不符合本法有关规定或者同他人在同一种商品或者类似商品上已经注册的或者初步审定的商标相同或者近似的，由商标局驳回申请，不予公告。"

《商标法》第三十一条规定："两个或者两个以上的商标注册申请人，在同一种商品或者类似商品上，以相同或者近似的商标申请注册的，初步审定并公告申请在先的商标；同一天申请的，初步审定并公告使用在先的商标，驳回其他人的申请，不予公告。"

需要进行两方面的判定：

一是指定使用的商品 / 服务是否相同或类似：以商标局制定的《类似商品和服务区分表》为参照。现行的是基于尼斯分类第十一版（2018 文本）。

二是申请注册的商标是否相同或近似：商标近似是指商标文字的字形、读音、含义或者图形的构图及颜色，或者各要素组合后的整体结构相似，或者其立体形状、颜色组合近似，易使相关公众对商品的来源产生误认或者认为其来源与在先商标的商品有特定的联系。

5. 颜色组合商标的实质审查

（1）颜色组合商标显著特征的审查：颜色组合商标仅有指定使用商品的天然颜色、商品本身或者包装物以及服务场所通用或者常用的颜色，以及申请人仅对颜色组合做文字说明而未提交彩色图样的，判定为缺乏显著特征。

一是仅有指定使用商品的天然的颜色。

二是仅有指定使用商品本身或者包装物、服务场所通用的或常用的颜色。

（2）颜色组合商标之间相同、近似的审查：两商标均为颜色组合商标，当其组合的颜色和排列的方式相同或近似，易使相关公众对商品或者服务的来源产生误认的，判定为相同或者近似商标。

但商标所使用的颜色不同，或者虽然使用的颜色相同或者近似但排列组合方式不同，不会使相关公众对商品或者服务的来源产生误认的除外。

（3）颜色组合商标与平面商标、立体商标相同、近似的审查：颜色组合商标与平面商标的图形或立体商标指定颜色相同或近似，易使相关公众对商品或者服务的来源产生误认的，判定为相同或者近似商标。

虽然使用的颜色相同或近似，但由于整体效果差别较大，不会使相关公众对商品或者服务的来源产生误认的除外。

三、初步审定

经形式审查、实质审查通过后，依照《商标法》做出判定，给予初步审定。

四、审查沟通程序

《商标法》第二十九条规定："在审查过程中，商标局认为商标注册申请内容需要说明或者修正的，可以要求申请人做出说明或者修正。申请人未做出说明或者修正的，不影响商标局做出审查决定。"

五、公告

将初步审定的商标注册申请刊登在国家发行的专门刊物《商标公告》上，接受公众监督，征求公众以及利害关系人、在先权利人对初步审定商标的异议。

六、异议

商标局根据异议人的异议书和申请人的陈述书，经调查核实后，做出决定。商标异议的内容范围很广，既包括初步审定的商标与申请在先的商标相同或近似，也包括初步审定的商标违反了《商标法》的禁用条款或商标不具显著性，还包括申请人不具备申请资格等。

商标局做出准予注册决定的，发给商标注册证，并予公告。异议人不服的，可以依照本法第四十四条、第四十五条的规定向商标评审委员会请求宣告该注册商标无效，不能再申请复审。

七、驳回申请、不予公告

《商标法》第三十四条规定:"对驳回申请、不予公告的商标,商标局应当书面通知商标注册申请人。商标注册申请人不服的,可以自收到通知之日起十五日内向商标评审委员会申请复审。商标评审委员会应当自收到申请之日起九个月内做出决定,并书面通知申请人。有特殊情况需要延长的,经国务院工商行政管理部门批准,可以延长三个月。当事人对商标评审委员会的决定不服的,可以自收到通知之日起三十日内向人民法院起诉。"

八、复审

按照《商标法》规定,对商标局准予注册的,不得复审,但可以提起无效宣告请求;只有被异议人不服商标局做出不予注册决定的,才能向商标评审委员会申请复审。对商标评审委员会的决定不服的,还可以向人民法院起诉。北京知识产权法院是一审法院,北京市高级人民法院为二审法院。

九、核准注册

法定期限届满,当事人对商标局做出的驳回申请决定、不予注册决定不申请复审或者对商标评审委员会做出的复审决定不向人民法院起诉的,驳回申请决定、不予注册决定或者复审决定生效。经审查异议不成立而准予注册的商标,商标注册申请人取得商标专用权的时间自初步审定公告三个月期满之日起计算。

十、无效宣告

无效宣告程序因理由不同,法律依据不同,而对主体资格的要求也有所不同。

第三节　异议、复审制度有关问题

一、异议主体

异议主体是在先权利人或者利害关系人。对于违反商标法禁止注册、禁止使用、缺乏显著性等绝对拒绝注册理由的，任何人可以提出异议申请。

二、异议理由和范围

商标异议的内容范围很广，既包括初步审定的商标与申请在先的商标相同或近似，也包括初步审定的商标违反了《商标法》的禁用条款或商标不具显著性，还包括申请人不具备申请资格等。

（一）任何人可以提出异议的理由

任何人既可以是商标注册人，也可以是非商标注册人，既可以是企业、事业单位，也可以是个人，既可以是法人，也可以是非法人组织。可以基于以下理由提出异议，认为违反：

《商标法》第十条不得作为商标使用的标志；第十一条不得作为商标注册的标志；第十二条以三维标志申请注册商标的，仅由商品自身的性质产生的形状、为获得技术效果而需有的商品形状或者使商品具有实质性价值的形状，不得注册。

（二）在先权利人或利害关系人提出异议的理由

在先权利人：是指商标权人及其他应受法律保护的合法在先权利所有人。包括提交商标注册申请之日前已经存在的企业名称权、外观设计专利权、实用新型专利权、商标使用权、著作权、肖像权、姓名权、名誉权等合法权利所有人。

利害关系人：根据北京市高级人民法院《商标授权确权行政案件审理指南》1.2 规定："在先权利的被许可使用人、在先权利的合法继受人或者在先权利人的控股股东属于商标法第三十三条、第四十五条第一款规定的'利害关系人'。经纪人提交了模特、演员等就相关人身权出具的特别授权文件的，属于'利害关系人'。仅因诉争商标的申请注册而受到影响，但与在先权利不具有直接利害关系的主体，不宜认定为'利害关系人'"。直接利害关系可以理解为商标的注册使用与当事人的合法利益减损之间存在因果关系。认为违反《商标法》第十三条第二款和第三款、第十五条、第十六条第一款、第三十条、第三十一条、第三十二条规定的，提出异议的只能是在先权利人、利害关系人。

包括以下几种理由及规定：

1. 关于驰名商标保护的规定。《商标法》第十三条第二款和第三款："就相同或者类似商品申请注册的商标是复制、摹仿或者翻译他人未在中国注册的驰名商标，容易导致混淆的，不予注册并禁止使用。

就不相同或者不相类似商品申请注册的商标是复制、摹仿或者翻译他人已经在中国注册的驰名商标，误导公众，致使该驰名商标注册人的利益可能受到损害的，不予注册并禁止使用。"

2. 关于防止因代理关系、代表关系或其他合同、业务关系导致商标被抢注的规定。《商标法》第十五条规定："就同一种商品或者类似商品申请注册的商标与他人在先使用的未注册商标相同或者近似，申请人与该他人具有前款规定以外的合同、业务往来关系或者其他关系而明知该他人商标存在，该他人提出异议的，不予注册。"

3. 关于地理标志保护的规定。《商标法》第十六条第一款规定："商标中有商品的地理标志，而该商品并非来源于该标志所标示的地区，误导公众的，不予注册并禁止使用；但是，已经善意取得注册的继续有效。

前款所称地理标志，是指标示某商品来源于某地区，该商品的特定质量、信誉或者其他特征，主要由该地区的自然因素或者人文因素所决定的标志。"

4. 关于在先商标权保护的规定。《商标法》第三十条："申请注册的商标，凡不符合本法有关规定或者同他人在同一种商品或者类似商品上已经注册的或者初步审定的商标相同或者近似的，由商标局驳回申请，不予公告。"

5. 关于商标同日申请的规定。《商标法》第三十一条："两个或者两个以上的商标注册申请人，在同一种商品或者类似商品上，以相同或者近似的商标申请注册的，初步审定并公告申请在先的商标；同一天申请的，初步审定并公告使用在先的商标，驳回其他人的申请，不予公告。"

6. 关于禁止损害各种在先权利，禁止抢先注册他人已使用并有一定影响的商标的规定。《商标法》第三十二条："申请商标注册不得损害他人现有的在先权利，也不得以不正当手段抢先注册他人已经使用并有一定影响的商标。"

三、异议决定

对初步审定公告的商标提出异议的，商标局自公告期满之日起十二个月内做出是否准予注册的决定。商标局做出准予注册决定的，发给商标注册证，并予公告。异议人不服的，可以依照《商标法》第四十四条、第四十五条的规定向商标评审委员会请求宣告该注册商标无效，不能再申请复审。

向商评委申请宣告无效的，申请期间不影响商标获准注册。

四、不予注册复审

商标局做出不予注册决定，被异议人不服的，可以自收到通知之日起十五日内向商标评审委员会申请复审。被异议人对商标评审委员会的决定不服的，可以自收到通知之日起三十日内向人民法院起诉。

五、商标注册申请人取得商标专用权的时间

经审查异议不成立而准予注册的商标，商标注册申请人取得商标专用权的时间自初步审定公告三个月期满之日起计算。如果三个月内有人提出异议，自该商标公告期满之日起至准予注册决定做出前，会有一个案件审理期间，在此期间内，商标注册申请人对他人在同一种或者类似商品上使用与该商标相同或者近似的标志的行为不具有追溯力；但是，因该使用人的恶意给商标注册人造成的损失，应当给予赔偿。

六、异议裁定的后续程序

异议制度采取行政两审、司法两审的格局。

异议裁定的后续程序会直接影响商标注册申请人取得商标专用权的时间。商标局在做出异议裁定后要将异议裁定书寄给异议人与被异议人。异议裁定有两种结果。

（一）异议理由不能成立，经初步审定的商标予以注册（行政一审）。异议人不服的，可以依照商标法第四十四条、第四十五条的规定向商标评审委员会请求宣告该注册商标无效（行政二审）。

对于异议核准注册的，后续程序可能还有：

异议（核准注册，行政一审）—无效宣告（行政二审）—司法两审。

异议法律制度设置行政两审、司法两审的格局，获准注册的时间得到缩短，但权利状态不稳定，无效宣告有五年法定期限，经异议核准注册的，异议人五年内仍可提出无效宣告请求。

（二）异议理由充分，异议成立，原初步审定的商标不予注册。被异议人不服的，可以自收到通知之日起十五日内向商标评审委员会申请复审。

对于异议不予注册的，后续程序可能会出现三种情况：

1. 行政两审＋司法两审：异议（不予注册）—不予注册复审（不予注册）—司法一审（不予注册）—司法二审（不予注册）。

2. 行政三审＋司法两审：异议（不予注册）—不予注册复审（核准注册）—无效宣告（行政三审）—司法两审。

3. 行政四审＋司法四审：异议（不予注册）—不予注册复审（不予注册）—司法一审（不予注册）—司法二审（核准注册）—行政重裁（行政三审核准注册）—无效宣告（行政四审）—司法两审。

对于异议不予注册的，根据后续结果的不同，可能会出现后续漫长的行政和司法程序，包括：行政两审＋司法两审；行政三审＋司法两审；行政三审＋司法三审；行政三审＋司法四审，行政四审＋司法四审等。甚至会出现层级更多的结果、更繁复的流程。如涉及部分核准注册、一标多类的案件，程序更加复杂、耗时更长。

第四节　无效宣告程序

一、申请主体

无效宣告程序因理由不同，法律依据不同，而对主体资格的要求也有所不同。有两个方面的主体可以申请无效宣告：

（一）其他单位或者个人申请

《商标法》第四十四条规定："已经注册的商标，违反本法第十条、第十一条、第十二条规定的，或者是以欺骗手段或者其他不正当手段取得注册的，由商标局宣告该注册商标无效；其他单位或者个人可以请求商标评审委员会宣告该注册商标无效。"该规定中的其他单位或者个人应该是指除国家知识产权局商标局以外的其他任何单位和个人。

（二）在先权利人或者利害关系人申请

《商标法》第四十五条规定："已经注册的商标，违反本法第十三条第二款和第三款、第十五条、第十六条第一款、第三十条、第三十一条、第三十二条规定的，自商标注册之日起五年内，在先权利人或者利害关系人可以请求商标评审委员会宣告该注册商标无效。对恶意注册的，驰名商标所有人不受五年的时间限制。"申请人认为在后注册的商标，与其在先注册的商标权益发生冲突，即与其在同种商品或者类似商品上注册在先的商标相同或近似，或者已经在市场上引起消费者的误认，因而提出宣告该注册商标无效。

二、中止审查规定

商标评审委员会对无效宣告请求进行审查的过程中，所涉及的在先权利的确定必须以人民法院正在审理或者行政机关正在处理的另一案件的结果为依据的，可以中止审查。中止原因消除后，应当恢复审查程序。

三、无效宣告复审

商标局做出宣告注册商标无效的决定，应当书面通知当事人。当事人对商标局的决定不服的，可以自收到通知之日起十五日内向商标评审委员会申请复审。当事人对商标评审委员会的决定不服的，可以自收到通知之日起三十日内向人民法院起诉。

四、其他程序性问题

（一）注册人被吊销或者注销的处理

北京市高级人民法院《关于商标授权确权行政案件的审理指南》（以下简称《指南》）第7.5条规定："商标权撤销复审、商标权无效宣告请求行政案件中，诉争商标注册人被吊销营业执照或者已经注销的，不宜仅据此对诉争商标撤销注册或宣告无效。"

（二）诉争商标在商标评审程序中发生转让的处理

北京市高级人民法院《审理指南》第1.5条规定："商标评审程序中，诉争商标已经发生转让，国家知识产权局商标评审部门（以下简称商标评审部门）未通知受让人参加评审程序，直接作出对其不利的行政裁决，受让人在诉讼中能够证明被诉行政裁决理由和结论违法的，对其提出撤销被诉行政裁决的主张，可以予以支持；但受让人在诉讼中不能证明被诉行政裁决理由和结论违法的，对其提出撤销被诉行政裁决的主张不予支持。"

《指南》第1.6条规定："商标评审程序中，诉争商标已经发生转让，且受让人参加后续评审程序的，转让人一般不再作为行政相对人。转让人提起行政诉讼的，可以裁定驳回起诉。转让人在评审程序中已经完成的行为对受让人具有拘束力。"

第五节　关于商标的国际注册

一、商标国际注册途径

商标权具有地域性，在某个国家经过注册取得的商标权，只能在该注册国获得法律保护，除了共同参加的国际条约外，其他国家是不承认其权利的。由于商标权具有地域性的特点，要使自己的商标在国外获得保护，就必须进行国际注册。目前有两条途径：

（一）逐一国家注册，即直接向相关国家一一申请注册

（二）进行商标国际注册，并向有关国家申请领土延伸

1.《商标国际注册马德里协定》（以下简称《协定》）。1891 年 4 月 14 日签订。我国 1989 年 10 月 4 日加入。目的是为一缔约方的国民到其他缔约方取得商标注册提供一条渠道。特点是使用一种语言（法语或者英语），递交一份申请书，缴一次费用（视申请保护的国家和商品类别费用累加）。

该《协定》签字国的国民，其商标在原属国注册以后，只需用英语或法语通过本国的商标局向位于瑞士日内瓦的世界产权组织国际注册局（以下简称国际局）提出注册申请和缴纳费用，就能在《协定》的其他签字国获得商标权保护，其效果等同于该商标在相应成员国的逐一注册。

《商标国际注册马德里协定》的签约国有：阿尔及利亚、德国、奥地利、比荷卢、保加利亚、葡萄牙、埃及、法国、匈牙利、意大利、列支敦士登、西班牙、摩纳哥、蒙古国、摩洛哥、罗马尼亚、圣马利诺、苏丹、瑞士、朝鲜、越南、南斯拉夫、捷克、斯洛伐克、波兰、古巴、俄罗斯联邦、马其顿、乌克兰、哈萨克斯坦、白俄罗斯、乌兹别克斯坦、克罗地亚、斯洛文尼亚、波斯尼亚—黑塞格维亚、吉尔吉斯斯坦、摩尔多瓦、塔吉克斯坦、中国、阿尔巴尼亚、阿塞拜疆、利比亚、亚美尼亚、拉脱维亚等。

2.《商标国际注册马德里协定有关议定书》（以下简称《议定书》）。1989 年 6 月 27 日签订，1995 年 12 月生效。2007 年 3 月 27 日，72 个缔约方。其中纯议定书缔约方 24 个，既是议定书同时又是协定缔约方的共 48 个。我国 1995 年 12 月加入。

该《议定书》是在《马德里协定》的基础上发展而来的，其目的是方便那些因国内法律等问题难以加入《马德里协定》的国家参与商标国际注册体系。《议定书》在申请条件、审查周期、工作语言、收费标准和方式、保护期限等方面都做了重要的和灵活的修改。加入《议定书》的成员国有英国、瑞典、挪威、芬兰、中国、西班牙、丹麦、德国、古巴、日本等。

3. 截至 2021 年 1 月，由《马德里协定》和《马德里议定书》所适用的国家或政府间组织所组成的"马德里联盟"共有 107 个成员。《马德里商标国际注册实施办法》。由原国家工商行政管理总局制定并于 2003 年 6 月 1 日起施行。《实施办法》规定：以中国为原属国申请商标国际注册的，应当在中国设有真实有效的工商营业场所，或者在中国有住所，或者拥有中国国籍。其商标已经在国务院工商行政管理部门商标局（以下简称商标局）获得注册的，可以根据马德里协定申请该商标的国际注册。具有本办法第三条规定的商标国际注册申请人资格，其商标已经在商标局获得注册，或者已经向商标局提出商标注册申请的，可以根据马德里议定书申请该商标的国际注册。

二、商标国际注册程序

采取第二种途径，申请商标国际注册的，应当通过国家知识产权局商标局办理。

（一）申请人提交申请

1. 提交申请：向商标局国际处提交申请。

2. 提交方式：申请人直接递交或邮寄国际处，或通过代理直接递交或邮寄国际处。

3. 提交的材料包括：中文申请表格，外文申请表格，国内注册证或注册申请受理通知书复印件一份，委托代理的，代理委托书一份（申请人签字）。

4. 收费项目、币别：商标局手续费是人民币。国际局收费是瑞士法郎；瑞士法郎兑换人民币的汇率，是申请书送达商标局的当日央行汇率，计小数点后 4 位。

（二）商标局的形式审查

形式审查包括书件审、费用审。

商标局至国际局：商标局向国际局寄交申请；费用在设在国际局的账户上扣除。

（三）国际局的审查、注册、有效期

国际局的形式审查：书件审、费用审。

国际注册：在底簿登记注册日期，国际注册有效期是 10 年，向原属局颁发注册证，向被指定缔约方局寄发领土延伸申请书（不得代理）。

（四）被指定缔约方局的审查

被指定缔约方商标主管机关依其国内商标法对国际注册申请进行审查。审查结果有两种：驳回申请和予以保护。保护：效力等同于国家注册，

但不同于国际局的国际注册。

驳回的理由有三种：绝对理由、相对理由和其他。

驳回的绝对理由：未满足商标定义，缺乏显著性，叙述性，通用名称，违反道德或公共秩序，巴黎公约六条之二（驰名商标），巴黎公约六条之三（官方标记、检验印记），原产地名称、地理标记，著名人物名字。

驳回相对理由：相同类似商品或服务上的在先相同近似商标，在先的驰名商标，在先的字号，在先的原产地名称、地理标志，在先的工业品外观设计，在先的版权，未注册商标权。

其他理由：如商品不规范；商标没有精确的意译等。

国际局登记驳回、寄发通知书：在注册簿上登记被指定缔约方局的驳回，给我国商标国际注册申请人直接寄发驳回通知书；商标代理申请的，寄给代理人。

三、如何在国外保护商标权

（一）使用

目的是维持注册商标权。有关国家对使用有要求，如连续三年使用，或者通过许可使用商标。

（二）制止他人注册相同或者近似的商标

通过异议程序，无效程序，侵权救济，海关备案（侵权发生前的预防），诉讼等途径，制止他人注册或者使用相同近似的商标。

（三）防止经销商的"抢注"行为

在合同中明确约定相关条款。

（四）及时有效救济

通过诉讼保护在国外的未注册商标权。要注意收集商标在商品销售地使用的证据，收集商标在商品销售地驰名的证据。

四、我国企业在国外保护商标权存在的问题

（一）商标到国外注册的意识不强

出口商品不注重在相关国家申请商标注册，知识产权保护意识不强。

（二）企业内部管理机构和人员缺乏

没有专人、专门机构从事商标管理工作，造成商标不能及时延续，不能及时有效维权，商标品牌在国际贸易中发挥不了应有的作用。

（三）不重视商标被驳回（绝对或相对理由）以后的申述及诉讼，造成商标注册权利丧失

第三章 商标的变更、转让、续展、
          许可使用和质权

第一节 商标的变更

一、变更申请的强制性

注册商标需要变更注册人的名义、地址或者其他注册事项的，应当向商标局提出变更申请。

申请人变更其名义、地址、代理人或者文件接收人的，或者删减指定的商品的，应当向商标局办理变更手续。

二、变更申请人的限定

商标的申请人或者变更商标的代理人的申请人必须是商标的注册申请人。

三、变更的程序及提交材料要求

《商标法实施条例》第三十条第一款规定："变更商标注册人名义、地址或者其他注册事项的，应当向商标局提交变更申请书。变更商标注册人名义的，还应当提交有关登记机关出具的变更证明文件。商标局核准后，发给商标注册人相应证明，并予以公告；不予核准的，应当书面通知申请人并说明理由。

变更商标注册人名义或者地址的，商标注册人应当将其全部注册商标一并变更；未一并变更的，由商标局通知其限期改正；期满未改正的，视为放弃变更申请，商标局应当书面通知申请人。"

变更证明一般应提供原件，不能提供原件的可以提供经公证的原件的复印件。提交多份变更申请时，可以只提供一份原件，其他申请附复印件，但应在复印件上注明原件所在的具体申请文件，即标明原件所在的注册号或申请号。

变更证明由登记机关出具。自然人：由户籍管理部门或者相应证件如护照的发放部门出具；个体工商户、合伙企业、农民合作社、企业法人等各类企业：由工商局出具；事业单位法人：由民政部门或机构编制管理部门出具；律师事务所：由司法局出具；其他如非营利性医院：由卫生行政管理部门出具。

变更商标代理人的申请人必须是商标的注册申请人。

文件接收人。《商标法实施条例》第五条第三款规定："商标注册申请人和商标转让受让人为外国人或者外国企业的，应当在申请书中指定国内接收人负责接收商标局、商标评审委员会后继商标业务的法律文件。商标局、商标评审委员会后继商标业务的法律文件向国内接收人送达。"

删减商品或服务项目，只能删减商品或服务项目，不能对商品或服务项目加以限定、改变或者修饰。

外国人或外国企业提供的证明文件应附中文译本，并由翻译单位盖章。外国企业需要改变其中文名称的，应由申请人提交书面文件，确定新的中文译名，同时应将其名下全部商标译名予以统一变更。

受理通知书和改（补）正通知书属于申请过程中的文件，不是对申请的最终决定，不予受理通知书、不予核准通知书、视为放弃通知书和核准证明（通知书）属于对申请的最终决定，对申请的审查工作即视为完成，也就是在中国商标网上显示的"变更完成"。

第二节　商标的转让和移转

一、商标转让

（一）签订协议并共同办理手续

转让注册商标的，转让人和受让人应当签订转让协议，并共同向商标局提出申请，共同办理转让手续。受让人应当保证使用该注册商标的商品质量。不得单方提出申请。

（二）相同近似商标一并转让

转让注册商标的，商标注册人对其在同一种商品上注册的近似的商标，或者类似商品上注册的相同或者近似的商标，应当一并转让；

（三）转让限制。对可能产生误认、混淆或者其他不良影响的转让注册商标申请，商标局不予核准，书面通知申请人并说明理由。

（四）转让申请在核准前可以撤回

（五）在转让过程中发生争议的，应及时书面通知商标局，并可通过司法途径解决争议

（六）转让核准后经公告生效，有关证明在公告后发放

二、商标移转

注册商标专用权因转让以外的继承等其他事由发生移转的，接受该注册商标专用权的当事人应当凭有关证明文件或者法律文书到商标局办理注册商标专用权移转手续。

注册商标专用权移转的，注册商标专用权人在同一种或者类似商品上注册的相同或者近似的商标，应当一并移转；未一并移转的，由商标局通知其限期改正；期满不改正的，视为放弃该移转注册商标的申请，商标局应当书面通知申请人。

商标移转申请经核准后，予以公告。接受该注册商标专用权移转的当事人自公告之日起享有商标专用权。

移转申请中，转让人因主体资格终止或其他原因无法加盖公章或签字的，应办理移转申请。移转申请必须提供有关证明文件或者法律文书，以证明受移转人有权利继受该商标权。原商标权人终止并提供了证明文件的，可不必提供转让人之主体资格证明文件。

常见的移转申请：

（一）企业自主清算

企业应按照法律规定和企业章程组织清算，由清算组处分商标权。（1）清算组同意转让的文件，由其在申请书转让人章戳处盖章。（2）证明清算组合法成立的文件（股东名录、股东大会决议、清算组在工商局备案文件、公告等）。

（二）吊销营业执照

吊销营业执照应按照法律规定由企业自主组织清算，由清算组处分商标权。（1）清算组同意转让的文件，由其在申请书转让人章戳处盖章。（2）证明清算组合法成立的文件（股东名录、股东大会决议、清算组在工商局备案文件、公告等）。

（三）合并兼并

吸收合并或兼并的，由吸收方办理被吸收方企业的商标移转手续，吸收方企业的商标无须办理移转申请；新设立合并的，由新设立企业办理所有合并方企业商标的移转手续。（1）工商登记机关的相关证明（被兼并企业的注销证明等）。（2）企业合并或兼并协议，体现商标权归属。

（四）企业改制

（1）国有企业改制的，提供国有资产管理部门出具的改制文件（明确商标权归属）；集体企业改制的，提供上级主管部门出具的文件（明确商标权归属）；其他企业提供企业业主的相关证明明确商标权归属。（2）工商登记机关的相关登记证明。（3）改制后新设立的企业必须按照移转手续办理，变更设立的企业如承担原企业全部债权债务且资产属性无变化可办理变更手续。

（五）个体工商户注销

个体工商户营业执照被注销的，个人经营的由个人处分其商标权；家庭经营的，由参与经营的家庭成员共同处分商标权。个人独资、合伙企业可以参照个体户。

（六）自然人死亡

公证处出具的继承公证书，由继承人办理移转手续。

（七）司法执行

当事人持生效的判决书、裁定书、民事调解书等法律文书（一审判决附生效证明）向商标局申请办理移转申请，受让人应与法律文书记载的一致。

三、商标转让或移转和变更注册人名义的区别

商标转让或移转是在不同主体之间发生的商标权利转移，存在法定的权利分界时间；变更注册人名义是同一主体称谓的改变，商标权利没有发生转移。

第三节   商标的续展

续展是指在法定时间内，依照法定程序，在依法缴纳费用的前提下，对注册商标专用权期限予以延续的一种行为。注册商标的续展是其有别于其他类型知识产权的重要特征，通过续展使得百年老字号成为可能。注册商标的续展使注册商标作为一种无形财产，权利可以长时间延续，相对稳定。

一、续展期限

续展期限是十二个月。注册商标有效期满，需要继续使用的，商标注册人应当在期满前十二个月内按照规定办理续展手续；在此期间未能办理的，可以给予六个月的宽展期。每次续展注册的有效期为十年，自该商标上一届有效期满次日起计算。期满未办理续展手续的，注销其注册商标。

二、续展申请应该注意的问题

（一）申请人名义与商标局档案登记的注册人名义一致

续展申请人一般应为商标注册人，注册人名义发生变更的，应办理变更申请，并以变更后名义申请续展。转让过程中尚未核准的商标，受让人可以申请续展，待核准转让后即可核准续展；转让人也可申请续展。放弃续展的，需在补正通知书背面声明。

（二）在法律规定的期限内提出申请

应该在注册商标有效期满前十二个月加期满后六个月内提出。申请日期以寄出邮戳日为准。

（三）申请续展商标应为有效注册商标

三、续展申请的审查内容

（一）申请人名义是否与商标局档案登记的注册人名义一致

续展申请人一般应为商标注册人，注册人名义发生变更的，应办理变更申请，并以变更后名义申请续展。转让过程中尚未核准的商标，受让人可以申请续展，待核准转让后即可核准续展；转让人也可申请续展。放弃续展的，需在补正通知书背面声明。

名义不符的续展申请如何补正的问题。在补正通知书背面填写正确的申请人名称，并由申请人盖章确认，由新的申请人出具商标代理委托书，并附送申请人的主体资格证明文件，连同补正通知书原件一并交回商标局。

（二）申请日期是否在法律规定的期限内

（三）商标是否存在注销、撤销等失效情况

（四）不进行实质审查

四、在注册商标续展后六个月宽展期内侵权投诉案件的处理

注册商标有效期十年届满，注册商标权已经超过有效期但在后六个月宽展期内，商标注册人或者利害关系人在这段时间内提出续展申请，未获核准前，遇有侵犯其商标权行为，向市场监督管理部门投诉的，是否应当受理并立案查处？《最高人民法院关于审理商标民事纠纷案件适用法律若干问题的解释》从有利于保护权利人的实体权利与诉讼权利出发，第五条

明确规定："商标注册人或者利害关系人在注册商标续展、宽展期内提出续展申请，未获核准前，以他人侵犯其注册商标专用权提起诉讼的，人民法院应当受理。"所以，在此种情况下，接到侵权投诉，也应该受理，但鉴于尚未获得核准，应中止案件查处程序，待核准后，继续案件查处程序。

如果在宽展期内未提出续展申请的，以他人侵犯其注册商标专用权向市场监督管理部门投诉的，因为其商标权已经不在法律保护期内，不予受理。

第四节　商标的许可使用

一、商标使用许可的种类

《最高人民法院关于审理商标民事纠纷案件适用法律若干问题的解释》（注解〔2020〕19号）第三条规定，商标使用许可包括独占许可、排他许可和普通许可三种类型，这三种许可的情形在实践中大量存在，他们之间在许可人与被许可人民事权利、义务的内容上有所差别：

（一）独占使用许可，是指商标注册人在约定的期间、地域和以约定的方式，将该注册商标仅许可一个被许可人使用，商标注册人依约定不得使用该注册商标；

（二）排他使用许可，是指商标注册人在约定的期间、地域和以约定的方式，将该注册商标仅许可一个被许可人使用，商标注册人依约定可以使用该注册商标但不得另行许可他人使用该注册商标；

（三）普通使用许可，是指商标注册人在约定的期间、地域和以约定的方式，许可他人使用其注册商标，并可自行使用该注册商标和许可他人使用其注册商标。

二、商标使用许可备案的要求和法律意义

（一）备案的强制性

1. 相关法律规定及理解：《实施条例》第六十九条规定："许可他人使用其注册商标的，许可人应当在许可合同有效期内向商标局备案并报送备

案材料。"一是注册商标使用许可应当报商标局备案。二是由许可人报备。由许可人将其商标使用许可报商标局备案。无须双方共同备案。

2. 需要注意的问题：一是商标局只对商标使用许可的主要事项进行备案并公告公示，不对使用许可合同备案。二是没有备案时间要求，在许可合同有效期内报备案材料即可。三是不受理未注册商标许可备案。

（二）商标使用许可是否备案不影响合同效力，被许可人的使用不构成侵权

1. 相关法律规定及理解：《商标法》第四十三条第三款规定，"许可他人使用其注册商标的，许可人应当将其商标使用许可报商标局备案，由商标局公告"。"许可备案"是将主要许可事项备案，是内容的备案，可以通过网上电子备案。备案是为了便于商标局对全国商标使用许可情况进行管理，规范商标使用市场，便于社会了解商标使用的情况，更好地维护双方当事人的合法权益，同时保障消费者的知情权。但是实践中存在大量的商标使用许可不备案情况。《最高人民法院关于审理商标民事纠纷案件适用法律若干问题的解释》第十九条第一款规定，商标使用许可合同未经备案的，不影响该许可合同的效力，但当事人另有约定的除外。所以，人民法院在确认商标使用许可合同的效力时，不因未办理备案手续，而确认该使用许可合同无效；但当事人双方在合同中约定办理备案手续方能生效的，应当依照约定处理。

2. 执法中应该注意的问题：在商标行政执法实践中，商标注册人想撕毁商标授权许可合同，以合同未备案为由，主张合同无效，继而向市场监督管理部门投诉被许可人侵权的，受理案件的执法部门不能作为商标侵权案件查处。

（三）商标使用许可未经商标局备案的，不得对抗善意第三人

1. 相关法律规定及理解：《商标法》第四十三条规定，"商标使用许可未经备案不得对抗善意第三人"。"善意三人"，是指该商标使用许可合同当事人以外的与商标权人就该商标进行交易的没有过错的当事人。包括商标受让人、商标移转继受人、商标质权人、其他被许可人。"没有过错"，特别是指对该项未备案商标使用许可不知情，不知道以及不可能知道。"不得对抗"，是指在先订立未经备案的商标使用许可合同的效力，不能抵抗善意第三人与商标注册人之间就该商标在后所订立合同的效力。也就是说，善意第三人的合法权益应当依法受到保护。如，在先的商标使用许可合同当事人约定为独占的使用许可合同，但未经备案，在后又订立的商标使用许可合同的被许可人对前一个合同并不知情，属于善意的第三人。在先使用许可合同的被许可人不得因为自己为独占被许可人，而请求确认在后许可合同的被许可人的商标使用无效。反过来说，如果独占的商标使用许可或者排他的商标使用许可在商标局备了案，在后的被许可人没有查看该商标的许可备案情况，是其自身没有尽到注意义务，属于应当知道而没能知道，该备案的许可就可以对抗在后的被许可人。所以，独占的商标使用被许可人或者排他的商标使用被许可人为了保障自己的被许可权益，敦促许可人进行许可备案十分重要。

2. 执法中应该注意的问题：商标行政执法实践中，商标注册人在先的商标使用许可未备案，商标注册人或者在先被许可使用人向市场监督管理部门主张在后许可使用合同无效，继而投诉在后被许可人的商标使用构成侵权时，执法部门要注意把握两个问题：一个是在先的商标使用许可是否备案，以及是否约定必须备案许可合同才生效；二是在后被许可使用人是否明知在先的独占或者排他许可。经查，如果在先许可没有备案，也没有

约定必须备案，在后被许可人也不知道在先的独占或者排他许可存在，那么，在后被许可人的被许可权益应受到保护，其对该商标的使用属于有权使用，不构成侵权。执法部门不能作为商标侵权案件查处。

3. 未备案的行政法律后果：没有规定罚款等其他行政处罚。

三、注册商标转让前签订的有关商标使用许可合同继续有效，被许可人的继续使用不构成侵权

（一）转让的法定手续

一是转让人和受让人应当签订转让协议；二是当事人双方共同向商标局提出申请，受让人应当保证使用该注册商标的商品质量；三是转让注册商标要经过商标局核准；四是转让注册商标的，商标注册人对其在同一种商品上注册的近似的商标，或者在类似商品上注册的相同或者近似的商标，应当一并转让。对容易导致混淆或者有其他不良影响的转让，商标局不予核准，书面通知申请人并说明理由。五是商标局对转让注册商标情况进行公告，受让人自公告之日起享有商标专用权。

（二）注册商标转让前签订的有关商标使用许可合同继续有效

注册商标转让公告后，受让人就成为该注册商标新的商标权人。实践中，有的新商标权人不承认原商标注册人在转让之前曾与他人订立的商标使用许可合同。《最高人民法院关于审理商标民事纠纷案件适用法律若干问题的解释》第二十条规定："注册商标的转让不影响转让前已经生效的商标使用许可合同的效力，但商标使用许可合同另有约定的除外。"明确规定注册商标转让前合法订立的使用许可合同的效力，不因注册商标权人的变更而变化，新商标权人应依照合同的约定继续履行。同时也体现了当事人约定优先的原则，商标使用许可合同对此另有约定的，依照该约定执行。

（三）重要提示

有的商标权人在商标转让前，与他人订立商标独占使用许可合同，而且合同期限很长，一次性收取商标许可使用费，致使新商标权人转让获得的只是一个名义上的商标权人，无法对转让前合法存在的他人使用许可关系进行干预。所以，通过转让获得商标权之前，一定到商标局查询是否有与该转让商标有关的许可备案，并在合同中明确约定是否存在在先的商标使用许可事项，以及相关许可事项的处理方案。

（四）执法中应该注意的问题

在商标行政执法过程中，如果新商标权人向市场监督管理部门投诉，主张被投诉人与原商标注册人虽然订立了商标使用许可合同，但商标转让后被投诉人继续使用该注册商标的行为侵权的，无论该许可合同是否备案，执法部门应该认可该许可合同的法律效力，不应该作为商标侵权案件查处。

四、商标使用许可人的诉讼地位及行政处罚案件中的主体地位

《商标法》第六十条规定："有本法第五十七条所列侵犯注册商标专用权行为之一，引起纠纷的，由当事人协商解决；不愿协商或者协商不成的，商标注册人或者利害关系人可以向人民法院起诉，也可以请求工商行政管理部门处理。"很多情况下，商标许可他人使用期间，商标注册人对市场上的商标侵权行为并不知情，而是由被许可使用人时时维权。

《最高人民法院关于审理商标民事纠纷案件适用法律若干问题的解释》（法释〔2020〕19号）第四条规定："商标法第六十条第一款规定的利害关系人，包括注册商标使用许可合同的被许可人、注册商标财产权利的合法继承人等。在发生注册商标专用权被侵害时，独占使用许可合同的被许可人可以向人民法院提起诉讼；排他使用许可合同的被许可人可以和商标

注册人共同起诉，也可以在商标注册人不起诉的情况下，自行提起诉讼；普通使用许可合同的被许可人经商标注册人明确授权，可以提起诉讼。"

（一）独占使用许可的被许可人，可以自行起诉或者投诉。由于其对被许可使用的注册商标独家使用，商标注册人也因约定不得使用，侵犯该商标权的行为直接、主要地侵害了独占被许可人的利益。所以，独占被许可人依法可以作为原告向法院提起侵权之诉。如果选择向工商部门投诉，独占使用许可合同的被许可人也可以向工商行政管理部门投诉。

（二）排他使用许可的被许可人，可以共同提起诉讼或者共同投诉，也可以自行起诉或者投诉。在排他使用许可合同中商标注册人与被许可人都可以使用该注册商标，都是商标侵权行为的直接受害人。所以，在发生注册商标专用权被侵害时，他们可以作为共同原告提起诉讼；如果商标注册人由于某种原因不提起诉讼，应当允许排他使用许可人自行提起诉讼。如果选择向市场监督管理部门投诉，排他使用许可合同的被许可人可以和商标注册人共同投诉，也可以在商标注册人不投诉的情况下，自行投诉。

（三）普通许可的被许可人，经商标注册人明确授权，可以提起诉讼或者向市场监督管理部门投诉。如果选择向市场监督管理部门投诉，普通使用许可合同的被许可人经商标注册人明确授权，才可以投诉。

执法实践中，如果不是商标注册人投诉，一般情况下，受理案件的执法部门都会要求投诉人提交一份商标权人的授权书以及投诉人的身份证件，或者营业执照，或者身份证。同时，还会要求投诉人出具并提交投诉案件具体承办人员的授权书。

五、被许可使用注册商标商品的监管

《商标法实施条例》第七十一条规定："违反商标法第四十三条第二款

规定的（经许可使用他人注册商标的，必须在使用该注册商标的商品上标明被许可人的名称和商品产地），由工商行政管理部门责令限期改正；逾期不改正的，责令停止销售，拒不停止销售的，处 10 万元以下的罚款。"

对经许可使用他人注册商标的，未在使用该注册商标的商品上标明被许可人的名称和商品产地的，采取三段式执法：

第一阶段：责令限期改正；

第二阶段：逾期不改正的，责令停止销售；

第三阶段：拒不停止销售的，处 10 万元以下的罚款。

这三个执法阶段不能逾越，执法措施和处罚不能并行。在规定期限内改正了，不能再停止销售甚至罚款；逾期不改正已责令停止销售了，不能再罚款；只有拒不停止销售的，才能处以罚款。

第五节　商标权质权

一、商标权质权的概念

商标专用权质权是指在依法可以转让的注册商标专用权上设立的一种担保物权，用以作为债务的担保，当债务人不履行债务时，债权人有权依照法律规定，以该注册商标专用权折价或以拍卖、变卖该商标专用权的价款优先受偿。

二、法律依据

（一）早期法律依据。一是 1995 年《担保法》正式确立了商标权质押融资的法律保障制度。《担保法》第七十九条规定："以依法可以转让的商标专用权、专利权、著作权中的财产权出质的，出质人与质权人应当订立书面合同，并向其管理部门办理出质登记。质押合同自登记之日起生效。"

（二）2021 年 1 月 1 日起施行的《民法典》第四百四十四条规定：二是 2007 年《物权法》第二百二十七条也作出了相应规定。"以注册商标专用权、专利权、著作权等知识产权中的财产权出质的，质权自办理出质登记时设立。

知识产权中的财产权出质后，出质人不得转让或者许可他人使用，但经出质人与质权人协商同意的除外。出质人转让或者许可他人使用出质的知识产权中的财产权所得的价款，应当向质权人提前清偿债务或者提存。"

《民法典》自 2021 年 1 月 1 日施行后，《担保法》《物权法》同时废止。

（三）《商标法实施条例》第七十条："以注册商标专用权出质的，出质人和质权人应当签订书面质权合同，并共同向商标局提出质权登记申请，由商标局公告。"

（四）《注册商标专用权质权登记程序规定》。2009 年 9 月 10 日原国家工商行政管理总局颁布了《注册商标专用权质权登记程序规定》。

三、商标权质押要求

（一）申请主体

质权登记申请应由质权人和出质人共同提出。质权人和出质人可以直接向商标局申请，也可以委托商标代理机构代理。

（二）办理质权登记

以注册商标专用权出质的，出质人和质权人应当签订书面质权合同，并共同向商标局提出质权登记申请，由商标局公告。

（三）质押范围

办理注册商标专用权质权登记，出质人应当将在相同或者类似商品 / 服务上注册的相同或者近似商标一并办理质权登记。质权合同和质权登记申请书中应当载明出质的商标注册号。

（四）限制转让或者许可

知识产权中的财产权出质后，出质人不得转让或者许可他人使用，但经出质人与质权人协商同意的除外。出质人转让或者许可他人使用出质的知识产权中的财产权所得的价款，应当向质权人提前清偿债务或者提存。

（五）提交文件

申请注册商标专用权质权登记的，应提交下列文件：

1. 申请人签字或者盖章的《商标专用权质权登记申请书》。

2. 出质人、质权人的主体资格证明或者自然人身份证明复印件。

3. 主合同和注册商标专用权质权合同。

4. 直接办理的，应当提交授权委托书以及被委托人的身份证明；委托商标代理机构办理的，应当提交商标代理委托书。

5. 出质注册商标的注册证复印件。

6. 出质商标专用权的价值评估报告。如果质权人和出质人双方已就出质商标专用权的价值达成一致意见并提交了相关书面认可文件，申请人可不再提交。

7. 其他需要提供的材料。

上述文件为外文的，应当同时提交其中文译文。中文译文应当由翻译单位和翻译人员签字盖章确认。

（六）受理及登记日期的确定

申请登记书件齐备、符合规定的，商标局予以受理。受理日期即为登记日期。商标局自登记之日起 5 个工作日内向双方当事人发放《商标专用权质权登记证》。《商标专用权质权登记证》应当载明下列内容：出质人和质权人的名称（姓名）、出质商标注册号、被担保的债权数额、质权登记期限、质权登记日期。

（七）不予登记的情形

有下列情形之一的，商标局不予登记：

一是出质人名称与商标局档案所记载的名称不一致，且不能提供相关证明证实其为注册商标权利人的；

二是合同的签订违反法律法规强制性规定的；

三是商标专用权已经被撤销、被注销或者有效期满未续展的；

四是商标专用权已被人民法院查封、冻结的；

五是其他不符合出质条件的。

四、商标权质权登记要点

（一）申请文件齐备

（二）质押合同内容完整符合法律规定，载明具体质押商标

（三）非法定代表人签署的合同应附法定代表人授权书

（四）相同近似商标应一同出质

同一注册人在与质押商标相同或类似商品 / 服务上注册的相同近似商标应一并办理质权登记，保证质押商标依法可以转让，目的在于保证质权人在债务人不履行债务时可以将质押物变现以优先受偿。

（五）出质的商标专用权应当是可以转让的商标专用权，依法可以转让是商标出质的前提

（六）登记时限为五个工作日，从出质申请之日起计算

五、商标权质权登记的变更、延期和注销

商标权质权登记的变更、延期和注销的原因：

（一）质权合同担保的主债权数额变更

（二）因被担保的主合同履行期限延长、主债权未能按期实现等原因，延长质权登记期限

（三）商标专用权质权登记注销

（四）质权人或出质人的名称（姓名）更改

（五）质权登记期限届满后，该质权登记自动失效

第四章　商标评审有关问题

第一节　商标评审的概念和类型

一、商标评审的概念

商标评审是指商标评审委员会依照《商标法》第三十四条、第三十五条、第四十四条、第四十五条、第五十四条的规定审理有关商标争议事宜。

二、商标评审案件类型

评审案件类型有五种：驳回复审、不予注册复审、撤销复审、无效宣告、无效宣告复审。

（一）驳回复审

驳回复审是商标注册申请人对商标局做出的驳回商标注册申请决定不服，提出的复审申请。

申请注册的商标，凡不符合商标法有关规定或者同他人在同一种商品或者类似商品上已经注册的或者初步审定的商标相同或者近似的，由商标局驳回申请，不予公告。

对驳回申请、不予公告的商标，商标注册申请人不服的，可以自收到通知之日起十五日内向商标评审委员会申请复审。

（二）不予注册复审制度

1. 不予注册复审制度：不予注册复审的申请人是被异议人。对初步审定公告的商标提出异议，异议理由成立的，不予注册，被异议人可以申请不予注册复审。审理范围是商标局异议裁定中不予注册的部分。异议理由不同主体也不同。任何人提出异议复审的依据是商标法第十条、第十一条、第十二条规定，在先权利人和利害关系人提出异议复审的依据是商标法第十三条、第十五条、第十六条第一款、第三十条、第三十一条、第三十二条有关规定。

商标评审委员会审理不服商标局不予注册决定的复审案件，应当通知原异议人参加并提出意见。原异议人的意见对案件审理结果有实质影响的，可以作为评审的依据；原异议人不参加或者不提出意见的，不影响案件的审理。原异议在异议程序中未提出但在复审程序中提出的理由，可能对案件结论产生实质影响。

对初步审定公告的商标提出异议，异议理由不成立的，商标局做出准予注册决定，不可复审，异议人可以请求宣告该注册商标无效。

2. 这类案件的行政诉讼主体及范围：《商标法》第三十五条第三款规定："被异议人对商标评审委员会的决定不服的，可以自收到通知之日起三十日内向人民法院起诉。人民法院应当通知异议人作为第三人参加诉讼。"因此，商评委做出的不予注册复审决定结果为核准注册的，异议人不能提起诉讼，而只能待被异议商标核准注册后启动无效宣告程序。

（三）关于通用名称案件的撤销复审

通用名称案件因情形不同，有两种不同的程序选择：

一是申请撤销复审。退化为通用名称，因不当使用而导致丧失显著性。依照《商标法》第四十九条第二款规定向商标局申请撤销。不服的，向商评委申请撤销复审。

二是申请无效宣告复审。本身就是通用名称，注册商标本身就缺乏显著性。依照《商标法》第四十四条第一款向商标评审委员会提出无效宣告请求；商标局也可以主动依职权宣告无效。不服的，向商评委申请无效宣告复审。

所以，在此类案件中，首先判断是通用名称注册不当，还是使用不当退化为通用名称非常重要，涉及采用申请撤销还是采用申请宣告无效两种不同的救济途径。救济途径不同，法律后果也是不同的，撤销是向后无效，无效宣告是向前无效。

（四）无效宣告

1. 商评委依绝对理由的无效宣告。申请主体为其他单位或者个人。《商标法》第四十四条第一款规定：已经注册的商标，违反本法第四条、第十条、第十一条、第十二条、第十九条第四款规定的，或者是以欺骗手段或者其他不正当手段取得注册的，由商标局宣告该注册商标无效；其他单位或者个人可以请求商标评审委员会宣告该注册商标无效。

2. 商评委依相对理由的无效宣告。申请主体为在先权利人或者利害关系人。《商标法》第四十五条第一款规定：已经注册的商标，违反本法第十三条第二款和第三款、第十五条、第十六条第一款、第三十条、第三十一条、第三十二条规定的，自商标注册之日起五年内，在先权利人或者利害关系人可以请求商标评审委员会宣告该注册商标无效。对恶意注册的，驰名商标所有人不受五年的时间限制。

（五）无效宣告复审

商标局依据《商标法》四十四条第一款绝对理由无效宣告的案件，依据《商标法》第四十四条第二款规定可以复审。商标局的无效宣告由商标局主动发起，提出的复审是单方案件。

第二节　注册商标撤销与无效宣告

一、撤销注册商标的情形

《商标法》规定了三种撤销注册商标的情形：

（一）使用不当

注册人在使用注册商标的过程中，自行改变注册商标、注册人名义、地址或者其他注册事项的，由地方工商行政管理部门责令限期改正；期满不改正的，由商标局撤销其注册商标。

（二）注册商标成为其核定使用的商品的通用名称

任何单位或者个人可以向商标局申请撤销该注册商标。

（三）没有正当理由连续三年不使用注册商标

任何单位或者个人可以向商标局申请撤销该注册商标。

二、注册商标撤销与无效宣告的不同

（一）适用情形不同

无效宣告是因为不具备商标注册合法性，撤销是因为不当使用。

（二）目的不同

无效宣告是不当注册事后纠正，撤销是为了规范使用。

（三）时间点起算不同

无效宣告起算点是从争议商标申请注册时，自始无效，撤销是商标注册后实际使用过程中，从撤销之日起算。

（四）法律效力不同

无效宣告商标权自始就不存在，是向前无效；撤销是注册商标专用权从公告之日起终止，是向后无效。

三、商标管理实践中的问题

（一）针对不同情况，依法处理

作为商标权人，如在先商标注册人已经消亡可向商标局对在先商标提出注销申请；如在先商标存在连续三年停止使用的行为可向商标局提出撤销申请；如在先商标属于恶意抢注，应及时向商标局提出异议或向商评委提出无效宣告请求，或积极参与不予注册复审程序；如与在先商标在市场上实际冲突的可能性非常小，可协商签署共存协议。

（二）商标共存

商标共存是指当数个企业对某个相同商标或者近似商标都享有正当的权益时，商标注册机关以实际使用情况、客观市场效果、历史原因等事实为依据，依法或者接受当事人之间的共存协议，在商标的使用范围、地域、方式等方面附加一定条件限制的情况下分别核准其注册。

商标共存协议不足以构成申请商标获准注册的事实基础或者法律依据，而仅仅是引证商标权利人单方出具的证据。还要看申请商标与引证商标是否能实现区别功能，是否容易导致消费者混淆误认。共存协议还应注意同意申请商标与其商标共存的是否为引证商标的权利人，协议要明确约定商标图样和使用商品。

第五章 商标代理机构监管

第一节 相关概念及法律要求

一、相关概念

（一）**商标代理**。是指接受委托人的委托，以委托人的名义办理商标注册申请、商标评审或者其他商标事宜。

（二）**商标代理机构**。是经市场监督管理部门登记从事商标代理业务的服务机构和从事商标代理业务的律师事务所。

（三）**商标代理从业人员**。是指在商标代理机构中从事商标代理业务的工作人员。商标代理从业人员不得以个人名义自行接受委托。

二、备案

商标代理机构从事商标局、商标评审委员会主管的商标事宜代理业务的，应当按照下列规定向商标局备案：

（一）交验工商行政管理部门的登记证明文件或者司法行政部门批准设立律师事务所的证明文件并留存复印件（主体资格证明文件）。

（二）报送商标代理机构的名称、住所、负责人、联系方式等基本信息。

（三）报送商标代理从业人员名单及联系方式。

三、业务限制

商标代理机构申请注册或者受让其代理服务以外的其他商标，商标局不予受理。

第二节　违法行为种类及其法律责任

一、违法行为种类

（一）办理商标事宜过程中，伪造、变造或者使用伪造、变造的法律文件、印章、签名的。

（二）以诋毁其他商标代理机构等手段招徕商标代理业务或者以其他不正当手段扰乱商标代理市场秩序的。

关于以其他不正当手段扰乱商标代理市场秩序的行为，《商标法实施条例》第八十八条规定："下列行为属于商标法第六十八条第一款第二项规定的以其他不正当手段扰乱商标代理市场秩序的行为：

1. 以欺诈、虚假宣传、引人误解或者商业贿赂等方式招徕业务的；

2. 隐瞒事实，提供虚假证据，或者威胁、诱导他人隐瞒事实，提供虚假证据的；

3. 在同一商标案件中接受有利益冲突的双方当事人委托的。"

（三）违反《商标法》第四条，第十九条第三款、第四款规定的。

1. 恶意申请商标注册。《商标法》第四条第一款规定："自然人、法人或者其他组织在生产经营活动中，对其商品或者服务需要取得商标专用权的，应当向商标局申请商标注册。不以使用为目的的恶意商标注册申请，应当予以驳回。"

2. 知道或者应当知道受托事项违法，仍接受委托的。第十九条第三款规定："商标代理机构知道或者应当知道委托人申请注册的商标属于本法第四条、第十五条和第三十二条规定情形的，不得接受其委托。"

第十五条规定："未经授权，代理人或者代表人以自己的名义将被代理人或者被代表人的商标进行注册，被代理人或者被代表人提出异议的，不予注册并禁止使用。就同一种商品或者类似商品申请注册的商标与他人在先使用的未注册商标相同或者近似，申请人与该他人具有前款规定以外的合同、业务往来关系或者其他关系而明知该他人商标存在，该他人提出异议的，不予注册。"

第三十二条规定："申请商标注册不得损害他人现有的在先权利，也不得以不正当手段抢先注册他人已经使用并有一定影响的商标。"

3. 申请注册代理服务以外的其他商标。第十九条第四款规定："商标代理机构除对其代理服务申请商标注册外，不得申请注册其他商标。"

二、法律责任

（一）警告、罚款直至刑事责任

《商标法》第六十八条规定："由工商行政管理部门责令限期改正，给予警告，处一万元以上十万元以下的罚款；对直接负责的主管人员和其他直接责任人员给予警告，处五千元以上五万元以下的罚款；构成犯罪的，依法追究刑事责任。"

第六十八条第四款规定："对恶意申请商标注册的，根据情节给予警告、罚款等行政处罚；对恶意提起商标诉讼的，由人民法院依法给予处罚。"

（二）记入信用档案、停止受理其办理商标代理业务

商标代理机构有前款规定行为的，由工商行政管理部门记入信用档案；情节严重的，商标局、商标评审委员会并可以决定停止受理其办理商标代理业务，予以公告。

（三）民事责任

商标代理机构违反诚实信用原则，侵害委托人合法利益的，应当依法承担民事责任，并由商标代理行业组织按照章程规定予以惩戒。

三、案件管辖及处理

（一）地域管辖和级别管辖

行为人所在地或者违法行为发生地商标代理机构有《商标法》第六十八条规定行为的，由行为人所在地或者违法行为发生地县级以上工商行政管理部门进行查处并将查处情况通报商标局。（《商标法实施条例》第八十九条）

（二）停止代理业务期限

商标局、商标评审委员会依照《商标法》第六十八条规定停止受理商标代理机构办理商标代理业务的，可以做出停止受理该商标代理机构商标代理业务6个月以上直至永久停止受理的决定。停止受理商标代理业务的期间届满，商标局、商标评审委员会应当恢复受理。（《商标法实施条例》第九十条）

（三）公告

商标局、商标评审委员会做出停止受理或者恢复受理商标代理的决定应当在其网站予以公告。

第二部分 ⫽ 商标管理问题研究

第六章　驰名商标有关问题

第一节　驰名商标的概念、特征及法律保护

一、驰名商标的概念

驰名商标是指在中国为相关公众所熟知的商标。

《商标法》第十三条规定："为相关公众所熟知的商标，持有人认为其权利受到侵害时，可以依照本法规定请求驰名商标保护。就相同或者类似商品申请注册的商标是复制、摹仿或者翻译他人未在中国注册的驰名商标，容易导致混淆的，不予注册并禁止使用。就不相同或者不相类似商品申请注册的商标是复制、摹仿或者翻译他人已经在中国注册的驰名商标，误导公众，致使该驰名商标注册人的利益可能受到损害的，不予注册并禁止使用。"

《驰名商标认定和保护规定》第二条规定："驰名商标是指在中国为相关公众所熟知的商标。相关公众包括与使用商标所标示的某类商品或者服务有关的消费者，生产前述商品或者提供服务的其他经营者以及经销渠道中所涉及的销售者和相关人员等。"

驰名商标是指在中国为相关公众所熟知的商标。驰名地域是"在中

国"，驰名范围是"相关公众"，知名程度是"熟知"。

"相关公众"包括但不以下列情形为限：

1. 商标所标识的商品的生产者或者服务的提供者；

2. 商标所标识的商品/服务的消费者；

3. 商标所标识的商品/服务在经销渠道中所涉及的经营者和相关人员等。

二、驰名商标的法律特征

驰名商标与一般的商标相比，有独特的法律特征，主要表现为以下三个方面：

（一）超越地域范围的独占权

驰名商标的独占权，不是一般法律意义的商标专用权，而是超越本国范围、在世界各国（至少是《保护知识产权巴黎公约》成员国）都得到保护的权利。也就是当某项商标在注册国或使用国的商标主管机关已认定为驰名商标时，如果另一商标构成对该驰名商标的仿造，且用于相同或类似商品上，则应拒绝或取消其注册，并禁止使用。这些规定，也适用于主要部分系伪造、仿冒或模仿另一驰名商标易于造成混淆的商标。称之为"相对保护主义"，现已为大陆法系各个国家所采用。不少英美法系国家采用的是"绝对保护主义"，即驰名商标所有人，不仅有权禁止其他任何人在同类或类似商品上使用其驰名商标，而且也有权在其他一切商品上禁止使用其驰名商标。

（二）超越先申请原则的注册权

除美国等几个少数国家外，世界上大多数国家的商标注册采用申请在先原则；外国人申请的，还享有六个月的优先权，即相同的商标注册申请，注册商标授予最先申请者。但对驰名商标而言，他人虽申请在先，也不准注册；或他人经申请已获准注册，驰名商标所有人也有权在一定期限内请求撤销该注册商标。这个期限，《保护工业产权巴黎公约》规定为五年（自注册之日算起）；成员国还可以自行规定请求禁止使用的期限，但只能多于五年，不能少于巴黎公约规定的最短期限；如果是属于以欺诈手段恶意取得或使用他人驰名商标的，则驰名商标所有人的撤销请求权，不受期限的限制。中国《驰名商标认定和保护规定》规定，驰名商标所有人有权在五年内请求撤销与其相同或近似的已经注册的商标；同时也规定对恶意注册的不受时间限制。

（三）严格限制的转让权和许可权

包括中国在内的世界上多数国家的商标法都规定注册商标可以转让和许可他人使用。注册商标的转让，是商标专用权在两个人之间的转移，转让人与被转让人应共同向商标局提出转让申请，经商标局核准公告才属有效。注册商标的使用许可，是使用许可合同签订后，由许可人报送商标局备案，即为有效。但对驰名商标，各国均加以严格限制，法律禁止转让驰名商标。对于使用许可，则采取严格的审批核准制度，除双方签订使用合同外，必须经商标局核准，并经登记公告，才属有效。

三、驰名商标的保护范围及保护方式

（一）驰名商标的保护范围

保护两类驰名商标：

1. 对未在中国注册的驰名商标给予在相同或类似商品上的保护：《商标法》第十三条第二款："就相同或者类似商品申请注册的商标是复制、摹仿或者翻译他人未在中国注册的驰名商标，容易导致混淆的，不予注册并禁止使用。"

2. 对已在中国注册的驰名商标予以不相同或者不相类似商品上的跨类保护：《商标法》第十三条第三款："就不相同或者不相类似商品申请注册的商标是复制、摹仿或者翻译他人已经在中国注册的驰名商标，误导公众，致使该驰名商标注册人的利益可能受到损害的，不予注册并禁止使用。"

（二）对驰名商标的保护方式

驰名商标有两种保护方式：一是"不予注册"，二是"禁止使用"。

"不予注册"是对不具有显著性、非功能性、在先性的商标，不予核准注册。

"禁止使用"是针对不具有合法性的商标，禁止使用。

四、对驰名商标的特殊保护

（一）不受是否注册的影响。中国法律对商标的保护是基于注册原则，因而普通非注册商标难以获得《商标法》的有力保护。但驰名商标例外，即使是"未在中国注册的驰名商标"，也在《商标法》保护之列。

（二）对抗恶意抢注，不受五年时间期限的限制。在注册商标申请无效宣告程序中，普通商标所有人或利害关系人主张权利的时效为诉争商标注册之日起五年。对于驰名商标所有人，如果对方是出于恶意注册，则不受五年时间的限制。

（三）对抗不相同或者不类似商品的相同或近似商标的影响。普通注册商标只能在所注册的相同或类似的商品或服务上享有专用权和排他权，而"已注册的中国驰名商标"不仅在相同或类似的商标或服务上享有专用权，而且在不相同或不类似商品或服务上也享有排他权，受法律保护。

（四）驰名商标的比照保护。驰名商标受保护记录对之后发生的类似案件，具有比照保护作用。《驰名商标认定和保护规定》第十六条规定："商标注册审查、商标争议处理和工商行政管理部门查处商标违法案件过程中，当事人依照商标法第十三条规定请求驰名商标保护时，可以提供该商标曾在我国作为驰名商标受保护的记录。当事人请求驰名商标保护的范围与已被作为驰名商标予以保护的范围基本相同，且对方当事人对该商标驰名无异议，或者虽有异议，但异议理由和提供的证据明显不足以支持该异议的，商标局、商标评审委员会、商标违法案件立案部门可以根据该保护记录，结合相关证据，给予该商标驰名商标保护。"

第二节　驰名商标的认定机构及认定性质和原则

一、驰名商标的认定机构

（一）市场监督管理总局国家知识产权局

驰名商标在案件查处过程中认定。市场监督管理部门查处商标违法案件过程中，需要按照《商标法》第十三条规定保护当事人商标权利的，可以省级文件形式就涉及案件中需要保护的商标是否驰名向市场监督管理总局国家知识产权局上报请示，经其批复同意，可予以驰名商标扩大类别保护。

（二）国家知识产权局商标局

1. 在商标注册审查程序中认定。国家知识产权局商标局原隶属于国家工商行政管理总局。2018 年 3 月，中共中央印发《深化党和国家机构改革方案》，将国家知识产权局的职责、国家工商行政管理总局的商标管理职责、国家质量监督检验检疫总局的原产地地理标志管理职责整合，重新组建国家知识产权局，由国家市场监督管理总局管理。2018 年 11 月 15 日《中央编办关于国家知识产权局所属事业单位机构编制的批复》（中央编办复字〔2018〕114 号）规定，将原国家工商行政管理总局商标局、商标评审委员会、商标审查协作中心整合为国家知识产权局商标局，是国家知识产权局所属事业单位。国家知识产权局商标局是全国的商标管理机关，主管全国商标注册工作和商标管理工作。

在商标注册审查过程中，当事人依照《商标法》第十三条规定主张权

利的，商标局根据审查、处理商标注册争议案件的需要，可以对商标驰名
情况做出认定。主要涉及商标异议和商标争议案件。

2. 在商标争议处理过程中认定。当事人依照《商标法》第十三条规定
主张权利的，国家知识产权局商标局评审部根据处理商标注册争议案件的
需要，可以对商标驰名情况做出认定。主要涉及不予注册复审案件、无效
宣告案件。

（三）人民法院

在商标民事、行政案件审理过程中，当事人依照《商标法》第十三条
规定主张权利的，最高人民法院指定的人民法院根据审理案件的需要，可
以对商标驰名情况做出认定。驰名商标认定的民事纠纷案件归省、自治区
人民政府所在地的市、计划单列市中级人民法院，以及直辖市辖区内的中
级人民法院管辖。

只有经过市场监督管理总局国家知识产权局、国家知识产权局商标局
和人民法院依法认定驰名的商标，才可受到驰名商标保护。省级以下地方市
场监督管理机关没有权力对商标是否驰名做出认定。其他任何组织和个人无
保护驰名商标法定职能，不得认定或者采取其他变相方式认定驰名商标。

二、驰名商标认定的性质

驰名商标的认定是驰名商标获得保护的前提。在商标确权案件以及商
标侵权案件的处理过程中，认定某商标驰名只是对现实存在的一种事实状
态的确认，而不是案件裁决或判决的后果。市场监督管理总局国家知识产
权局、国家知识产权局商标局和人民法院在个案中对事实上已经驰名的商
标给予法律上的认定，只是对其驰名状态事后的一种法律效力的确认，使
其能够以驰名商标的效力对抗与之发生冲突的商标，从而获得法律上的一

种特殊保护。所以，驰名商标不是一种特殊商标，而只是法律对一些知名度较高的商标遭受不法侵害时，给予的一种特殊救济。

《最高人民法院关于审理涉及驰名商标保护的民事纠纷案件应用法律若干问题的解释》第十三条规定："在涉及驰名商标保护的民事纠纷案件中，人民法院对于商标驰名的认定，仅作为案件事实和判决理由，不写入判决主文；以调解方式审结的，在调解书中对商标驰名的事实不予认定。"

三、驰名商标认定的原则

《商标法》第十三条、第十四条对商标确权案件以及商标侵权案件中涉及驰名商标认定的原则做了明确规定。

（一）被动保护

市场监督管理总局国家知识产权局、国家知识产权局商标局和人民法院只能应当事人的请求就其商标是否驰名进行认定，并在事实认定的基础上做出决定、裁定。当事人没有提出驰名商标认定请求的，市场监督管理总局国家知识产权局、国家知识产权局商标局和人民法院不能主动认定。

（二）按需认定

市场监督管理总局国家知识产权局、国家知识产权局商标局和人民法院在审理商标案件时依据其他条款即可支持申请人请求，就无须对申请人商标是否驰名进行认定。《北京市高级人民法院关于商标授权确权行政案件的审理指南》第11.7条规定：商标评审部门在符合下列条件的情况下，适用商标法第三十条或者第三十一条作出被诉裁决且支持当事人申请，对方当事人主张适用法律错误的，不予支持：

（1）当事人依据商标法第十三条第三款的规定对相同或者类似商品上申请注册的诉争商标申请不予核准注册或者宣告其无效的；

（2）当事人没有明确主张诉争商标的申请注册违反商标法第三十条或者第三十一条主张的；

（3）当事人申请诉争商标不予核准注册或者宣告无效的实质理由是相关公众容易对诉争商标与引证商标所标示的商品来源产生混淆的；

（4）当事人提出宣告诉争商标无效的申请没有超出商标法第四十五条第一款规定的五年期限的。

上述规定，也是按需认定原则的体现。

（三）个案有效

当事人提起驰名商标认定申请，首先必须在具体的商标案件中形成适当的法律诉求；其次，在具有适当诉求的案件中对驰名商标的认定结果只对本案有效。

第三节　驰名商标认定中的有关问题

一、驰名商标认定的依据

（一）《商标法》；

（二）《商标法实施条例》；

（三）《驰名商标认定和保护规定》；

（四）最高人民法院《关于审理商标案件有关管辖和法律适用范围问题的解释》（法释〔2002〕1号，法释〔2020〕19号修正）；

（五）最高人民法院《关于诉前停止侵犯注册商标专用权行为和保全证据适用法律问题的解释》（法释〔2002〕2号）；

（六）最高人民法院《关于人民法院对注册商标权进行财产保全的解释》（法释〔2001〕1号，法释〔2020〕19号修正）；

（七）最高人民法院《关于审理商标民事纠纷案件适用法律若干问题的解释》（法释〔2002〕32号，法释〔2020〕19号修正）；

（八）最高人民法院《关于审理涉及驰名商标保护的民事纠纷案件应用法律若干问题的解释》（法释〔2009〕3号，法释〔2020〕19号修正）；

（九）最高人民法院《关于商标法修改决定施行后商标案件管辖和法律适用问题的解释》（法释〔2014〕4号，法释〔2020〕19号修正）；

（十）北京市高级人民法院《关于离标授权确权行政案件的审理指南》（高法〔2014〕37号，2019年4月24号修正）；

（十一）最高人民法院《关于审理商标授权确权行政案件若干问题的规

定》（法释〔2017〕2号，法释〔2020〕19号修正）。

二、商标管理工作中驰名商标认定的程序

（一）当事人申请

在商标管理工作中，当事人认为他人使用的商标属于《商标法》第十三条规定的情形，请求保护其驰名商标的，可以向违法行为发生地的市（地、州）级以上市场监督管理部门投诉，并提出驰名商标保护的书面请求，提交证明其商标构成驰名商标的证据材料。

（二）立案的市场监督管理部门审查

当事人依照《驰名商标认定和保护规定》第七条规定请求市场监督管理部门查处商标违法行为的，市场监督管理部门应当对投诉材料予以核查，依照《市场监督管理机关行政处罚程序规定》的有关规定决定是否立案。决定立案的，市场监督管理部门应当对当事人提交的驰名商标保护请求及相关证据材料是否符合《商标法》第十三条、第十四条、《实施条例》第三条和《驰名商标认定和保护规定》第九条规定进行初步核实和审查。

（三）向上级市场监督部门报送材料

1. 由立案的市（地、州）市场监督管理部门向省（自治区、直辖市）市场监督管理部门报送：立案机关经初步核查符合规定的，应当自立案之日起三十日内将驰名商标认定请示、案件材料副本一并报送省（自治区、直辖市）级市场监督管理部门。

2. 省（自治区、直辖市）市场监督管理部门向市场监督管理总局国家知识产权局报送：省（自治区、直辖市）市场监督管理部门应当对本辖区内市（地、州）级市场监督管理部门报送的驰名商标认定相关材料是否符合《商标法》第十三条、第十四条，《实施条例》第三条和《驰名商标认定

和保护规定》第九条规定进行核实和审查。经核查符合规定的，应当自收到驰名商标认定相关材料之日起三十日内，将驰名商标认定请示、案件材料副本一并报送市场监督管理总局国家知识产权局。

经审查不符合规定的，应当将有关材料退回原立案机关，由其依照《市场监督管理机关行政处罚程序规定》的规定及时做出处理。

（四）认定

市场监督管理总局国家知识产权局在认定驰名商标时，应当综合考虑《商标法》第十四条第一款和《驰名商标认定和保护规定》第九条所列各项因素，但不以满足全部因素为前提。

市场监督管理总局国家知识产权局在认定驰名商标时，需要地方市场监督管理部门核实有关情况的，相关地方市场监督管理部门应当予以协助。市场监督管理总局国家知识产权局经对省（自治区、直辖市）市场监督管理部门报送的驰名商标认定相关材料进行审查，认定构成驰名商标的，应当向报送请示的省（自治区、直辖市）市场监督管理部门做出批复。

（五）案件处理及反馈

立案的市场监督管理部门应当自市场监督管理总局国家知识产权局做出认定批复后六十日内依法予以处理，并将行政处罚决定书抄报所在省（自治区、直辖市）市场监督管理部门。省（自治区、直辖市）市场监督管理部门应当自收到抄报的行政处罚决定书之日起三十日内将案件处理情况及行政处罚决定书副本报送商标局。

三、驰名商标保护案件的适用条件及应考虑的因素

（一）适用条件

1. 未注册商标作为驰名商标受保护的适用要件

《商标法》第十三条第二款做出了明确规定。主要要素为：

（1）他人商标在系争商标申请日前已经驰名但尚未在中国注册；

（2）系争商标构成对他人驰名商标的复制、摹仿或者翻译；

（3）系争商标所使用的商品或者服务与他人驰名商标所使用的商品或者服务相同或者类似；

（4）系争商标的注册或者使用，容易导致混淆。

2. 注册商标作为驰名商标受保护的适用要件

《商标法》第十三条第三款做出了明确规定。主要要素为：

（1）他人商标在系争商标申请日前已经驰名且已经在中国注册；

（2）系争商标构成对他人驰名商标的复制、摹仿或者翻译；

（3）系争商标所使用的商品或者服务与他人驰名商标所使用的商品或者服务不相同或者不类似；

（4）系争商标的注册或者使用，误导公众，致使该驰名商标注册人的利益可能受到损害。

（二）认定驰名商标的考虑因素

认定驰名商标应当根据《商标法》第十四条的规定，考虑下列各项因素，但并不以该商标必须满足下列全部因素为前提：

1. 相关公众对该商标的知晓程度；

2. 该商标使用的持续时间；

3. 该商标的任何宣传工作的持续时间、程度和地理范围；

4. 该商标作为驰名商标受保护的记录；

5. 该商标驰名的其他因素。

（三）申请认定驰名商标应该提交的证据材料及具体要求

1. 申请认定驰名商标应该提交的证据材料

《驰名商标认定和保护规定》第九条规定了可以作为证明符合商标法第十四条第一款规定的证据材料。

（1）证明相关公众对该商标知晓程度的材料。如获得的各类荣誉称号等证明材料。

（2）证明该商标使用持续时间的材料。如该商标使用、注册的历史和范围的材料。该商标为未注册商标的，应当提供证明其使用持续时间不少于五年的材料。该商标为注册商标的，应当提供证明其注册时间不少于三年或者持续使用时间不少于五年的材料。商标权利人利用和行使商标专用权的主要方式是使用其商标。商标无论注册与否，只有使用才能体现其价值，才能把商标的无形财产权转化为物质财富。对于未注册商标，只有不断使用才能体现其商标的存在，才有可能通过使用产生显著性，从而在相关公众中产生知名度。不使用，公众就无从了解该商标，更谈不上驰名了。对于注册商标权利人，使用商标是其应履行的义务。因此，把商标使用的持续时间作为认定驰名商标的一个因素也是非常必要的。

（3）证明该商标的任何宣传工作的持续时间、程度和地理范围的材料。如近三年广告宣传和促销活动的方式、地域范围、宣传媒体的种类以及广告投放量等材料。在市场竞争日益激烈的今天，无论是商品的生产商还是服务的经营者，都把宣传、推销自己的产品作为重中之重，宣传力度不断加大，特别是随着通信技术、信息网络技术的发展，电视、广播、网络、报刊等各种宣传媒体的宣传效果越来越明显，不少公众对某个商标品牌的知晓，来源于生产商或者经营者的各种广告宣传。因此，通过了解对一个商标任何宣传工作的持续时间、程度和地理范围，就可以比较明确地得知该商标在一定区域内公众的知晓程度。

（4）该商标作为驰名商标受保护的记录。证明该商标曾在中国或者其他国家和地区作为驰名商标受保护的材料。如果一个商标曾经作为驰名商标在我国受过保护，那么，该商标的所有人就可以提供相关证明文件，包括知识产权局商标局（含原商标评审委员会）的相关批复文件，或者是法院的判决书。这对于认定该商标是否具备驰名商标的条件有非常重要的参考价值。如果一个商标在国外曾经作为驰名商标受过保护，那么该商标所有人也可以提供出认定该商标为驰名商标的各种证明文件。这些文件在我国认定驰名商标时同样有重要的参考价值。

（5）证明该商标驰名的其他证据材料。如使用该商标的主要商品在近三年的销售收入、市场占有率、净利润、纳税额、销售区域等材料。

上述所称"三年""五年"，是指被提出异议的商标注册申请日期、被提出无效宣告请求的商标注册申请日期之前的三年、五年，以及在查处商标违法案件中提出驰名商标保护请求日期之前的三年、五年。

2.驰名商标证据提交的具体要求

根据《商评委审理涉及驰名商标认定案件的工作规范意见》（以下简称《工作规范意见》）（2013年8月）规定，证据提交应该符合下列具体要求：

（1）用以证明引证商标最早使用的在案证据应为原件或经过公证的复印件。《工作规范意见》第七条规定："申请人请求认定为驰名商标的引证商标（以下称为'引证商标'）为未注册商标的，其使用持续时间在争议商标或者被异议商标（以下统称为'系争商标'）申请日期之前应当已满五年。引证商标为注册商标的，注册时间在系争商标申请日期之前应当已满三年，或使用持续时间在系争商标申请日期之前应当已满五年。用以证明引证商标最早使用的在案证据应为原件或经过公证的复印件。"

（2）引证商标的综合证据。《工作规范意见》第九条规定：认定驰名商标应根据下列证据予以综合判定：

①引证商标所使用的商品／服务的合同、发票、提货单、银行进账单、进出口凭据等；

②引证商标所使用的商品／服务的销售区域范围、销售网点分布及销售渠道、方式的相关材料；

③涉及引证商标的广播、电影、电视、报纸、期刊、网络、户外等媒体广告、媒体评论及其他宣传活动材料；

④引证商标所使用的商品／服务参加的展览会、博览会的相关材料；

⑤引证商标的最早使用时间和持续使用情况的相关材料；

⑥引证商标在中国、国外及有关地区的注册证明；

⑦商标行政主管机关或者司法机关曾认定引证商标为驰名商标并给予保护的相关文件，以及引证商标被侵权或者假冒的情况；

⑧有资质的会计师事务所、具有公信力的权威机构、行业协会公布或者出具的涉及引证商标所使用的商品／服务的销售额、利税额、产值的统计及其排名、广告额统计等；

⑨引证商标获奖情况；

⑩其他可以证明引证商标知名度的材料。

（3）销售、经营情况应当有销售合同、发票等有效证据支持。《工作规范意见》第十条规定："引证商标使用商品／服务的销售、经营情况应当有销售合同、发票等有效证据支持。证明申请人经济指标的审计报告应提交原件或经公证的复印件。纳税额应当有税务机关证明的原件或经公证的复印件支持。《工作规范意见》第九条第（八）项所指引证商标或申请人经济指标或排名等证据，待证年份当年或次年产生的证明材料具有优先效力。"

（4）排名情况。由在民政部登记的全国性行业协会出具证据予以证明，排名应该是在全国范围内的行业排名。《工作规范意见》第十一条规定："申请人或者引证商标使用商品/服务的全国同行业排名情况，由在民政部登记的全国性行业协会以及其他能够证明行业排名的组织公布的数据或出具证据予以证明。由上述协会或组织出具的排名证明，应标明年份、名次、所属行业名称、出具证明的机构名称以及证明机关的联系人、职务及其联系方式，其中名次应当表述明确，以'名列前茅''位于前列'等模糊字样表示的证明不应采信。"

（5）奖项。应当是省部级以上的奖励。《工作规范意见》第十二条规定："申请人、引证商标及其使用商品获得的奖项应当是省部级以上的奖励。省级奖励限于省级人民政府颁布的奖励和省级工商行政管理局认定的著名商标；部级以上奖励的颁奖单位限于中央部、委、局等政府机构。获奖证书应提交原件或经公证的复印件。引证商标被省级工商行政管理局认定为著名商标的，申请人应提交著名商标证书或省级工商局出具的证明函件的原件或经公证的复印件。"

（6）广告费专项审计报告。应提交原件或经公证的复印件。《工作规范意见》第十三条规定："当事人应提交广告费专项审计报告、广告合同、发票、广告载体等证据证明引证商标宣传的广告费用、形式载体、持续时间、覆盖范围等情况。广告费专项审计报告应提交原件或经公证的复印件。"

（7）销售区域。一般应该在十个以上省（自治区、直辖市）销售/经营。《工作规范意见》第十四条规定："申请人应提供销售合同或销售发票等证据证明引证商标使用商品 / 服务已在十个以上省（自治区、直辖市）销售 / 经营，并在省内具有一定影响。"

3. 商标驰名证据的其他要求

（1）驰名证据原则上以系争商标申请日期之前的证据为限；

（2）用以证明商标驰名的证据，应当能够显示所使用的商标标识、商品 / 服务、使用日期和使用人；

（3）用以证明商标驰名的证据，不以商标所有人自行使用的证据为限，经授权的代理商、经销商、商标被许可使用人、商标继受人对该商标的使用，均视为商标所有人对商标的使用，与之有关的证据材料可以作为判定该商标是否驰名的证据。

（四）复制、摹仿或者翻译他人驰名商标的判定

1. 复制。是指系争商标与他人驰名商标相同。

2. 摹仿。是指系争商标抄袭他人驰名商标，沿袭他人驰名商标的显著部分或者显著特征。驰名商标的显著部分或者显著特征是指驰名商标赖以起主要识别作用的部分或者特征，包括特定的文字或者其组合方式及字体表现形式、特定图形构成方式及表现形式、特定的颜色组合等。

3. 翻译。是指系争商标将他人驰名商标以不同的语言文字予以表达，且该语言文字已与他人驰名商标建立对应关系，并为相关公众广为知晓或者习惯使用。如：Croco cola 构成了对 Coca—Cola 的近似。

（五）混淆、误导可能性的判定

混淆、误导是指导致商品或者服务来源的误认。混淆、误导包括以下情形：

1. 直接混淆。消费者对商品或者服务的来源产生误认，认为标识系争商标的商品或者服务系由驰名商标所有人生产或者提供；

2. 间接混淆。 使消费者联想到标识系争商标的商品的生产者或者服务的提供者与驰名商标所有人存在某种联系，如投资关系、许可关系或者合作关系。

混淆、误导的判定不以实际发生混淆、误导为要件，只需判定有无混淆、误导的可能性即可。

混淆、误导可能性的判定，应当综合考虑下列各项因素：

（1）系争商标与引证商标的近似程度；

（2）引证商标的独创性；

（3）引证商标的知名度；

（4）系争商标与引证商标各自使用的商品 / 服务的关联程度；

（5）其他可能导致混淆、误导的因素。

四、驰名状态的认定及驰名要件的认定顺序

根据北京市高级人民法院印发的《北京市高级人民法院关于商标授权确权行政案件的审理指南》（以下简称《指南》），有以下几个问题值得注意：

（一）驰名状态时间节点的确定

依据《商标法》第十三条第二款或者第三款的规定申请对诉争商标不予核准注册或者宣告其无效的，应当以引证商标在诉争商标申请日前达到驰名状态为要件。当事人提供的引证商标在诉争商标申请日后被认定为驰名商标等证据能够证明引证商标在诉争商标申请日前已处于驰名状态的，应予采信。

（二）驰名要件的认定顺序

判断诉争商标是否构成《商标法》第十三条第二款或者第三款规定的

不予注册并禁止使用的情形，涉及适用《商标法》第十三条时是否有先后认定顺序，即在认定是否构成驰名商标，是否复制、摹仿或者翻译，是否容易导致混淆或者误导公众，致使该驰名商标注册人的利益可能受到损害等要件中，存在认定的先后顺序问题。

实践中，行政机关的一般做法和法院认识上有所不同。行政机关一般首先确定是否构成复制、摹仿或者翻译，再说是否容易导致混淆或者误导公众，最后再考量是否构成驰名。

而法院不同，认为《商标法》第十三条第二款在适用中原则上应当首先确定请求保护的商标是否达到驰名状态；在能够认定的情况下，再对诉争商标是否构成对驰名商标的复制、摹仿或者翻译进行认定；构成的情况下，再对是否容易导致混淆或者误导公众、致使驰名商标所有人的利益可能受到损害的情形进行认定。《指南》11.2 规定："适用商标法第十三条第三款规定时，应考虑以下要件：（1）引证商标在诉争商标申请日前已经达到驰名状态；（2）诉争商标构成对驰名商标的复制、摹仿或者翻译；（3）诉争商标的注册容易误导公众，致使驰名商标所有人的利益可能受到损害。"

（三）驰名商标认定涉及反淡化问题

商标淡化是指减少或削弱驰名商标对其商品或服务的识别性和显著性能力的行为，而不论驰名商标所有人与其他当事人之间是否存在竞争关系，也不论是否存在混淆、误导和欺骗的可能性。

商标淡化一般包括三种情形：不合理地损害驰名商标的显著特征；不合理地冲淡驰名商标显著特征；不公平地利用驰名商标的显著特征。

商标反淡化制度适用于为大多数普通公众所熟知的驰名商标，而且是臆造商标即独创性非常强的商标。

《最高人民法院关于审理涉及驰名商标保护的民事纠纷案件应用法律

若干问题的解释》（法释〔2009〕3号，法释〔2020〕19号修正）第九条规定："足以使相关公众对使用驰名商标和被诉商标的商品来源产生误认，或者足以使相关公众认为使用驰名商标和被诉商标的经营者之间具有许可使用、关联企业关系等特定联系的，属于商标法第十三条第二款规定的'容易导致混淆'。

足以使相关公众认为被诉商标与驰名商标具有相当程度的联系，而减弱驰名商标的显著性、贬损驰名商标的市场声誉，或者不正当利用驰名商标的市场声誉的，属于商标法第十三条第三款规定的'误导公众，致使该驰名商标注册人的利益可能受到损害'。"

（四）不能认定在先商标已经达到驰名状态的情形

（1）当事人自身具有较长经营历史和较高知名度，但无法证明在先商标已为中国境内相关公众所熟知的；

（2）在先商标在其他国家、地区等具有较高知名度，但依据诉争商标申请日前的实际使用情况，不能为中国境内相关公众所熟知的。

五、驰名商标行政认定与司法认定的联系和区别

（一）认定机关不同

驰名商标的行政认定机关是国家知识产权局及其商标局，而司法认定机关为省会城市所在市的中级人民法院、计划单列市中级人民法院、直辖市辖区内的中级人民法院等最高人民法院指定的人民法院，数量远远大于行政认定机关。

（二）认定途径及提起环节有所不同

《商标法》第十四条规定，"在商标注册审查、工商行政管理部门查处商标违法案件过程中，当事人依照本法第十三条规定主张权利的，商标局

根据审查、处理案件的需要，可以对商标驰名情况作出认定。在商标争议处理过程中，当事人依照本法第十三条规定主张权利的，商标评审委员会根据处理案件的需要，可以对商标驰名情况作出认定"。可见，只有在产生商标权益争议时，当事人提出申请的，才能提起驰名商标的认定程序，体现了驰名商标"个案认定、被动保护"的原则。

根据《商标法》规定，可以向行政机关或人民法院提出驰名商标认定的环节不同：

1. 针对正在商标局申请注册的商标。《驰名商标认定和保护规定》第四条第一款规定："当事人认为他人经初步审定并公告的商标违反商标法第十三条规定的，可以依据商标法及其实施条例的规定向商标局提出异议，并提交证明其商标驰名的有关材料。"当事人不服商标局的裁决，可以向商标评审委员会提出复审；不服商标评审委员会复审决定，可以提起行政诉讼。

2. 针对已在商标局注册的商标。《驰名商标认定和保护规定》第四条第二款规定："当事人认为他人已经注册的商标违反商标法第十三条规定的，可以依据商标法及其实施条例的规定向商标评审委员会请求裁定撤销该注册商标，并提交证明其商标驰名的有关材料。"不服商标评审委员会裁决的，可以提起行政诉讼。

3. 针对未在商标局注册的商标。《驰名商标认定和保护规定》第五条规定："在商标管理工作中，当事人认为他人使用的商标属于商标法第十三条规定的情形，请求保护其驰名商标的，可以向案件发生地的市（地、州）以上工商行政管理部门提出禁止使用的书面请求，并提交证明其商标驰名的有关材料。"

4. 针对恶意使用的网络域名。《最高人民法院关于审理涉及计算机网络域名民事纠纷案件适用法律若干问题的解释》（法释〔2001〕24号，法释〔2020〕19号修正）第六条规定："人民法院审理域名纠纷案件，根据当事人的请求以及案件的具体情况，可以对涉及的注册商标是否驰名依法作出认定。"

（三）认定标准及顺序存在差异

《驰名商标认定和保护规定》第十条规定："商标局、商标评审委员会在认定驰名商标时，应当综合考虑商标法第十四条规定的各项因素，但不以该商标必须满足该条规定的全部因素为前提"。所以，当事人在认定驰名商标的过程中，既可以依据《驰名商标认定和保护规定》第三条提供所列全部证据材料，也可以提供所列中的部分重要证据材料。因此，驰名商标个案认定中的标准不尽相同，认定机关有根据具体案情处理的自由裁量权。行政认定与司法认定分属于不同的部门，个案认定标准会存在差异。

行政机关和法院在认定驰名商标时掌握的认定顺序也有所不同。行政机关一般首先确定是否构成复制、摹仿或者翻译，再说是否容易导致混淆或者误导公众，最后再考量是否构成驰名。而法院不同，认为《商标法》第十三条第二款在适用中原则上应当首先确定请求保护的商标是否达到驰名状态；在能够认定的情况下，再对诉争商标是否构成对驰名商标的复制、摹仿或者翻译进行认定；构成的情况下，再对是否容易导致混淆或者误导公众、致使驰名商标所有人的利益可能受到损害的情形进行认定。

（四）认定的法律效力问题

根据司法效力高于行政效力的原则，驰名商标认定的法律效力毫无疑问应该是司法认定效力高于行政认定效力。由于我国特定的商标行政保护体制，驰名商标行政认定与司法认定效果，在商标实际保护工作中有所差别。

一是已经被行政认定的驰名商标，寻求行政部门的保护从法律程序上更为有利。《驰名商标认定和保护规定》第十六条规定，当事人要求依据商标法第十三条对其商标予以保护时，可以提供该商标曾被我国有关主管机关作为驰名商标予以保护的记录。所受理的案件与已被作为驰名商标予以保护的案件的保护范围基本相同，且对方当事人对该商标驰名无异议，或者虽有异议，但异议理由和提供的证据明显不足以支持该异议的，商标局、知识产权局、立案部门可以根据该保护记录，结合相关证据，给予该商标驰名商标保护。所以，已被行政认定的驰名商标在寻求行政保护的案件中，如果对方当事人对该驰名商标质疑，需要提供该商标不驰名的证据材料，申请驰名商标保护的当事人不负有更多举证责任。《最高人民法院关于审理涉及驰名商标保护的民事纠纷案件应用法律若干问题的解释》第七条规定："被诉侵犯商标权或者不正当竞争行为发生前，曾被人民法院或者国务院工商行政管理部门认定驰名的商标，被告对该商标驰名的事实不持异议的，人民法院应为予以认定。被告提出异议的，原告仍应当对该商标驰名的事实负举证责任。"在诉讼中，申请驰名商标保护的当事人负有更多举证责任。在商标行政保护案件中，要求对方当事人提供该商标不驰名的证据材料反证，无疑是相当困难的。所以，行政认定程序对权利人更为有利；诉讼程序对被诉侵权方更为有利。因此，已经被行政认定的驰名商标，寻求市场监督管理部门的保护更为有利，而寻求司法保护要承担更多举证责任。

二是行政认定效果在实践中发挥作用更加充分。有的地方政府为了鼓励实施商标品牌战略，加大对驰名商标的保护力度，制定了对驰名商标给予一定奖励的政策，由于这方面的政策是由政府制定的，执行部门也是市场监督管理部门，所以，政策惠及的驰名商标只能是行政认定的驰名商标，惠及不到司法认定的驰名商标。

　　三是行政认定决定能够更加迅速有效地转化为市场监管措施。国家知识产权局商标局认定驰名商标的决定下发后，辖区市场监督管理局会即刻启动案件程序，"责令停止违反商标法第十三条规定使用商标的行为，收缴、销毁违法使用的商标标识；商标标识与商品难以分离的，一并收缴、销毁"，而司法判决需要当事人主动履行，不履行的，权利人可以申请法院强制执行。后续执行程序比较而言，行政程序比司法程序更加快捷有效，对权利人而言，时间成本和精力成本更低。

第四节　驰名商标管理中的问题

一、关于驰名商标不得宣传

（一）商标法关于驰名商标不得宣传相关规定的立法目的

《商标法》第十四条第五款规定："生产、经营者不得将驰名商标字样用于商品、商品包装或者容器上，或者用于广告宣传、展览以及其他商业活动中。"该规定的立法目的是还原驰名商标作为法律保护手段的本意。避免将驰名商标简单理解为是荣誉称号或者属于行政审批。

2016 年 9 月 9 日，国家工商总局商标局就《江苏省工商局关于驰名商标企业违反商标管理规定有关问题的请示》（苏工商标〔2016〕91 号）作出商标监字〔2016〕601 号答复：

江苏省工商行政管理局：

《江苏省工商局关于驰名商标企业违反商标管理规定有关问题的请示》（苏工商标〔2016〕91 号）收悉。经研究，现批复如下：

驰名商标认定与保护是我国履行相关国际公约义务，加强对相关公众熟知商标保护的一项重要法律制度。企业的商标获得驰名商标认定并给予扩大保护是企业全面加强商标创造、运用、管理、保护工作的成果。该认定保护记录是一种客观事实，企业在网站上或其他经营活动中对自己商标获得驰名商标扩大保护的记录做事实性陈述，没有突出使用"驰名商标"字样行为的，不属于《商标法》第十四条第五款所述的违法行为。

《商标法》第十四条第五款的立法目的在于厘清驰名商标保护制度，

明确驰名商标认定系对相关公众熟知商标给予扩大保护的立法本意，纠正将驰名商标认定等同于荣誉评比的错误认识倾向。如企业在网站上或其他经营活动中，有意淡化驰名商标认定与保护的法律性质，将"驰名商标"字样视为荣誉称号并突出使用，用以宣传企业或推销企业经营的商品或服务，则不属于合理使用的范畴，构成《商标法》第十四条第五款所规定的违法行为。

（二）对驰名商标法律意义理解中应该注意的问题

1. 驰名商标是一种法律保护手段。我国现行的驰名商标法律保护体系所确立的"个案认定，被动保护"的模式，在现行的驰名商标法律保护体系下，驰名商标仅仅是一种法律保护的手段，不是荣誉称号。

2. 主管机关所做出的驰名商标认定的效力仅仅及于案件本身，对于任何第三方和第三事件均不发生法律效力。被确认的驰名商标其效力仅仅及于案件本身，并产生两种法律后果：一是案件所做出的确认的法律效力仅仅及于案件本身，对第三方、案件本身之外的事件均不发生法律效力；对于第三方、案件本身之外的事件而言，驰名商标归于普通商标，和普通商标没有任何区别。二是本次认定可以作为下次维权时曾经作为驰名商标被保护的记录的证据。至于下次维权时能不能被认定为驰名商标，应当个案判定。

二、执法实践中应注意的问题

（一）关于处罚幅度

依照《商标法》第五十三条"违反本法第十四条第五款规定的，由地方工商行政管理部门责令改正，处十万元罚款"有关规定，处罚款十万元，没有上下幅度。

（二）关于案件管辖

对于将"驰名商标"字样用于商品、商品包装和容器上的，"驰名商标"持有人应该承担法律责任，由其住所地的市场监督管理部门管辖。所以，对于这类案件，市场监督管理部门对外地的生产企业没有处罚权，应该将案件移交给"驰名商标"持有人所在地市场监督部门管辖。

关于以其他形式宣传的案件管辖：对于在商品、商品包装和容器上以外的其他形式宣传"驰名商标"的，应该由行为发生地的市场监督管理部门管辖，由行为人承担法律责任。如：户外路牌广告，由辖区市场监督管理部门管辖，广告主是责任人。

（三）驰名商标案件的处理

《商标法实施条例》第七十二条规定："商标持有人依照商标法第十三条规定请求驰名商标保护的，可以向工商行政管理部门提出请求。经商标局依照商标法第十四条规定认定为驰名商标的，由工商行政管理部门责令停止违反商标法第十三条规定使用商标的行为，收缴、销毁违法使用的商标标识；商标标识与商品难以分离的，一并收缴、销毁。"规定了责令停止使用商标，以及商标标识的处理措施，没有罚款等其他处罚措施。

第七章 地理标志有关问题

第一节 地理标志的概念及其特征

一、农产品商标注册和管理的意义

广义的农产品包括农、林、牧、副、渔等行业内所生产的产品和初级加工产品，在商品分类上主要属于商品和服务国际分类第 29、30、31 类。在这些产品上都可以注册和使用商标。

农产品商标注册和管理具有重要意义：一是在农产品上使用商标已成为农产品走向市场的重要途径。随着农产品市场化程度的不断提高，农产品之间的竞争日益激烈。在农业生产规模化水平不高，农产品供应主体极为广泛、良莠不齐的情况下，消费者自我保护的最好办法就是认牌（商标）购物，因此商标信誉对于吸引消费者显得尤为重要。可以说，在市场经济条件下，在农产品上使用商标已成为农产品生产者和经营者走向市场的重要途径。二是农产品使用商标可以有助于建立产品信誉，促进农产品的销售，促进农民增收。三是农民增收又可以促进农产品生产的产业化和规模化，从而实现规模效益。四是生产的规模化又有助于农业结构的调整。所以，推进农产品使用商标完全顺应市场经济的要求，是解决"三农"问题的根本措施之一。一些使用商标的农产品的成功经验充分证明了这一点。但是，目前我国广大农村农民的商标意识相对较弱，与市场经济的要求还很不相适应，农村仍然是我国知识产权保护的薄弱环节。在此情况下，有关部门积极做好农产品商标注册和保护工作，将知识产权保护工作从城市向农村延伸，具有十分重要的意义。

据国家工商总局统计，截至 2020 年年底，地理标志商标累计注册6085 件。

二、地理标志的概念及其特征

（一）地理标志（Geographical Indications）的概念

地理标志是指标示某商品来源于某地区，该商品的特定质量、信誉或者其他特征，主要由该地区的自然因素或者人文因素所决定的标志。

地理标志包含五个方面的构成要素：地理名称或其他可视性标志；商品的特定品质；商品的信誉；自然因素；人文因素。

地理标志是由"原产地名称"逐步发展而来的，在国际上被广泛运用于农副土特产品、传统的工业产品和手工艺品等诸多领域。在我国，地理标志所使用的产品涉及农产品、食品、中药材、手工艺品、工业品等多种产品，已注册的地理标志主要有水果、茶叶、大米、蔬菜、家禽、花卉、黄酒、豆瓣（调料）、枸杞等商品。

（二）地理标志的基本特征

1. 是涉农的知识产权。一是地理标志既是产地标志，也是质量标志，更是一种知识产权。地理标志标示某商品来源于某地区，该商品的特定质量、信誉或者其他特征，主要由该地区的自然因素或者人文因素所决定的标志。二是地理标志产品作为一种自然和人文资源，是历史形成的，它既是稀缺的，也是不可再生的，不能人为地创造地理标志产品。三是地理标志作为表明某种商品来源的标志，具有证明商标的基本特征及作用，其重要意义在于对其所标识的商品具有证明、担保其品质、产地、制造工艺、精确度，以及具备其他与其所表明的出处直接相关的特殊品质的作用。地理标志中隐含着无形的产权财富，这也正是国际公约将地理标志纳入知识产权保护范围的原因及意义所在。

2. 具有稀缺性、不可复制性。 地理标志产品的特定品质与当地的自然因素和人文因素紧密联系，离开特定地域，产品的品质就会产生变化。

3. 具有人文因素。 地理标志是知识产权，知识产权的特性要求体现出人的智慧对产品品质的影响。

4. 具有历史传承性。 一般地理标志产品多是经过了历史的检验，是历史的记载和体现。

5. 具有客观存在性。 地理标志是一种客观存在，虽然有人的智慧对产品品质的影响，但其本身不是人为创造或打造，是依照法律的有关规定对这种客观存在的产品或者工艺技术名称予以法律保护。

三、地理标志的组成

主要有两种构成形式：

一是由具体的地理名称与商品名称组合而成，如"瑞士手表""北京烤鸭""黄骅冬枣"等；

二是以具体的地理名称直接作为地理标志，如"香槟"既是法国的一个省名，又是产于该地的一种起泡白葡萄酒的地理标志。

四、原产地名称的概念、特征及其与地理标志的关系

研究地理标志，需要研究一下原产地名称问题。

（一）概念

1958 年《保护原产地名称及其国际注册里斯本协定》规定："原产地名称系指一个国家、地区或地方的地理名称，用于指示一项产品来源于某地，其质量或特征完全或主要取决于该地理环境，包括自然和人为因素。"

原产地名称是一种特殊的地理标志，它更着重于强调产源的独特性，往往是这种独特性决定了原产地产品的特定品质。

在 WTO（世界贸易组织）规则中，原产地另有规则，指进出口商品来自于某个国家或地区。主要是一个地理上的概念，产地标记并不必然表示有关产品的除产地来源以外的任何特殊信息。在 1992 年国务院发布的《出口货物原产地规则》中被使用过，指出口货物的"国籍"，并不涉及知识产权。1999 年，原国家质量技术监督局发布的《原产地域产品保护规定》，主要与《里斯本协定》相衔接。

（二）原产地名称的基本特征

1. 它是一个地理名称；

2. 它明示商品或服务的地理来源；

3. 它表明商品的特定质量和特点。如：库尔勒香梨、景德镇瓷器等。

（三）地理标志和原产地名称、产地标记的关系

1. 联系：三个概念均来源于不同时期所签订的国际条约。

产地标记：来源于 1891 年《制止虚假或欺骗性商品产地标记马德里协定》。又称货源标记、原产地标记《WTO 货物规则》。

原产地名称（AO）：来源于 1958 年《原产地名称保护及其国际注册里斯本协定》。

地理标志（GI）：来源于 1994 年 TRIPS 协议（与贸易有关的知识产权协议）。地理标志是由"原产地名称"逐步发展而来的，自 TRIPS 协议后，国际社会逐渐转向使用"地理标志"。

三种标记都有标识商品地理来源的功能，而其中产地标记也仅有此种功能。

2. 三者的区别：

产地标记：产品品质与产地无关；

原产地名称、地理标志：两者的产品品质与产地有关；原产地名称仅为地名，地理标志可以是地名或者其他可视性标志。

3. 原产地名称与地理标志的区别：

（1）**标记构成的要素不同**。原产地名称仅由一个国家或者地方的地理名称构成；地理标志既可以是地理名称，也可以是其他的文字、图形或者符号等可视性标志。

（2）**适用的产品范围不同**。适用原产地名称产品仅是产品的特征和质量完全或主要归因于来源地的地理环境；而适用地理标志的产品不仅特征和质量与该地理环境有关，而且如果产品的声誉也来源于该地理环境，该产品也适用于地理标志，如：蔚县剪纸，曲阳石雕，瑞士手表等。可见，地理标志与原产地名称的功能一样，但比原产地名称适用的产品范围要广泛。所以，地理标志的定义比原产地名称的定义要宽。换句话说，所有的原产地名称都是地理标志，但一些地理标志不是原产地名称。

（3）**地理标志是"标示某商品……的标识"，而原产地名称是"用于表明某产品……的地理名称"**。地理标志是一种标记，不限于地理名称，无须是地理区域的实际名称，也包括具有地理含义的其他标记，因此，原产地名称是地理标志的核心。

　　（4）**不同的概念出自不同的国际文件，不能笼统地都称为地理标志，应考虑各国际条约规定的差异。**从《商标法》第十六条第二款规定中可以看出我国《商标法》与 TRIPS 协议有关地理标志的定义的实质内容是一致的。

　　而世界贸易组织的《与贸易有关的知识产权协议》（以下简称 TRIPS）则在其第二十二条第一款规定，所谓地理标志，是指能识别某一种商品来源于某一成员方领土内，或该领土内的一个区域或地方（a region or locality）的那些标志。该商品的特定质量、声誉或其他特性基本上能归因于该地理来源（geographical origin）。在 TRIPS 中地理标志是作为一种独立于注册商标而受到特别保护的知识产权"品种"，但是从广义上讲它属于"证明商标"的范畴。例如苏格兰的威士忌、俄罗斯的伏特加、古巴的雪茄以及瑞士的钟表等，这些地理标志不仅对于表明该产品的特定品质有着重要的意义，而且也在一定程度上反映着特定的消费者的生活品位。可见我国《商标法》与 TRIPS 有关地理标志的定义的实质内容是一致的。

　　4. 地理标志与产地标记的关系：

　　（1）**产地标记是指标示某商品生产于某地方的标记，在某地生产的产品与该地的自然因素和人文因素没有必然的联系。**产地标记作为与特定产品来源有关的一种标记性权利，指任何直白地表示产品产地及服务来源的标志。产地标记，虽然其对产品的生产者或销售商具有一定的意义，但是它并不必然表示有关产品的除产地来源以外的任何其他特殊信息。

　　如电视机上标注的"中国制造"（Made in China）、"北京制造"、"上海制造"等就属于产地标记。

　　（2）**法律要求在商品上应标明真实的产地，不得伪造产地，这主要是为了保护消费者的合法权益，满足消费者对商品产地知情权的需要，不涉**

及知识产权的保护问题。

（3）地理标志或是原产地名称则不同，它们除了作为表明产品的来源地的标记以外，还让人们联想到该产品所具有的与该原产地独特的地理环境、自然或人为的因素密切相关的某些特性。并会因此原产地名称的存在而对相关产品的品质、声誉或其他特性等产生一种信赖。

五、地理标志与商标的关系

商标和地理标志都可获得良好的信誉和很高的商业价值，都易被不当使用、假冒和滥用，二者的经济重要性相似。地理标志是与商标有关的商品区别性标志，与普通商标权相比，有着明显的区别：

（一）地理标志不能个体专有，但是商标可独家注册。一般商标不能注册为地理标志，地理标志也不能注册为普通商标，但是善意注册的继续有效。

（二）时间性要求不同。很多地理标志都与传统、文化、历史紧密相关，而且该项权利也没有保护期的限制。注册商标享有保护期，商业秘密权虽无保护期限制，但其主要内容一旦泄露则丧失权利。

（三）权利转让不同，地理标志的转让受到严格限制。普通商标经双方当事人协商即可被转让或许可他人使用。

（四）寻求法律保护和救济的权利主体范围不同。地理标志被滥用时，任何一个权利人均可起诉。而商标权利被侵权时，只有权利个体可以主张权利。

（五）商标使产品或服务人格化，而地理标志标示出产品的来源。

（六）商标的发展与人的创造有关，而地理标志的定义明确限制了创造新地理标志的可能性。

（七）地理标志与地质、人文、气候和其他因素相关联，品质与产地的来源需要多年的积累，广告手段是必需的，但不是全部，产品生产规模因受到人文或地理因素影响不能盲目扩大，这点与商标有很大不同；商标比地理标志更易获得国际保护，因为商标申请人是个积极主动的角色，商标还可通过许可他人使用而随意扩大生产规模。

六、我国地理标志保护的历史及现状

（一）我国地理标志保护的历史

1. 1985 年我国加入《保护工业产权巴黎公约》，承担保护原产地名称（地理标志）的义务。

2. 原国家工商局商标局于 1987 年发文保护"丹麦牛油曲奇"原产地名称（地理标志）。

3. 原国家工商局于 1989 年发文保护"Champagne"（"香槟"）原产地名称（地理标志）。

4. 1989 年我国加入《商标国际注册马德里协定》，原国家工商局商标局作为原属局，开始受理来自世界知识产权组织国际局转来的马德里国际注册的证明商标或集体商标。

5. 1994 年我国开始以注册证明商标或集体商标的方式来保护地理标志。

6. 2001 年修改的《商标法》和 2002 年制定的《商标法实施条例》对地理标志保护作出了明确规定，确立了我国《商标法》保护地理标志的法律制度。

（二）我国地理标志保护的现状

1. 我国保护地理标志的法律依据

实施地理标志注册保护是欧盟和世界上许多国家的通行做法，也是世界贸易组织《与贸易有关的知识产权协议》相关规定的要求。在我国，地理标志可以通过申请注册集体商标或证明商标获得保护。

我国对地理标志提供保护的法律有《商标法》《商标法实施条例》、原国家工商总局公布的《集体商标、证明商标注册和管理办法》《地理标志产品专用标志》等。《商标法》及其《实施条例》，意味着从国家法律的层次上明确将地理标志的保护纳入商标法的保护体系。我国 1995 年 3 月 1 日实施的《集体商标、证明商标注册和管理办法》，在证明商标的定义中明确提到原产地概念并受理原产地证明商标的申请，将原产地名称纳入证明商标范畴实施保护，1999 年以前我国在对地理标志的保护上，《商标法》一直居主导地位。

之后，其他相关部委部门规章开始对地理标志进行行政保护。

（1）2005 年 6 月 7 日，原国家质检总局颁布了《地理标志产品保护规定》（局长令）。国家质检总局认定的原产地名称大多与国家工商总局商标局注册的商标相同，但是知识产权所有人不同。

（2）2001 年 3 月，国家出入境检验检疫局（后与国家质量技术监督局合并为国家质检总局）发布了《原产地标记管理规定》和《原产地标记管理规定实施办法》。此原产地仅表示商品的出产地，与商品本身的品质无关。

（3）原国家工商行政管理总局、农业部《关于加强农产品地理标志保护与商标注册工作的通知》，引导农产品地理标志要及时注册商标，获得商标专用权法律保护。

2. 将地理标志以商标权形式进行保护的理由及好处

（1）TRIPS 协议强调知识产权私权地位，而地理标志属于知识产权范畴，地理标志是一种表明商品来源的标记，在法律属性上属于知识产权范畴，是一种私权，通过商标制度保护地理标志完全符合 TRIPS 协议的要求。

（2）我国商标法所定义的地理标志与 TRIPS 协议的定义基本一致，都是包含原产地产品品质特征的特殊的地理标志，可以适用《商标法》进行保护。

（3）地理标志和商标的基本功能相同，均为区别商品来源的商业标记，商标类别中的证明商标除了标示来源之外，还有证明商品质量的作用，与地理标志尤其是原产地名称的作用完全相同，因此可以接纳为证明商标的一种形式。

（4）从证明商标的定义上看，在我国，地理标志自身带有的特殊品质特征属于证明商标可以证明的范畴。对原产地地理标志证明商标进行注册保护，可以有效地提高产品在国内、国际市场上的知名度和竞争力。

（5）通过证明商标形式保护地理标志使现有商标法律制度充分发挥作用，无须投入过多的资源，比建立一个新的制度容易得多。

（6）地理标志只有在国内注册或者申请注册证明商标后，才可以依据我国加入的国际条约（《商标国际注册马德里协定》和《马德里协定有关议定书》），去实现国际注册，并且可以充分利用有关优先权的规定，及早获得国际注册，有利于商标注册人在国内、国际贸易中运用法律武器保护自身权益。按照国际惯例，在原产地名称与商标权发生冲突时，必须执行"申请在先"原则，所以，我国现在运用较成熟的商标注册、管理体系来对原产地地理标志证明商标进行保护，既可以发挥现有体系和人员优势，节省单独设立专管部门的物质和人力资源，又可以充分利用完备的商标注册体系，避免与注册在先的商标权的冲突。

3. 保护体系

我国目前建立了司法保护和行政保护"两条途径、协调运作"的"双轨制"商标保护体制。市场监督管理部门履行行政保护职责，发挥"网络健全、程序简便、快捷高效"的优势，依职权查处侵犯商标专用权的案件。

4. 注册情况

截至 2020 年年底，地理标志获得商标注册 6085 件，保护的产品范围主要是：农副产品，肉类制品活的家禽类，酒类及其他，一般工业品不在保护范围内，但传统手工艺可以保护：如：曲阳石雕，蔚县剪纸，德国的索林根刀具等。

5. 存在的主要问题

一是原来两个行政机关依据不同的法律行使行政权力，必然造成权力的冲突、管理体制上的冲突和秩序的混乱，而且也不利于我国与国际接轨，不但增加了当事人的负担，也造成了国家管理资源的浪费。两个行政部门，用两种不同的地理标志保护方式审批地理标志，所依据的法规不够完善，造成注册商标保护与原产地名称保护发生冲突，不同所有人之间权利形成冲突，企业无所适从，也给司法审判造成两难。随着 2018 年国务院机构改革，撤销了原国家工商行政管理总局和国家质量监督检疫检验总局，其职能并入新组建的市场监督管理总局，地理标志由市场监督管理总局国家知识产权局统一管理。2019 年 10 月 16 日，国家知识产权局发布了地理标志专用标志，以期协调和促进原有的两种管理模式更好地发挥助推区域经济发展的作用。

二是原产地名称保护意识差，使得原产地名称被淡化，成为同类产品的普通名称或标志。许多原产地名称被注册为一般产品商标，从而剥夺了原产地其他生产者使用原产地名称的权利。如：河北邯郸大名县一个人在香油、芝麻酱商品上注册了"大名"商标，大名县的相关行业协会想挖掘申请"大名香油"这一地理标志证明商标时，因有在先权利而在法律上受阻。并且这一在先权利已经超过五年，丧失了申请宣告无效的法律期限。除非与权利人协商，转让该注册商标，或者注销该注册商标，而后再申请地理标志商标，已经没有其他更好的法律途径。如果协商不成，这一具有悠久历史的地理标志资源，仅惠及一个商标注册人，将永远丧失其发挥推动地方区域经济发展作用的机会。

三是缺乏法律意识，擅自使用外国的原产地名称，从而发生国际知识产权争端。如，1997 年山东烟台张裕葡萄酿酒公司香槟酒公司因非法使用"香槟"商标而被查处。

案例：

1997 年山东省烟台市张裕葡萄酿酒公司香槟酒公司非法使用"香槟"商标案。

1996 年 2 月至 1997 年 2 月间，烟台市张裕葡萄酿酒公司香槟酒公司通过青岛市糖酒副食品总公司食品饮料公司等单位，在青岛市销售大中小规格的带有"香槟"字样的加汽葡萄酒共计 2316 箱零 30 瓶，全部经营额为人民币 262729.05 元（不含增值税）。青岛市工商局依法对该公司的违法行为进行了查处，至案发时青岛市糖酒副食品总公司食品饮料公司尚有库存香槟酒 686 箱零 30 瓶，青岛市糖酒副食品总公司市北分公司尚有库存香槟酒 730 箱，被工商行政管理机关通知停止销售，听候处理。青岛市工商局在查明案情事实的基础上，认为烟台市张裕葡萄酿酒公司香槟酒公司的行为违反了《商标法》第八条第二款的规定，构成商标违法行为。根据《商标法》第三十四条第（2）项及《商标法实施细则》第三十二条的规定，依法做出青工商标处字（1997）第 48 号处罚决定书，决定收缴现存 1416 箱零 30 瓶香槟酒商标标识并处罚款 45000 元的处罚决定。在上述行政处罚决定做出后，烟台市张裕葡萄酿酒公司香槟酒公司于 1997 年 6 月 3 日向山东省工商行政管理局提出复议申请，认为青工商标处字（1997）第 48 号处罚决定书认定事实不清，适用法律不当，程序违法。山东省工商局经复议认为，青工商标处字（1997）第 48 号处罚决定书认定事实清楚、证据确凿、定性准确、处理得当、程序合法，根据《行政复议条例》第四十二条第（1）项之规定，山东省工商局决定维持青工商标处字（1997）第 48 号处罚决定。至此，本案的处理结束。

在该案的处理过程中，青岛市工商局认为烟台市张裕葡萄酿酒公司香槟酒公司构成商标违法行为的依据是认为其违反了《商标法》第八条第二款的规定，即"县级以上行政区划的地名或者公众知晓的外国地名，不得作为商标，但是，地名具有其他含义的除外；已经注册的使用地名的商标继续有效"。本案中烟台市张裕葡萄酿酒公司香槟酒公司在其酿造的葡萄酒上所使用的"香槟"二字即属于该条所说的"公众知晓的外国地名"，其使用受到我国商标法的保护和限制。"香槟"一词，是法文 Champagne 的中文译名。而 Champagne 则是法国东北部的一个省的名字，该地区因盛产一种加汽葡萄酒而闻名于世。于是，人们便将此地所产的酒冠上 Champagne 的标志，一提起"香槟"人们通常便会认为是香槟（Champagne）这一地区所产的酒。在本案的复议过程中，烟台市张裕葡萄酿酒公司香槟酒公司曾主张法文 Champagne 的中文译名应为"香巴尼"而非"香槟"；香槟是酒的通用名称，该公司并未把香槟作为商标使用，没有侵犯他人的商标专用权等。但事实上，"香巴尼"只是一种旧译，而 Champagne 现代汉译的确为"香槟"。如《朗文现代英汉双解词典》就将 Champagne 一词解释为 a type of costly French white wine containing a lot of little balls of air
（BUBBLES），usu. Drunk on special occasions，即是指"一种通常在特殊
场合饮用的含有许多小气泡的名贵的法国白葡萄酒"。可见，"香槟"并非
酒的通用名称，而是一种原产地名称。而原产地名称，或称为地理标志是
受到国际条约保护的。例如，《保护工业产权巴黎公约》[1967 年 7 月 14 日
修订的斯德哥尔摩版本。以下简称《巴黎公约》（1967）] 对原产地名称的
保护就作了一些规定，但是《巴黎公约》对原产地名称的保护主要局限在
进口环节上。我国作为巴黎公约的成员国之一，也理所当然地有保护原产
地名称的义务。

七、加强地理标志保护的意义

随着我国经济社会发展，地理标志证明商标在解决"三农"等问题上，
越来越显露出它的地位和重要性。带有地理标志证明商标的农产品直接给
农民创造更高的经济价值，有利于农业的可持续发展，引领农业产业结构
调整，增强农产品在市场的竞争力和保护力度。

（一）地理标志除了作为表明产品的来源地的标记以外，还是商品质量
形象的一个重要标志。它往往和产品的质量、信誉以及产品的品位紧密联系
在一起，让人们联想到该产品所具有的与该原产地独特的地理环境或自然或
人为的因素密切相关的某些特性。因此，产品的地理标志构成了商品的质量
信誉，形成了商品的附加值，也是消费者识别和选择商品的重要信息。

（二）有利于农业的可持续发展。地理标志农产品本身就有悠久的种、
栽、养历史，从知识产权的高度保护地理标志证明商标，权利人更加珍惜
这个资源，有利于保护生态环境。

（三）引领农业产业结构调整。随着使用地理标志农产品的经济效益的

提高，必然带动农民自觉调整种、栽、养结构。

（四）对地理标志的保护，有利于保护自然资源和人文资源，带动旅游业同步发展，促进农村经济发展。

（五）促进扩大农产品出口，增强农产品在国际市场的竞争力和保护力度。农产品没有商标就不可能在国际市场上立足，特别是地理标志产品，如果不在进口国注册保护地理标志，带有地理标志的产品就得不到进口国的保护。

第二节　地理标志注册有关要求

按照《商标法》规定，地理标志可以证明商标或者集体商标申请注册，地理标志本身不能独立注册。

一、将地理标志作为集体商标申请注册

（一）集体商标的概念

集体商标是指以团体、协会或者其他组织名义注册，供该组织成员在商事活动中使用，以表明使用者在该组织中的成员资格的标志。集体商标的注册人是集体组织，使用人是其成员，集体商标不得许可非集体成员使用。

根据《商标法》规定，集体商标是指某一组织的商标，而不是某一企业的商标。集体商标可以在商品上使用，也可以在服务上使用，集体商标的注册人，是该组织成员的代表，注册商标的权利属于该组织，由该组织的成员共同使用，不是该组织的成员不能使用。集体商标标示的是商标使用者同属于某一个组织。

（二）集体商标的特征

1. 封闭性。仅限于集体成员使用，非集体成员不得使用。

2. 成员相对固定性。

3. 商品和服务相对单一、标准具有相对稳定性。

4. 易为消费者信任，但也具有脆弱性。因为集体商标使用成员比较多，使用过程中，会因为其中个别成员的质量出现问题，而影响该集体商标的

信誉。

（三）申请要求及应当提交的申请材料

集体商标的申请注册除满足一般商标申请注册的基本要求外，还应当符合以下要求：

一是申请人应当是团体、协会或者其他组织，而不是通常的生产者或经营者，并应当由来自该地理标志标示的地区范围内的成员组成。

二是作为集体商标申请注册的地理标志，可以是该地理标志标示地区的名称，也可以是能够标示某商品来源于该地区的其他可视性标志。所称地区无须与该地区的现行行政区划名称、范围完全一致。

应当提交的申请材料：申请注册集体商标的，应当在《商标注册申请书》中予以声明，除提交与普通商品商标、服务商标相同的《商标注册申请书》《商标代理委托书》外，还需要提交：

1. 主体资格证明文件。并应当详细说明其所具有的或者其委托的机构具有的专业技术人员、专业检测设备等情况，以表明其具有监督使用该地理标志商品的特定品质的能力。

可以是工业或者商业的团体，也可以是协会、行业或者其他集体组织，单一的企业或者个体经营者不能作为集体商标申请人。

2. 使用管理规则，集体商标的使用管理规则应当包括：

（1）使用集体商标的宗旨；

（2）使用该集体商标的商品品质的统一标准；

（3）使用该集体商标的手续；

（4）使用该集体商标的权利、义务；

（5）成员违反其使用管理规则应当承担的责任；

（6）注册人对使用该集体商标商品的检验监督制度。

3.附送管辖该地理标志所标示地区的人民政府或者行业主管部门的批准文件。

4.应当在申请书件中说明下列内容：

（1）该地理标志所标示的商品的特定质量、信誉或者其他特征；

（2）该商品的特定质量、信誉或者其他特征与该地理标志所标示的地区的自然因素和人文因素的关系。

5.该地理标志所标示的地区的范围。

6.成员名称及地址目录。

（四）集体商标的作用及意义

1.可以联合众多分散经营者，形成利益共同体，抵御大市场风险。

2.有利于整合资源、统一质量标准，提高整体竞争能力。

3.有利于取得规模经济效益，扩大市场份额和影响力。

4.促使成员增强集体意识，有利于发挥集团优势，维护团体信誉。

二、将地理标志作为证明商标申请注册

（一）证明商标的概念

证明商标（certification mark）是指由对某种商品或者服务具有监督能力的组织所控制，而由该组织以外的单位或者个人使用于其商品或者服务，用以证明该商品或者服务的原产地、原料、制造方法、质量或者其他特定品质的标志。同普通商标一样，证明商标持有人若想享有商标专有权，受法律保护，证明商标也须经商标局核准注册。

（二）证明商标的特征

1.**开放性。**任何符合使用管理规则所规定的标准的个人或企业都可以申请使用。

2. 主体的限定性，申请注册人必须具有相应资格。法律对权利主体有强制性规定。要具备监督管理能力，又不能是政府主管部门。

3. 使用人申请使用的自愿性。

（三）应当提交的申请材料

1. 申请书。

（1）地理标志所标示的商品的特定质量、信誉或者其他特征；

（2）该商品的特定质量、信誉或者其他特征与该地理标志所标示的地区的自然因素和人文因素的关系；

（3）该地理标志所标示的地区的范围。

2. 主体资格证明文件。

并应当详细说明其所具有的或者其委托的机构具有的专业技术人员、专业检测设备等情况，以表明其具有监督该证明商标所证明的特定商品品质的能力。注册人应是对所报证明商标证明的商品或者服务的特定品质具有监督能力的组织，而非单一的企业等组织形式。

农民专业合作社可以作为普通商品集体商标的申请主体，但不能作为证明商标申请主体，因为不具备监督能力。

3. 使用管理规则。

证明商标的使用管理规则应当包括：

（1）使用证明商标的宗旨；

（2）该证明商标证明的商品的特定品质；

（3）使用该证明商标的条件；

（4）使用该证明商标的手续；

（5）使用该证明商标的权利、义务；

（6）使用人违反该使用管理规则应当承担的责任；

（7）注册人对使用该证明商标商品的检验监督制度。

4. 还应当附送管辖该地理标志所标示地区的人民政府或者行业主管部门的批准文件。

外国人或者外国企业申请以地理标志作为集体商标、证明商标注册的，申请人应当提供该地理标志以其名义在其原属国受法律保护的证明。

（四）要点提示

1. 主体资格要点。

（1）申请人应当是不以营利为目的，具有与所监督使用的地理标志相应业务内容的团体、协会或者其他组织。

（2）地理标志申请人的监督、管理资格需要经过地理标志所标示地区人民政府或行业主管部门的授权。由上一级主管部门出具证明，证明该地理标志所标示的区域，地域环境、商品的特定品质、商品的特定品质与地理因素的关系。

（3）申请人的监督管理能力应是具有检测和监督能力的组织，或者委托具有检测能力的机构进行检测。不能委托行政机关。

（4）具体使用主体和受益主体，必须是在该地理位置上利用其资源进行生产、服务的生产者，服务提供者。即在地理标志孕育产品的地域范围之内。

（5）地理标志的转让，与一般商品商标和服务商标的转让不同，地理标志的受让主体受到限制，必须具备前述所有条件。

（6）外国企业申请的，应当提供地理标志以其名义在原属国受法律保护的证明。

2. 使用管理规则的要点。

（1）该地理标志使用管理的宗旨；

（2）产品的地域范围、地域环境；

（3）特定品质；

（4）申请使用该地理标志的手续、权利、义务；

（5）违反规则应当承担的责任；

（6）产品检验监督制度；

（7）检验检测机构等。

关于特定品质。当地的自然因素和人文因素决定了地理标志产品的独特品质。

关于自然因素：地理标志产品只有在原产地才能表现出最好的品质。这是因为那里具有特殊的生长条件。

3. 地理标志所标示地区的范围要点。

地域范围要与相关证明一致，文字表述中，行政区域的描述要具体到乡镇，禁止有"等""主要""主产"等不准确词，无须与所在地区的现行行政区划名称、范围完全一致。还可以有其他表述方式，如以经纬度的方式，以自然环境中的山、河等地理特征为界限的方式，以地图标示的方式。

4. 地理标志所标示内容的要点。

（1）地理标志所标示的产品是否具有特定质量、信誉或者其他特征：地理标志标示的商品往往在品质、信誉或者其他特征方面具有与众不同的特点。

（2）该特定质量、信誉或者其他特征主要由当地自然因素或者人文因素决定。

（3）地理标志所标示内容的要点是决定地理标志是否能列入知识产权保护对象的关键因素。

5. 地理标志标识本身的要求。

要符合绝对理由的审查：依据《商标法》第十条、第十一条。符合相对理由的审查：依据《商标法》第二十八条、第二十九条。

6. 申请中应该注意的其他相关问题。

（1）产品应具体、单一，如："晋州鸭梨""阜平大枣""曲阳石雕""涞水麻核桃"等。申请产品不能是某一种类产品的总称，如：水果、中药材、石材等。

（2）同一地区可以有具体生产区域不同的多件地理标志产品，如："涞水麻核桃""涞水小米"等。

三、集体商标、证明商标与普通商标之间的区别

（一）集体商标与普通商标的区别

1. 集体商标只能由某一组织申请注册，普通商标则可以由某一组织或者某一经营者申请注册，表明来源不同；

2. 申请集体商标注册的，必须提交该商标的使用管理规则，申请普通商标不必提交使用管理规则；

3. 集体商标不得许可组织以外的成员使用，普通商标可以许可本组织以外的人员使用；

4. 集体商标准许其组织成员使用时不必签订许可使用合同，普通商标许可他人使用时必须签订许可使用合同；

5. 集体商标转让时，受让人必须具备相应的主体资格，普通商标转让时对受让人没有要求。

（二）证明商标与普通商标的区别

1. 证明商标表示商品或者服务具有某种特定品质，普通商标表示商品

或者服务出自某一经营者；

2. 证明商标的注册人必须是对所报的商品或者服务的特定品质具有监督能力的组织，普通商标的注册人可以是任何人；

3. 证明商标申请注册时必须提交该商标的使用管理规则，普通商标不必提交使用管理规则；

4. 证明商标的注册人自己不得在提供的商品或者服务上使用该证明商标，普通商标必须在自己经营的商品或者服务上使用自己的商标；

5. 证明商标转让时，受让人必须是具有监督能力的组织，普通商标转让时对受让人没有要求。

（三）集体商标与证明商标的区别

集体商标与证明商标都是由多个商品生产经营者或者服务的提供者共同使用的商标，但是两商标具有不同点：

1. 集体商标表示商品或者服务来自同一组织；证明商标表示商品或者服务具有某种特定品质。

2. 集体商标和证明商标的注册人都必须是某一组织。证明商标的注册人必须是对所报商品或者服务的特定品质具有监督能力，对集体商标的注册人无此要求。

3. 集体商标的注册人自己可以使用该集体商标，证明商标的注册人不能在其经营的商品或者服务上使用该证明商标。

4. 集体商标属于封闭的"俱乐部"型；证明商标则是开放的体系，只要其经营的商品或者服务达到规定的特定品质，就可以要求使用该证明商标，注册人不得拒绝办理手续（《集体商标、证明商标注册和管理办法》第十八条）。

（四）集体商标和证明商标的转让

集体商标、证明商标的转让与一般商品或服务商标的转让不同，除了对被转让的商标进行审查外，还要对受让主体进行审查，受让人应当具备相应的主体资格。

四、行政及司法程序中涉及地理标志注册、认定和保护的有关问题

《商标法》第十六条规定："商标中有商品的地理标志，而该商品并非来源于该标志所标示的地区，误导公众的，不予注册并禁止使用；但是，已经善意取得注册的继续有效。"

（一）对相关规定的理解和把握

关于"误导公众的认定"。根据《北京市高级人民法院关于商标授权确权行政案件的审理指南》（京高法发 [2014] 37 号，2019 年 4 月 24 日修正，以下简称《审理指南》）13.1 条规定："诉争商标的申请注册容易使相关公众对使用该商标的商品真实产地发生误认的，属于商标法第十六条第一款规定的情形。"

关于"商标中有商品的地理标志"。《审理指南》13.2 条规定："诉争商标完整包含地理标志，或者包含地理标志的主要识别部分，容易使相关公众对使用该商标的商品的真实产地发生误认的，属于'商标中有商品的地理标志'的情形。"

（二）关于混淆判断问题

《审理指南》13.5 条规定："若地理标志集体商标或者证明商标申请注册在后，普通商标申请在前，应当结合地理标志客观存在情况及其知名度、显著性、相关公众的认知等因素，判断是否容易造成相关公众对商品或者

服务来源产生混淆；若地理标志集体商标或者证明商标申请在前，普通商标申请在后，可以从不当攀附地理标志知名度的角度，判断是否容易造成相关公众对商品或者服务来源产生混淆。"

（三）驰名商标保护的适用

《审理指南》13.6 条规定："地理标志集体商标或者证明商标已经达到驰名状态的，可以适用商标法第十三条第三款予以保护。当事人依据商标法第十三条第三款申请地理标志集体商标或者证明商标不予核准注册或者宣告无效的，应当结合地理标志客观存在情况及其知名度、显著性、相关公众的认知等因素，认定地理标志集体商标或者证明商标的注册是否会误导公众、致使普通商标注册人的利益可能受到损害。"

（四）将地理标志注册为普通商标的处理

《审理指南》13.7 条规定："诉争商标申请人或者注册人将地理标志整体或者主要识别部分作为证明商标或者集体商标之外的商标申请注册的，可以适用商标法第十六条第一款、第十条第二款或者第十一条第一款的规定等进行审理。"

五、国际条约中的地理标志保护

2020 年 9 月 14 日，中国与德国、欧盟正式签署了《中华人民共和国政府与欧洲联盟地理标志保护与合作协定》。这是中欧之间首次大规模互认对方的地理标志，共 550 个（各 275 个），都是双方久负盛名、家喻户晓的地理标志，比如我国的绍兴酒、六安瓜片、安溪铁观音等；欧洲的香槟、巴伐利亚啤酒、帕尔玛火腿、马吉那山脉橄榄油等。河北晋州鸭梨，宣化葡萄酒在内。

国际上保护地理标志的多边协议有《巴黎公约》《产地标记马德里协

定》《国际注册里斯本协定》、TRIPS 协议、《发展中国家原产地名称和货源标记示范法》。

　　《巴黎公约》《马德里协定》《里斯本协定》的实际成果并不显著，因为《巴黎公约》规定过于原则和微弱，而后二者成员又有限。TRIPS 协议有 130 个签约国，不仅通过实质条款对地理标志提供保护，而且还能使最低标准的保护付诸实践，是现今最具综合性的知识产权多边协议。

第八章　商标使用管理

第一节　商标使用的法律作用

一、商标使用的法律含义

《商标法》第四十八条规定："本法所称商标的使用，是指将商标用于商品、商品包装或者容器以及商品交易文书上，或者将商标用于广告宣传、展览以及其他商业活动中，用于识别商品来源的行为。"

2020 年 6 月 15 日国家知识产权局印发的《商标侵权判断标准》（国知发保字〔2020〕23 号）对商标的使用做出了进一步规定，第三条规定："商标的使用，是指将商标用于商品、商品包装、容器、服务场所以及交易文书上，或者将商标用于广告宣传、展览以及其他商业活动中，用以识别商品或者服务来源的行为。"增加了服务场所的内容。同时，第七条规定："判断是否为商标的使用应当综合考虑使用人的主观意图、使用方式、宣传方式、行业惯例、消费者认知等因素。"

二、商标的使用形式

关于商标的使用形式，《商标侵权判断标准》分三种情形进行了规定。

（一）关于商品商标的使用形式

《商标侵权判断标准》第四条规定：用于商品、商品包装、容器以及商品交易文书上的具体表现形式包括但不限于：

1. 采取直接贴附、刻印、烙印或者编织等方式将商标附着在商品、商品包装、容器、标签等上，或者使用在商品附加标牌、产品说明书、介绍手册、价目表等上；

2. 商标使用在与商品销售有联系的交易文书上，包括商品销售合同、发票、票据、收据、商品进出口检验检疫证明、报关单据等。

（二）关于服务商标的使用形式

《商标侵权判断标准》第五条规定：商标用于服务场所以及服务交易文书上的具体表现形式包括但不限于：

1. 商标直接使用于服务场所，包括介绍手册、工作人员服饰、招贴、菜单、价目表、名片、奖券、办公文具、信笺以及其他提供服务所使用的相关物品上；

2. 商标使用于和服务有联系的文件资料上，如发票、票据、收据、汇款单据、服务协议、维修维护证明等。

（三）关于商标用于广告宣传、展览以及其他商业活动中的具体表现形式

《商标侵权判断标准》第六条规定：商标用于广告宣传、展览以及其他商业活动中的具体表现形式包括但不限于：

1. 商标使用在广播、电视、电影、互联网等媒体中，或者使用在公开发行的出版物上，或者使用在广告牌、邮寄广告或者其他广告载体上；

2. 商标在展览会、博览会上使用，包括在展览会、博览会上提供的使用商标的印刷品、展台照片、参展证明及其他资料；

3.商标使用在网站、即时通信工具、社交网络平台、应用程序等载体上；

4.商标使用在二维码等信息载体上；

5.商标使用在店铺招牌、店堂装饰装潢上。

商标使用的界定非常重要。涉及商标权的取得，商标权权利范围的界定，商标权的维持以及在先使用的未注册商标对他人注册商标的抗辩，所以，界定商标的使用，事关商标权能否获得，是确定商标权保护范围的前提，是确定侵权行为标准或者划定侵权界限的重要前提，没有商标的实际使用行为，或者不是商标意义上的使用，不能发挥其识别功能，不属于商标法的规制范围。

三、商标法关于商标使用的制度设置

（一）商标使用在商标注册中的作用

《商标法》第四条规定："不以使用为目的的恶意商标注册申请，应当予以驳回。"在商标注册环节，就对商标使用提出了明确要求，从源头上一定程度地遏制了恶意注册行为。

（二）商标使用在商标权取得中的作用

1.指示了商品的原料特点但经过使用取得了显著特征。《商标法》第十一条第二款规定："前款所列标志经过使用取得显著特征，并便于识别的，可以作为商标注册。"

如："六个核桃"驳回复审及异议复审案。原商评委异议复审裁定：涉案商标销售区达 13 个省和直辖市；经使用取得了显著特征，准予注册。一审判决和二审判决均维持了（原）商评委裁定。

2.同一天申请的，初步审定并公告使用在先的商标。《商标法》第三十一条规定："两个或者两个以上的商标注册申请人，在同一种商品或者类似商品上，以相同或者近似的商标申请注册的，初步审定并公告申请在先的商标；同一天申请的，初步审定并公告使用在先的商标，驳回其他人的申请，不予公告。"

3. 注重维护已经形成和稳定的市场秩序。 从"禁止混淆"这一商标权保护的基本原则出发，商标近似判定要以是否容易导致混淆作为判断标准，即使系争商标的标志本身与引证商标较为近似，若系争商标经过长期使用已经具有较高的知名度，形成了稳定的市场秩序，相关公众能够将之与引证商标相区分而不易产生混淆时，应判定系争商标与引证商标未构成近似商标，允许其共存。但这种情形应该从严掌握。

（三）商标使用在确定商标权的权利范围中的作用

商标的使用，使得商标在区分商品来源的基本功能上，延伸了商标的质量保障功能以及商标的声誉维护作用，经过多年的使用，会逐步形成具有较高声誉、较高价值的商标。

1. 商标使用在商标近似判定中的作用

（1）在先商标知名度对商标近似判定的影响

认定商标是否近似，既要考虑商标标志构成要素及其整体的近似程度，也要考虑相关商标的显著性和知名度、所使用商品的关联程度等因素，以是否容易导致混淆作为判断标准。

案例："长城"葡萄酒商标案

——最高人民法院（2005）民三终字第 5 号民事判决书

案情： 中粮公司认为嘉裕公司在葡萄酒商品上使用的"嘉裕长城及图"商标与中粮公司"长城牌"注册商标构成近似，诉至法院。

最高人民法院（2005）民三终字第 5 号民事判决书认为："长城牌"注

册时间长、市场信誉好等，而具有较高的市场知名度，认定为驰名商标，葡萄酒产品亦驰名于国内葡萄酒市场。"长城"或"长城牌"文字部分因有着较高的使用频率而具有较强的识别力，在葡萄酒市场上形成了固定的联系，相关公众通常都会联系或联想，故"长城"或"长城牌"文字显然具有较强的识别中粮公司葡萄酒产品的显著性，构成其主要部分。嘉裕公司的"嘉裕长城及图"商标使用了中粮公司"长城牌"注册商标最具显著性的文字构成要素，并易于使相关公众产生市场混淆。尽管在现代汉语中"长城"的原意是指我国伟大的古代军事工程万里长城，但中粮公司"长城牌"注册商标中的"长城"文字因其驰名度而取得较强的显著性，使其在葡萄酒相关市场中对于其他含有"长城"字样的商标具有较强的排斥力，应当给予强度较大的法律保护。据此，可以认定嘉裕公司使用的"嘉裕长城及图"商标与中粮公司"长城牌"注册商标构成近似。

评析：中粮公司"长城"或"长城牌"注册时间长、市场信誉好，而具有较高的市场知名度，文字部分因有着较高的使用频率而具有较强的识别力，在葡萄酒市场上形成了固定的联系，使其在葡萄酒相关市场中对于其他含有"长城"字样的商标具有较强的排斥力。所以认定嘉裕公司使用的"嘉裕长城及图"商标与中粮公司"长城牌"注册商标构成近似。

（2）系争商标使用方式对商标近似判定的影响

实践中，商标近似判定有时还需要考虑系争商标的实际使用方式，若系争商标与引证商标存在一定区别，但系争商标注册人在实际使用中有改变系争商标表现形式，以达到引起相关公众混淆从而攀附引证商标商誉的客观行为，则应从有效遏制不正当抢注行为，尽可能消除商业标志混淆可能性的角度出发，判定系争商标与引证商标构成近似商标。

2.《类似商品和服务区分表》（以下简称《区分表》）的法律地位——商标行政管理机关进行商品类似判定的重要依据

注册审查程序中，以行政效率优先、兼顾公平为原则，在指定商品申报、商品分类和商品类似的判定上，将《区分表》作为基本依据。

商标评审程序及商标侵权程序中，优先考虑公平原则，根据商品的客观属性和个案具体情况对商品类似与否进行综合判定，《区分表》则作为参考依据。商标评审程序中，虽然依据《区分表》，两商品属于非类似商品，但是若引证商标知名度较高或独创性较强，系争商标与引证商标高度近似，指定使用的商品关联性较强，系争商标攀附他人商标声誉的主观恶意明显，则可以突破《区分表》，判定构成类似商品。

3. 商标使用在驰名商标保护中的作用

（1）**未注册驰名商标**：在相同类似商品上获得保护。《商标法》第十三条第二款："就相同或者类似商品申请注册的商标是复制、模仿或者翻译他人未在中国注册的驰名商标，容易导致混淆的，不予注册并禁止使用。"所以，未注册驰名商标保护的判定标准是在相同或者类似商品上注册和使用，容易导致混淆。

（2）**已注册驰名商标**：跨类保护。《商标法》第十三条第三款："就不相同或者不相类似商品申请注册的商标是复制、模仿或者翻译他人已经在中国注册的驰名商标，误导公众，致使该驰名商标注册人的利益可能受到损害的，不予注册并禁止使用。"《最高人民法院关于审理涉及驰名商标保护的民事纠纷案件应用法律若干问题的解释》第九条第二款："足以使相关公众认为被诉商标与驰名商标具有相当程度的联系，而减弱驰名商标的显著性、贬损驰名商标的市场声誉，或者不正当利用驰名商标的市场声誉的，属于商标法第十三条第三款规定的'误导公众，致使该驰名商标注册人的利益可能受到损害'。"所以，注册驰名商标保护的判定标准延及相关联商品上的误导公众，致使该驰名商标注册人的利益可能受到损害。

例如，认定"伊利"为在牛奶和牛奶制品上的驰名商标，跨类保护至洗发水、计算机等商品；认定"七匹狼及图"商标为服装上的驰名商标，跨类保护至水管龙头、暖气片等商品。

对恶意注册的，驰名商标不受五年请求无效宣告期限的限制。

无论是未注册还是已注册驰名商标，都是为相关公众所熟知的商标。使用是熟知的基本途径。商标不使用，就没有办法使相关公众熟知，也就不可能获得驰名商标保护。

4. 商标使用在侵权认定及赔偿判定中的作用

如果商标注册后未使用，该商标被他人擅自使用的，商标权人请求损害赔偿时，被控侵权人以注册商标专用权人未使用注册商标不同意赔偿，注册商标专用权人不能证明此前三年内实际使用过该注册商标，包括自己使用和许可他人使用，也不能证明因侵权行为受到其他损失的，被控侵权人不承担赔偿责任。

（四）商标使用在商标权维持中的作用

1. 擅自改变注册商标撤销。《商标法》第四十九条规定："商标注册人在使用注册商标的过程中，自行改变注册商标、注册人名义、地址或者其他注册事项的，由地方工商行政管理部门责令限期改正；期满不改正的，由商标局撤销其注册商标。"

2. 不正当使用成为通用名称撤销制度。注册商标成为其核定使用的商品的通用名称的，任何单位或者个人可以向商标局申请撤销该注册商标。

3. 连续三年不使用撤销制度。没有正当理由连续三年不使用的，任何单位或者个人可以向商标局申请撤销该注册商标。目的是敦促权利人注重商标的使用，在使用中发挥注册商标的效用，减少闲置商标。

（五）在先使用的未注册商标对他人申请注册商标的抗辩

1. 未注册驰名商标的抗辩。《商标法》第十三条第二款规定："就相同或者类似商品申请注册的商标是复制、摹仿或者翻译他人未在中国注册的驰名商标，容易导致混淆的，不予注册并禁止使用。"

2. 存在特定关系在先使用的未注册商标的抗辩。《商标法》第十五条第二款规定："就同一种商品或者类似商品申请注册的商标与他人在先使用的未注册商标相同或者近似，申请人与该他人具有前款规定以外的合同、业务往来关系或者其他关系而明知该他人商标存在，该他人提出异议的，不予注册。"如一些商标品牌代理商明知自己代理的商标品牌未注册，或明知是自己的业务伙伴使用的商标而申请注册，在先使用人提出异议的，不予注册。

关于"其他关系"。最高人民法院《关于审理商标授权确权行政案件若干问题的规定》第十六条规定："以下情形可以认定为商标法第十五条第二款中规定的'其他关系'：

（一）商标申请人与在先使用人之间具有亲属关系；

（二）商标申请人与在先使用人之间具有劳动关系；

（三）商标申请人与在先使用人营业地址邻近；

（四）商标申请人与在先使用人曾就达成代理、代表关系进行过磋商，但未形成代理、代表关系；

（五）商标申请人与在先使用人曾就达成合同、业务往来关系进行过磋商，但未达成合同、业务往来关系。"

3. 已经使用并有一定影响的未注册商标的抗辩。《商标法》第三十二条："申请商标注册……也不得以不正当手段抢先注册他人已经使用并有一定影响的商标。"

案例：第 3522359 号"天皮糖张"商标争议案

案情："皮糖张"是天津的地方老字号，为申请人祖辈开创，申请人张学礼为其第三代传人。申请人张学礼及其女儿以家族经营的形式生产、销售"皮糖张"产品已经多年。被申请人王玉霞曾是申请人的儿媳，并曾在"皮糖张"糖坊工作，在 30 类糖果、软糖、皮糖商品上申请注册了"天皮糖张"商标。张学礼认为"天皮糖张"商标与"皮糖张"构成近似，容易造成市场混淆，申请撤销"天皮糖张"注册商标。

考量因素：

1. "皮糖张"是天津的地方老字号，为申请人祖辈开创，申请人张学礼为其第三代传人。并且在争议商标申请注册前，申请人及其女儿以家族经营的形式生产、销售具有老字号背景的"皮糖张"产品已经多年。

2. 被申请人曾是申请人的儿媳，并曾在皮糖张糖坊工作，应当知晓"皮糖张"为申请人在糖果等商品上在先使用的商标，被申请人申请注册争议商标恶意明显。

3. 争议商标与"皮糖张"商标构成近似商标。

裁定结论：争议商标的注册属于《商标法》第三十二条规定的"以不正当手段抢先注册他人已经使用并有一定影响的商标"，依法应予以撤销。

评析：已经使用并有一定影响的商标，即使没有注册，也受到商标法不被抢注的保护。所以，使用并在市场上有一定影响，非常重要。

（六）因在先使用并有一定影响而享有他人注册后的继续使用权

《商标法》第五十九条第三款："商标注册人申请商标注册前，他人已经在同一种商品或者类似商品上先于商标注册人使用与注册商标相同或者近似并有一定影响的商标的，注册商标专用权人无权禁止该使用人在原使用范围内继续使用该商标，但可以要求其附加适当区别标识。"

第二节　实践中"商标使用"的界定

《商标侵权判断标准》第七条规定："判断是否为商标的使用应当综合考虑使用人的主观意图、使用方式、宣传方式、行业惯例、消费者认知等因素。"

一、商标使用的主要证据形式

1. 商品实物或商品包装实物。服务商标直接使用于服务场所，包括使用于服务的介绍手册、服务场所招牌、店堂装饰、工作人员服饰、招贴、菜单、价目表、奖券、办公文具、信笺以及其他与指定服务相关的用品上。

2. 销售合同、发票、提货单、银行进账单、进出口凭据（海关报关单、货运单、原产地证明、发票等）。

3. 广告合同，广播、电影、电视、报纸、期刊、网络、户外广告、展览会（交易会）会刊等宣传载体及相应的发票。

4. 获奖证书。

5. 具有公信力的机构关于市场占有率等排名的统计资料。

6. 不具利害关系的第三方关于涉案商标知名度的评价。

7. 商标所使用商品的有关的许可、检验文件等。

二、商标使用判定中涉及的主要因素

（一）使用主体

包括商标权人、被许可使用人以及其他不违背商标权人意志使用商标的人。

（二）使用时间

系争商标申请注册日之前。涉及《商标法》第十三条、十五条、三十二条规定。涉及通用名称的撤销案件，通过使用获得区别性、显著性的案件，撤销三年不使用案件的期间，应当在自向商标局提出撤销申请之日起向前推算三年内。

（三）使用地域范围

《审理指南》12.26条关于"单纯出口行为的认定"规定："使用在先未注册商标的商品未在中国境内流通且直接出口的，当事人主张诉争商标的申请注册属于商标法第三十二条规定的'以其他不正当手段抢先注册他人已经使用并有一定影响的商标'情形的，不予支持。"

原则上应提交商标在中国大陆境内的使用证据。若提交商标在域外的使用证据，则应证明该域外使用的影响力已经及于中国大陆地区的相关公众。定牌加工案件中，定牌加工生产的产品全部用于出口，并未投入到中国的市场流通领域，中国境内的消费者没有接触到该商品的可能性，因此，该使用行为在中国境内无法起到区分商品来源的识别作用。产品全部用于出口的定牌加工生产行为是否属于商标法意义上的使用行为业界尚存在不同观点，法院生效判决也存在结论相反案例，主要遵从"严厉打击攀附他人商标声誉而从事或辅助从事商标侵权的行为"为执法宗旨。

案例："GATEHOUSE"商标争议案

一审法院认可了定牌加工中对商标的使用，认为虽然商品销往国外，但不影响该商标在生产企业所在地及周围地区具有知名度。认定构成恶意抢注。二审法院撤销了一审判决，认为商标在先使用应为公开的使用，附着商标标记的商品应当进入流通环节。在案证据不能证明附着 LF 公司 GATEHOUSE 商标的商品在中国大陆地区已经实际进入流通环节，因此，在案证据不足以证明 LF 公司在争议商标申请注册日前在中国大陆地区对 GATEHOUSE 商标进行了商标使用。

（四）使用的商标

在先使用的商标应与系争商标相同或者近似，不改变商标的显著识别部分。撤销三年不使用案件中或者证明引证商标知名度的使用证据中，商标的使用应该未改变商标的显著特征。

（五）使用的商品

对未注册商标的保护，应该是相同、类似商品。关于非类似商品上的跨类保护（驰名商标），要求驰名商标保护的商标应该在其注册的某种商品上使用并达到驰名的程度。《审理指南》19.7 条关于"非规范商品的认定"："实际使用的商品或者核定的商品不属于《类似商品和服务区分表》中的规范商品名称，在认定具体商品所属类别时，应当结合该商品功能、用途、生产部门、消费渠道、消费群体进行判断，并考虑因消费习惯、生产模式、行业经营需求等市场因素，对商品本质属性或名称的影响，作出综合认定。"19.8 条关于"非规范实际使用商品构成核定商品使用的认定"："实际使用的商品不属于《类似商品和服务区分表》中的规范商品名称，但其与诉争商标核定使用的商品仅名称不同，本质上属于同一商品的，或是实际使用的商品属于核定商品下位概念的，可以认定构成对核定商品的使用。认定是否属于同一商品，可以综合考虑物理属性、商业特点以及《类似商品和服务区分表》关于商品分类的原则和标准等因素。"

（六）使用的方式

一是指投入到市场流通领域的使用。广告设计、印制瓶标、印制包装盒、标签的行为，虽并非是将商品投入流通领域予以公开使用的行为，但其为商业使用的必要准备行为，亦能体现其对商标进行实际商业使用的意图。二是作为区别商标或服务来源的商标进行使用。三是"合法"使用。商标使用行为明确违反《商标法》或者其他法律禁止性规定的，可以认定不构成商标使用。瑕疵使用是否构成使用？只要注册商标所有人具有真实的使用意图并使该商标在市场上发挥了区别商品或者服务来源功能，其行为就不构成《商标法》第四十九条第二款规定的连续三年不使用的情形，不构成撤销该注册商标的条件。

案例：辉瑞公司诉他人药片形状对其菱形立体商标构成侵权案

原告：辉瑞产品有限公司；辉瑞制药有限公司

被告：北京健康新概念大药房有限公司；江苏联环药业股份有限公司；广州威尔曼药业有限公司

商标：菱形和蓝色相结合的立体商标；核定使用商品为第5类医药制剂；人用药等。

被诉侵权行为：被告生产的药片与原告商标立体形状及颜色基本相同，但盒内药片的包装为不透明材料。

最高人民法院认为：本案中，虽然联环公司生产的"甲磺酸酚妥拉明分散片"药片的包装有与药片形状相应的菱形突起、包装盒上"伟哥"两字有土黄色的菱形图案作为衬底，但消费者在购买该药品时并不能据此识别该药片的外部形态。由于该药片包装于不透明材料内，其颜色及形状并不能起到标识其来源和生产者的作用，不能认定为侵犯注册商标专用权意义上的使用。即便该药片的外部形态与辉瑞产品公司的涉案立体商标相同或相近似，消费者在购买该药品时也不会与辉瑞产品公司的涉案立体商标相混淆，亦不会认为该药品与辉瑞产品公司、辉瑞制药公司存在某种联系进而产生误认。

（七）使用的强度

涉及通过使用具有显著性的强度要求，连续三年不使用撤销案件中对使用强度的要求，涉及恶意抢注他人在先使用的未注册商标案件中对使用强度的要求，已注册驰名商标跨类保护中对使用强度的要求。

案例：第 4205184 号"搜狗 sougou"商标异议复审案

案情：北京搜狐新时代信息技术有限公司是互联网领域的知名企业，于 2004 年 8 月 3 日正式推出中文专业搜索网站"搜狗"（www.sogou.com），众多媒体对这一事件进行了大量报道。2004 年 8 月 4 日，申请人环球发展国际有限公司在计算机编程、计算机软件设计等服务上申请注册了"搜狗 sougou"商标。北京搜狐新时代信息技术有限公司认为被异议商标属于恶意抢注。

裁定要旨：虽然申请人于 2004 年 8 月 4 日申请注册被异议商标时搜狗正式发布仅有一天，但由于网络、报纸等媒体传播速度快，覆盖范围广，北京搜狐新时代信息技术有限公司"搜狗"（sogou）作为网络服务的未注册商标，已通过相关媒体集中、大量的宣传报道，而为公众所了解，申请人主观意图难说正当。被异议商标的申请注册，已构成《商标法》所指的抢先注册他人已经使用并有一定影响商标的情形，被异议商标不予核准注册。

评析：现阶段，由于网络等媒体传播速度快，覆盖范围广，在市场上产生一定影响的后果可能很短的时间内就能完成，不一定需要以前长期的市场积累。搜狐公司 2004 年 8 月 3 日正式推出中文专业搜索网站"搜狗"（www.sogou.com），众多媒体对这一事件进行了大量报道，说明已经使用在一夜之间就有了一定影响。2004 年 8 月 4 日，申请人在计算机编程等服务上申请注册"搜狗 sougou"商标，构成《商标法》所指的抢先注册他人已经使用并有一定影响商标的情形，不予核准注册。

（八）使用的主观意图

不应是象征性使用，应具有真实使用意图。应为善意的使用，而非意图造成消费者混淆，达到攀附他人商标声誉目的的使用。

第三节　商标连续三年不使用撤销制度

一、立法目的

一是激活商标资源。鼓励商标所有人积极使用其已获得商标专用权的商标，防止"商标囤积""商标抢注"等现象。二是清理闲置商标。这一制度可以节约商标资源，为具有真实善意使用商标意图的市场主体依法申请注册和使用扫清障碍。对促进注册商标的有效运用，完善市场经济竞争机制，推动经济发展具有重要意义。

二、商标连续三年不使用撤销的条件

（一）申请主体

任何单位或者个人。受理主体为知识产权局商标局。

（二）无正当理由不使用

《商标法实施条例》第六十七条规定，下列情形属于商标法第四十九条规定的正当理由：

1. 不可抗力；

2. 政府政策性限制；

3. 破产清算；

4. 其他不可归责于商标注册人的正当事由。

对于第二、第四项理由，确因其他客观事由尚未实际使用注册商标，但商标权人有真实使用商标的意图，并且有实际使用的必要准备，也可认定为有正当理由。

三、连续三年不使用期限的起算点

对于国内注册商标，应当自该注册商标注册公告之日起满三年后提出申请。对于马德里国际注册商标，应当自该商标国际注册申请的驳回期限届满之日起满三年后向商标局提出申请；驳回期限届满时仍处在驳回复审或者异议相关程序的，应当自准予注册决定生效之日起满三年后向商标局提出申请。

四、关于举证责任

商标注册人承担举证责任。举证期限内未提交使用证据、提供的使用证据无效、提供的不使用正当理由证据无效的，商标注册人承担商标被撤销的法律后果。

对撤销申请人，《商标法实施条例》要求其"说明有关情况"，申请人需要对商标使用情况进行市场调查，依据调查情况提出撤销申请。

五、关于商标使用的证据材料

对商标使用证据材料的审查主要是判断商标使用主体是否在规定的时间内在申请撤销的商品或服务上公开、真实、合法地使用商标来标识商品或服务来源，以便使相关公众能够据此区分提供商品或服务的不同市场主体。主要考查以下几个要素：

（一）商标使用主体

商标使用的主体既包括商标注册人，也包括注册商标被许可使用人，以及其他不违背商标权人意志使用商标的人。使用证据材料包括商标注册人使用注册商标的证据材料和商标注册人许可他人使用注册商标的证据材料。

（二）商标使用时间

撤销申请提出前三年。

（三）商标使用的商品或服务

注册商标与特定商品或服务结合使用，就是要使消费者将注册商标与特定商品或服务联系起来，发挥注册商标区分商品或服务的基本功能。商标权人提供的商标使用证据以核定使用商品或服务为限。仅在核定使用范围外的类似商品或者服务上使用诉争商标的，或者虽使用但未发挥区分商品、服务来源作用的，不予支持。

（四）商标使用的商标标识

对注册商标标识的规范使用。不得擅自改变注册商标。但实际使用的商标与核准注册的商标虽有细微差别，但未改变其显著特征的，可以视为注册商标的使用。

（五）商标使用的地域

关于商标使用的地域，基于商标权的属地主义和独立原则，商标使用地域应该在我国法域范围内。我国台湾、香港、澳门仍实行独立的法律制度，不属于我国法域范围。

（六）公开、真实、合法地使用

1. 公开使用

是指商标的使用非内部使用，应当以相关公众为识别群体，商标在公开的商业领域进行使用，尤其是在商业的流通领域及其相关领域有所使用，使得相关公众能够知晓商标的存在并且通过该商标和不同的商品或者服务联系起来，起到了商标区分商品或服务不同来源的功效。

2. 真实使用

是指商标的使用应当真实、善意，而不是为了规避注册商标不使用撤销制度进行应付性的、象征性的简单使用。没有实际使用注册商标，仅有转让或许可行为，或者仅有商标注册信息的公布或者对其注册商标享有专有权的声明等的，不宜认定为商标使用。

3. 合法使用

是指商标的使用没有违反商标法强制性、禁止性规定。商标使用行为明确违反《商标法》或者其他禁止性规定的，可以认定不构成商标使用。至于商标使用过程中的其他违法行为，如质量问题，标签标注不规范问题，未标注产品的实际产地等问题，受其他相关法律的调整并承担相应的责任，不影响商标使用合法性质的确定。

4. 下列情形不视为商标的有效使用

仅内部使用而未在公开的商业领域使用；仅作为赠品使用；仅有转让或许可行为而没有实际使用；仅提交商标注册信息的公布或者商标注册人关于对其注册商标享有专用权的声明。

实践中，商标权人和实际使用人之间虽没有正式的许可使用合同，但双方之间存在特定的关系，也认为是使用。比如双方之间属于母子公司、控股公司等。

六、关于防御商标、联合商标连续三年不使用

防御商标和联合商标的意义在于防御，一般没有实际使用。我国《商标法》对防御商标和联合商标注册及使用没有做出明确规定。在撤销连续三年不使用审查实践中，一般将防御商标和联合商标视为普通商标，根据实际使用证据材料情况做出决定。

七、司法判定

根据最高人民法院《关于审理商标授权确权行政案件若干问题的规定》（法释〔2017〕2号，法释〔2020〕19号修正）和《审理指南》有关规定，正确判断所涉行为是否构成实际使用。

（一）商标权人自行使用、许可他人使用以及其他不违背商标权人意志的使用，均可认定属于实际使用的行为。

（二）实际使用的商标与核准注册的商标虽有细微差别，但未改变其显著特征的，可以视为注册商标的使用。

（三）没有实际使用注册商标，仅有转让或许可行为，或者仅有商标注册信息的公布或者对其注册商标享有专有权的声明等的，不宜认定为商标使用。

（四）如果商标权人因不可抗力、政策性限制、破产清算等客观事由，未能实际使用注册商标或者停止使用，或者商标权人有真实使用商标的意图，并且有实际使用的必要准备，但因其他客观原因尚未实际使用注册商标的，均可认定有正当理由。

八、实践中存在的问题

（一）注册商标权人名义发生变化未及时申请商标注册人变更，造成实际上的使用人与商标权人名义不符，不能证明商标权人有效使用了该商标。

（二）注册人注册地址变更导致通信地址发生变化，未及时到商标局变更，造成商标局发出的答辩通知书被退回，被申请人不知道商标被申请撤销而未提出答辩商标被撤销。这种情况下无论商标是否在实际使用，都改变不了被撤销的结果。

（三）收到商标局的答辩通知书未按期提交答辩而商标被撤销。

（四）商标使用不规范，或者提交的证据不足以证明商标的使用。如合同、发票等，不规范使用，没有标注时间，或者没有明确写明是什么商品，或者不显示商标。因此，商标权人要加强商标无形资产的日常档案管理和维护，根据企业发展状况，成立专门机构或委托专门机构进行商标日常管理和监控，对于确实没有实际使用的注册商标，积极开展商标授权许可使用、商标转让、投资入股等品牌运作经营活动，盘活品牌资产。

第四节　注册商标成为商品通用名称撤销制度

一、商品通用名称的概念及其特征

（一）商品通用名称的概念

商品通用名称是指为某一范围或某一行业所共用的，反映一类商品与另一类商品之间根本区别的规范化称谓。有法定的商品通用名称和约定俗成的商品通用名称。

1. 法定的商品通用名称

是指《商标注册用商品和服务国际分类》、我国有关部门制定的国家标准、行业标准、行业产品或商品目录规定的商品名称。被专业工具书、辞典等列为商品名称的，可作为认定约定俗成通用名称的参考。

2. 约定俗成的商品通用名称

是指相关公众经过长时间使用而在某一范围内约定俗成，被普遍使用的某一种类商品的名称。相关公众普遍认为某一名称，能够指代一类商品的，应当认定为约定俗成的通用名称。

3. 俗称和简称

通用名称还包括商品或服务的俗称和简称。如，"彩色电视接收机"是规范的商品名称，而"彩电"则是简称；又如，"自行车"是规范名称，而"单车"则为俗称。商品的通用名称和图形禁止作为本商品的商标，一方面是因为其不能区别不同经营者，另一方面是防止通用名称和图形不公平地为独家所垄断，不仅妨碍了他人正当使用，而且造成公共资源浪费。

如果商标的所有人对商标使用不当、保护不当，则有可能使该商标逐步转化成为家喻户晓的商品通用名称，商标将失去显著性，商标所有人也就丧失了对该标志的独占权。优盘、阿司匹林、尼龙等名称都有类似的经历。

（二）商品通用名称的特征

具有广泛性和规范性；表示商品的自然属性，为相关公众所通用；具有大众性，为公众所有。

（三）通用名称与商标的功能性作用不同

通用名称的功能性作用是区分不同种类的商品；表明商品的自然属性；是公共资产；不具排他性。商标的功能性作用是区分同种类的不同商品；表明商品的社会属性；是私有资产；具有排他性。通用名称的使用涉及公共利益、经济秩序和公众认知规律，基于防止垄断公共资源的目的，注册商标成为其核定使用的商品的通用名称的，任何单位或者个人可以向商标局申请撤销该注册商标。

《商标法》第四十九条规定："注册商标成为其核定使用的商品的通用名称或者没有正当理由连续三年不使用的，任何单位或者个人可以向商标局申请撤销该注册商标。"

案例： 优盘商标淡化事件

案情： 深圳市朗科科技有限公司（以下简称朗科）在使用优盘名称时，整个计算机行业还没有优盘这一概念和名称。

1999 年 8 月，朗科在第 9 类计算机存储器等商品上，向国家工商总局商标局申请了优盘商标注册，并于 2001 年 1 月 21 日被核准注册。

但长期以来，由于管理不当，许多同业经营者、计算机从业人员、消费者都把优盘作为一种计算机移动存储器的商品通用名称加以使用。朗科在其企业法人营业执照的经营范围一项中，也把优盘列为其所经营的一项商品名称。其商品包装盒及促销宣传材料上，朗科优盘或优盘文字后面多没有其他连用的商品名称，很容易让社会公众将优盘认读为一种新型计算机移动存储设备的商品名称。

2002 年 10 月 23 日，北京华旗资讯数码科技有限公司（以下简称华旗资讯）向国家工商总局商标评审委员会提出申请，请求撤销朗科的"优盘"商标。华旗资讯声称，"优盘"商标仅仅直接表示了商品的用途及具体的使用方法，并且该商标已成为此类商品的通用名称。中国电子商会向商评委提交的《关于"优盘"已经成为产品通用名称不宜再作为注册商标使用的情况反映》中，也认为"'优盘'已经成为产品的通用名称，如果继续作为一个注册商标而为某个厂商所拥有和使用，会造成市场推广成本过高，不利于整个行业的良性发展"。经审理，商标评审委员会做出裁决，认定"优盘"商标已成为其指定使用商品——计算机存储器的通用名称，应予撤销。

评析： 商标在使用中没有作为商标使用，而是作为商品名称使用，久而久之，该名称失去了识别商品来源的功能，成为了一种商品的称谓，成为商品通用名称，应予撤销。

二、注册商标成为商品通用名称的原因

（一）注册人使用及管理不当

商标注册人取得商标后，在使用商标过程中保护不力、使用不当，使得商标的显著度降低甚至失去显著性，从而退化为商品通用名称。

美国 THERMOS 商标案例： 商标权人 THERMOS 公司自 1910 年起在广告宣传中只使用了热水瓶（THERMOS BOTTLE），而没有使用其他类名称，如真空绝缘保温水瓶等，使商标"THERMOS"作为一种商品的

家庭用语在公众中广泛流传，商标最终沦为通用名称。

朗科在其企业法人营业执照的经营范围一项中，把优盘列为其所经营的一项商品名称。其商品包装盒及促销宣传材料上，朗科优盘或优盘文字后面多没有其他连用的移动存储等商品名称，很容易让社会公众将优盘认读为一种新型计算机移动存储设备的商品名称。

（二）竞争对手等第三方的因素

他人将某注册商标作为商品名称使用，或他人在辞典、著作、媒体宣传中将商标作为商品名称使用，而注册人怠于行使权利，致注册商标变成通用名称。

JEEP 商标案例：

"Jeep"是美国克莱斯勒公司的注册商标，在中国曾一度成为越野车的通用名称，甚至 Jeep 被有些字典解释为"一种适用于越野用行使的小型汽车"。后来该公司通过积极作为，通过广告宣传、声明及行政救济手段等各种方式引导社会大众认识到 Jeep 是一个注册商标，而不是越野车的通用名称。

三、注册商标成为商品通用名称的法律后果

注册商标成为其核定使用的商品的通用名称的，任何单位或者个人可以向商标局申请撤销该注册商标。提交申请时应当附送证据材料。商标局受理后应当通知商标注册人，限其自收到通知之日起 2 个月内答辩；期满未答辩的，不影响商标局做出决定。商标局应当自收到申请之日起 9 个月内做出决定。

四、判断注册商标成为商品通用名称的考量因素

关键是看区分的功能。即其功能是区分不同商品还是区分相同商品来源。审查其是否属于法定的或者约定俗成的商品名称。约定俗成的商品通用名称一般以全国范围内相关公众的通常认识为判断标准。被专业工具书、辞典等列为商品名称的，应该是确定约定俗成的商品通用名称的初步证据和参考。

五、药品名称与商标名称的冲突

药品名称与商标名称的冲突由来已久。2001 年 12 月 1 日《商标法》和《药品管理法》两部法律同时修订出台。2006 年 3 月 15 日药监局第 24 号令出台的《药品说明书和标签管理规定》将药品行业对于药品商标和药品名称使用的讨论推向新的高潮。

（一）相关概念

药品通用名称、药品商品名称、药品商标

药品一般至少有三个"名字"作为它的"标识"，这就是法定通用名称、商品名称和商标名称。比如，胃动力药吗丁啉的商品名称和商标名称都是吗丁啉，它的通用名称是多潘立酮。新版康泰克的商品名称为"新康泰克"，药品通用名称为"复方盐酸伪麻黄碱缓释胶囊"，注册商标为"康泰克"和"CONTAC"。

（二）药品名称和药品商标名称的区别

区别的关键在于其功能不同。药品名称是向社会公开药品的功能、用途、原材料、剂型和制造方法。商标是表明商品的来源和出处。药品通用名称与商标之间的药品商品名称，处于二者之间的地带，通用名称由国家确定，受药品管理法保护，商标由商标权人自行设计并经商标局核准注册

受商标法保护，药品商品名称由生产者自行设定并经食药监局审批，由食药监局颁布的相关规章保护。

（三）药品名称与药品商标名称的转换

在药名的实际使用中，药品的通用名称、商品名称与商标名称有时是会转化的。药品名称和商标名称没有完全的界限，当药品名称起到识别的作用时即可作为商标使用。反过来说，当将此药品名称作为商标使用时，久而久之又会使消费者将其与药品挂钩，就又会出现商标被淡化的危险，商标的显著性随着使用的时间可能发生改变。例如"阿司匹林"最早是个商标，但在使用中发生了退化，被大家认为是一种药品的通用名称。我国20世纪80年代也出现过两个类似的案例，一个是"氟利昂"，一个是"吉普"，其实二者分别为氟制冷剂及越野车的商标，在使用中被认作商品通用名称，当然后来又被重新恢复为注册商标。当"氟利昂""吉普"被淡化为商品通用名称后，有些国家反而确认了这种变化，撤销了二者的商标注册。

（四）相关法律规定的冲突

在我国，确定药品通用名称、药品商品名称法律依据是《药品管理法》和《药品说明书和标签管理规定》。取得商标权的法律依据是《商标法》。《药品说明书和标签管理规定》第二十七条规定：药品说明书和标签中禁止使用未经注册的商标以及其他未经国家食品药品监督管理局批准的药品名称。而现实情况是，大量的药品行业正在使用的商标在申请注册过程中没有获准通过，或短时间内难以审核通过。《药品管理法》和《商标法》没有规定药品为强制使用注册商标的商品，就是说，可以使用未注册商标。

世界卫生组织经常成批颁布药品的通用名称，这些通用名称要先发给各个国家的商标主管机关，如果已有人把其中的某一药名作为商标注册，世界卫生组织就不会再把这一药名作为通用名称。药品通用名称既不应与在先的注册商标相冲突，也不能再成为注册商标，这已是国际惯例。列入国家药品标准的药品名称为药品通用名称，已经作为药品通用名称的，该名称不得作为药品商标使用。

　　药厂对本企业的药品可以根据实际需要，在法定的通用名称之外，另有商品名称。商品名称报主管部门批准后，这一商品名称就归这一药厂独有，与此同时，药厂还可将商品名称申请商标注册。药品商品名称的商标化已成为趋势。由此，在药品的商品名称寻求商标保护的过程中，商标名称与药品名称的冲突也就大量出现。如有的商标注册与他人在先取得的药品名称权利相冲突；还有的违反了商标注册不得使用通用名称的规定以及不得直接表示商品质量、功能的要求；等等，引起混乱。商标名称与药品名称原本不是一个行业领域的概念，却因为确权的法律依据不同，两者又可以寻求交叉双重保护，造成很大混乱。

（五）建议

　　积极引导药品企业仅使用两个名称：一个是药品通用名称，由医药行业管理部门予以规范，全国药企生产此种药品均使用这个统一的、规范的、通用的药名，不得另起它名；另一个是将药品名称和商标名称合并为一个名称，通过注册商标成为商标名称，企业独占，受商标法保护。

（六）市场监督管理部门执法中应该注意的问题

　　商标的行政执法部门是市场监督管理部门，执法依据是《商标法》，《商标法》没有规定药品为强制使用注册商标的商品，所以，药品未经商标注册就进入市场销售的，市场监督管理部门不能处罚。

六、关于撤销的救济程序和法律效力

（一）关于撤销的救济程序

1. 复审：对商标局撤销注册商标的决定，当事人不服的，可以自收到通知之日起十五日内向商标评审委员会申请复审，由商标评审委员会做出决定，并书面通知申请人。

2. 诉讼：当事人对商标评审委员会的复审决定不服的，可以自收到通知之日起三十日内向人民法院起诉。

（二）关于撤销的法律效力

被撤销的注册商标，由商标局予以公告，该注册商标专用权自公告之日起终止。

第九章　商标使用中一般违法行为的管理

第一节　商标使用中一般违法行为的种类及处罚

在商标使用的违法行为中，有的违法行为构成商标侵权行为，有的只是一般的商标违法行为。

一、违反强制注册规定

（一）**强制使用注册商标商品的范围**：《商标法》第六条规定："法律、行政法规规定必须使用注册商标的商品，必须申请商标注册，未经核准注册的，不得在市场销售。"所以，只有具体的法律、行政法规中规定必须进行商标注册后才能生产销售的，才属于强制注册范围，其余的，属于自愿注册范围。目前，现有法律、行政法规中只有《烟草专卖法》第二十条规定："卷烟、雪茄烟和有包装的烟丝必须申请商标注册，未经核准注册的，不得生产、销售。"其他法律、行政法规中，还没有类似规定。

（二）**执法中应该注意的问题**

1. 使用的认定问题。同一烟草制品使用多个商标的，其中一件商标为注册商标，即视为使用了注册商标。

2. 案件管辖问题。 未使用注册商标就进入市场销售的，生产行为应当由烟草生产者所在地（违法行为发生地）工商行政管理部门管辖。销售行为由销售地工商行政管理部门管辖。销售地工商行政管理部门对异地烟草生产者生产未经核准注册的卷烟、雪茄和有包装的烟丝的行为，没有管辖权。

由地方工商行政管理部门责令限期申请注册，违法经营额五万元以上的，可以处违法经营额百分之二十以下的罚款，没有违法经营额或者违法经营额不足五万元的，可以处一万元以下的罚款。

二、使用商标违反禁用标志规定

《商标法》第十条规定，下列标志不得作为商标使用：

（一）同中华人民共和国的国家名称、国旗、国徽、国歌、军旗、军徽、军歌、勋章等相同或者近似的，以及同中央国家机关的名称、标志、所在地特定地点的名称或者标志性建筑物的名称、图形相同的；

（二）同外国的国家名称、国旗、国徽、军旗等相同或者近似的，但经该国政府同意的除外；

（三）同政府间国际组织的名称、旗帜、徽记等相同或者近似的，但经该组织同意或者不易误导公众的除外；

（四）与表明实施控制、予以保证的官方标志、检验印记相同或者近似的，但经授权的除外；

（五）同"红十字""红新月"的名称、标志相同或者近似的；

（六）带有民族歧视性的；

（七）带有欺骗性，容易使公众对商品的质量等特点或者产地产生误认的；

（八）有害于社会主义道德风尚或者有其他不良影响的。

县级以上行政区划的地名或者公众知晓的外国地名，不得作为商标。但是，地名具有其他含义或者作为集体商标、证明商标组成部分的除外；已经注册的使用地名的商标继续有效。

三、自行改变注册商标、注册人名义、地址或者其他注册事项

自行改变注册商标，主要是指在不改变原商标本质特征前提下的改变，经改变后的商标与原注册商标仍属于近似商标。比较常见的是，将文字与图形组合商标中的文字或图形部分单独使用，或者改变其组合相对位置或比例，或者改变文字字体等，仍加注册标记。

商标注册人在使用注册商标的过程中，自行改变注册商标、注册人名义、地址或者其他注册事项的，由地方市场监督管理部门责令限期改正；期满不改正的，由商标局撤销其注册商标。

四、将未注册商标冒充注册商标使用

（一）将未注册商标冒充注册商标使用的处罚

限期改正，并可以予以通报，违法经营额五万元以上的，可以处违法经营额百分之二十以下的罚款，没有违法经营额或者违法经营额不足五万元的，可以处一万元以下的罚款。

（二）注意掌握几个相关概念之间的联系与区别

1. 自行改变注册商标与冒充注册商标

一是两者之间的界限，要根据具体案件个案认定。基本原则是使用中将商标作出较小改变的，属于自行改变注册商标；对注册商标作局部或较轻微的改动，如改变商标文字部分的字体，或在不改变图形主体的前提下

对图形部分作某些变动或增减等，属于自行改变注册商标行为；使用中将商标做出较大改变仍标注注册标记的，属于冒充注册商标。如果对注册商标的主体部分（包括文字和图形）进行较大的或根本性的改变，则该商标应视为一个新的商标，在此商标未经注册前就在使用中加注注册标记，则属于冒充注册商标的行为。超出商标注册证核定的商品或者服务的范围使用注册商标，并且加注注册商标标记的，也属于以非注册商标冒充注册商标的行为。

二是两者的法律责任不同。冒充注册商标与擅自改变注册商标均为一般商标违法行为，但两者违法情节不同，所承担的法律责任也有明显差异。自行改变注册商标的行为由地方市场监督管理部门责令限期改正，期满不改正的，由商标局撤销其注册商标。没有其他处罚规定。冒充注册商标行为，由地方市场监督管理部门限期改正，并可以予以通报，可以处以罚款。

2. 自行改变注册商标与商标侵权

实践中，个别商标注册人将已注册商标进行改变，通过文字与图形结构变化或颜色深浅等形式变化，造成商标整体视觉效果与他人已注册商标近似，产生商品来源混淆，则构成侵犯他人商标专用权行为。最高人民法院《关于审理注册商标、企业名称与在先权利冲突的民事纠纷案件若干问题的规定》第一条第二款规定："但原告以他人超出核定商品的范围或者以改变显著特征、拆分、组合等方式使用的注册商标，与其注册商标相同或者近似为由提起诉讼的，人民法院应当受理。"

3. 冒充注册商标与假冒注册商标

假冒注册商标与假冒他人注册商标是同一概念。是指未经商标注册人的许可，在同一种商品上使用与其注册商标相同的商标的行为，是商标侵权行为，而且是严重侵权行为情形之一。冒充注册商标是以非注册商标冒充注册商标，不涉及侵犯他人商标权，是商标管理中的一般违法行为。假冒注册商标行为不仅欺骗消费者，而且严重损害了商标注册人的利益，扰乱了市场经济秩序，其社会危害程度已远远超过冒充注册商标行为。情节严重构成犯罪的，要追究刑事责任。

关于冒充注册商标的认定问题，1997年商标局曾经就一个特别的冒充注册商标问题做出过批复，认为在未注册商标图样周围使用"R"符号，与R注册标记近似，易使人误认为该商标是注册商标，属于冒充注册商标行为。此外，商标局认为在未注册商标周围加印"Z、C、S、B"四个字母，易使人认为是"注册商标"的拼音缩写，也应当制止使用并限期改正。

（三）执法认定中应该注意的问题

1.一个注册商标应该标注一个注册商标标记；也可以不标注注册商标标记。

2.同时排列组合使用多件注册商标的，要逐一标注注册商标标记，不能只标注一个注册商标标记，使人误认为排列组合使用的多个注册商标是一个商标；也可以不标注注册商标标记。

3.严格按照商标注册证核准的商标使用，不能变形使用。执法中应该注意的问题是，要通过询问笔录或者当事人陈述等方式，固定"当事人是在使用该涉案的注册商标"。如果不固定该证据，当事人会主张自己使用的商标不是该涉案的注册商标，而是另外一个商标。如此，会造成执法被动。

4.注册商标和非注册商标可以同时使用，但要对注册商标分别标注或者不标注；不能将注册商标和非注册商标组合使用，并标注一个注册商标标记。

5.同一件商品或者服务项目上可以使用多个注册商标，该几个注册商标的商标专用权可以由同一个商标注册人所有，也可以分属不同的商标注册人所有。

《**商标法**》第五十六条规定:"注册商标的专用权,以核准注册的商标和核定使用的商品为限。"擅自改变注册商标为一个新的商标,或者超出核定使用商品的范围使用注册商标,并标注注册商标标记的,属于将未注册商标冒充注册商标使用。《商标法实施条例》第九十五条规定:"《商标注册证》及相关证明是权利人享有注册商标专用权的凭证。《商标注册证》记载的注册事项,应当与《商标注册簿》一致;记载不一致的,除有证据证明《商标注册簿》确有错误外,以《商标注册簿》为准。"

五、生产、经营者将"驰名商标"字样用于宣传

《商标法》第十四条第五款规定:"生产、经营者不得将'驰名商标'字样用于商品、商品包装或者容器上,或者用于广告宣传、展览以及其他商业活动中。"第五十三条规定:"违反本法第十四条第五款规定的,由地方工商行政管理部门责令改正,处十万元罚款。"

六、经许可使用他人注册商标,产品标注不规范

(一)标注要求

经许可使用他人注册商标的,必须在使用该注册商标的商品上标明被许可人的名称和商品产地。《条例》第七十一条规定:"由工商行政管理部门责令限期改正;逾期不改正的,责令停止销售,拒不停止销售的,处10万元以下的罚款。"

(二)执法中应该注意的问题

1.经许可使用他人注册商标,要求标明被许可人的名称和商品产地。无论该商品是被许可人自己生产,还是委托他人生产,都应该如实标注商

品的实际产地。实践中，有些只标注了被许可人的名称和地址，没有标注商品的产地。如：一些县域企业老板在上海、北京等城市注册公司，然后对这些公司进行商标授权，产品委托自己在县城的企业生产，只标明上海这个被许可人的名称和地址，然后将货物运到上海等地销售，商品及包装上没有任何县域企业的痕迹。存在的问题是：标注的是被许可人的地址，而不是商品的产地，不符合《商标法》第四十三条规定的要求。

2. 商品产地和企业地址是两个概念。 产地是一个地域概念，是指一个行政区域，如青县、黄骅、保定清苑、满城；地址是一个点的概念，"点"含在"地域"之中，如北京学府路 12 号，含在北京市海淀区范围内。所以：标注被授权企业地址也就指明了产地；如果实际产地与被授权企业注册地址不一致的，应该另行标注实际产地。

如：河北保定清苑 A 企业授权上海 B 企业使用其注册商标，上海 B 企业又委托清苑 C 企业生产，应该标注上海 B 企业名称和产地清苑。《商标法》第四十三条规定："经许可使用他人注册商标的，必须在使用该注册商标的商品上标明被许可人的名称和商品产地。"《商标法实施条例》第七十一条规定："违反商标法第四十三条第二款规定的，由工商行政管理部门责令限期改正；逾期不改正的，责令停止销售，拒不停止销售的，处 10 万元以下的罚款。"

3. 对该种行为实施处罚，首先要责令停止销售，拒不停止销售的，才能处以罚款，不能直接罚款。

第二节　商标使用管理行政执法要点提示

确定是否合法使用商标，应注意查验以下几个方面的问题：

一、核查是否严格按照商标注册证上的商标使用

是否自行改变其文字或者图形，对擅自改变的注册商标与原注册商标相比，差别较大又标注注册标记的，属于冒充注册商标行为。

二、核查是否在核定商品的范围内使用

超出范围使用的，属于以非注册商标冒充注册商标。《商标注册证》中出现的商品，有些商品名称是大概念性质的商品名称，可容纳该商品中多个品种或类型，比如果汁饮料，可指苹果汁、梨汁、菠萝汁，泛指由水果果汁做成的液体性饮品；比如鞋，可以是皮鞋、布鞋、胶鞋。而有些商品则很具体，比如椰子汁、足球鞋、羽毛球拍等，单指一种商品（商品具体而单一）。

当核定的是单一商品时，同一品牌下的产品延伸会受到限制，其他权益也会受到限制。如："不含酒精的饮料"在《商标注册用商品和服务国际分类》第 32 类，包括水饮料、不含酒精的果汁饮料等。如："小洋人"生产的无酒精饮料、果奶、果茶使用的商标是注册商标，该企业在新生产的矿泉水包装上使用同一商标并标注注册商标标记，属于合法延伸。

注册人自己在所核定商品的同类同组的其他商品上作为注册商标使用，也会构成冒充注册商标行为。所以，申请商标注册选定适用商品的范

围时，尽量使用类别名称，而不要选择单一具体商品的名称。以便于使自己的权利范围相对宽泛。如："不含酒精的饮料"和"不含酒精的果汁饮料"的权利范围差别很大。

三、核查商标使用人的权利状况

标注的使用人与注册人名义是否一致。如果是不一致的，核查是否属于下面几种情况：

（一）**使用许可。**看是否有使用许可合同，合同是否在有效期内。商标使用许可是否报商标局备案。不备案的没有规定罚则。

（二）**商标转让。**执法实践中，发现转让注册商标尚未到商标局办理转让手续的，可以指导督促其办理，不办理的，没有罚则。未到商标局办理转让手续的转让行为，既得不到承认，也不受法律保护。

（三）**企业名称变更。**《商标法》第四十九条规定："商标注册人在使用注册商标的过程中，自行改变注册商标、注册人名义、地址或者其他注册事项的，由地方工商行政管理部门责令限期改正；期满不改正的，由商标局撤销其注册商标。"经查，企业名称变更后未到商标局办理变更手续的，督促其限期办理，期满未改正也未办理变更手续的，可以向商标局提交行政建议书，由商标局撤销其注册商标。

四、核查注册商标的有效期限

《商标法》第四十条规定："注册商标有效期满，需要继续使用的，商标注册人应当在期满前十二个月内按照规定办理续展手续；在此期间未能办理的，可以给予六个月的宽展期。每次续展注册的有效期为十年，自该商标上一届有效期满次日起计算。期满未办理续展手续的，注销其注册商标。"所以，注册商标的有效期为十年，自核准注册之日起计算（以商标注册证的有效期限为准）。未及时续展的，注销其注册商标，不得再使用注册标记。否则，构成冒充注册商标行为。对于在宽展期内已经申请续展的商标，应该视为其有效。

第十章　商标行政指导

第一节　商标行政指导概述

一、商标行政指导的含义

行政指导是行政机关在其职能、职责或管辖事务范围内，为适应复杂多样化的经济和社会管理需要，基于国家的法律精神、原则、规则或政策，适时灵活地采取指导、劝告、建议等非强制性方法，谋求相对人同意或协力，以有效地实现一定行政目的之行为。简言之，行政指导就是行政机关在其职责范围内为实现一定行政目的而采取的符合法律精神、原则、规则或政策的指导、劝告、建议等行为。

二、商标行政指导的特征

1. 行政指导是非权力行政活动，不以国家权力为后盾。

2. 行政指导是一种具体事实行政行为。

3. 行政指导是行政机关单方面的意思表示，属于单方行为。但是，行政指导具体活动的开展有赖于相对人的同意。

4. 行政指导一般适用于有较大幅度弹性的管理领域。

5.行政指导适用法律优先的原则。有法律依据法律，没有法律依据政策。

6.行政指导是一种外部行为。适用的对象一般是管理相对人。

三、商标行政指导的原则

（一）正当性原则

正当性原则是指行政指导行为必须最大限度保障行政相对人对行政指导的可接受性。这种可接受性表现为行政相对人对行政机关作出的行政指导主观上认为如果其接受行政指导，将会产生对其有利的法律结果。从利己这一人性本能出发，行政相对人对于可选择的行政指导，必然会将自己利益在限定的范围内最大化。如果行政相对人认为行政指导对其可能产生不利结果，或者没有什么好处，一般不会接受行政机关作出的行政指导行为。

（二）自愿性原则

自愿性原则是指行政指导行为应为行政相对人认同和自愿接受。因为，行政指导行为不是一种行政主体以行政职权实施的，期以产生法律效果的行政行为，对行政相对人不具有法律上的约束力。行政指导不是行政机关的权力性行为，其没有国家强制力为后盾，行政相对人不愿意接受行政指导行为，行政机关不能借助国家强制力驱使行政相对人违心接受。

（三）必要性原则

必要性原则是指行政主体对采取的行政指导行为，可能会产生好的客观效果的一种主观认识。行政主体行使行政职权的基本目的在于维持一个正常的社会秩序，促进社会的全面进步。如果能通过非行政行为也能达到这一目的，或者可以降低行政成本，行政主体完全可以做出选择，采用非行政行为实现行政目的。因此，在行政指导中确立必要性原则，是基于行政效益理论。在现代社会中，行政管理的资源是有限的，有的甚至是稀缺的。

四、商标行政指导的意义

1. 行政指导可以防止行政机关和相对方之间的法律关系失衡。对行政相对人不正当的行为进行规制，对自然人、法人和其他社会组织之间发生的利害冲突进行调整。

2. 行政指导可以促进社会主义民主的发展。对行政相对方进行辅助、服务、引导。

3. 行政指导可以推动社会主义法制建设。

4. 行政指导可以切合大众心理和社会需求，凸显行政部门的服务职能，符合落实执政为民理念、建设服务型政府的要求。

第二节　商标行政指导的方法和有关制度

一、商标行政指导的方法

（一）说服

说服是行政机关通过陈述情理希望行政相对人接受行政指导的一种方式。说服是以行政机关说理为前提，虽然行政行为也要求行政机关说理，但行政行为总是与强制关联在一起的。由于行政指导没有国家强制力为后盾，因此，要使行政相对人接受行政指导的重要方式之一就是行政机关应当以理服人。

（二）建议

建议是行政机关根据行政管理目的的需要，将自己对实现行政管理目的方法、途径等形成的看法告诉给行政相对人，希望行政相对人在政治、经济和文化活动中响应其建议，从而有助于行政机关达成行政管理的目的。建议一般具有具体的内容，行政相对人接受后具有可操作性。如果行政相对人在接受建议后需要行政机关帮助，行政机关应当给予满足。

（三）协商

协商是行政机关为了取得行政相对人支持其实现某一行政管理目标，而与行政相对人就某一行政管理事项进行商讨，增进互相了解与沟通，谋求与行政相对人达成共识。

（四）奖励

奖励是行政机关通过给予行政相对人一定的物质和精神鼓励，引导行政相对人从事有助于行政机关达成行政管理目标的行为。

（五）帮助

帮助是行政机关通过为行政相对人提供某种便利的条件，引导行政相对人实施符合行政机关达成行政管理目标的活动。在现代社会中，行政机关因其所处的优越地位使其掌握许多政治、经济和文化发展的资讯，而行政相对人因处于行政被管理的地位，具有天然的被动性。如果行政机关在行政相对人从事政治、经济和文化活动时给予必要的帮助，必然可以引导行政相对人的行为朝行政机关确定的管理目标方向发展。

二、商标行政指导有关制度

（一）"四书两账"工作制度

为推进商标品牌战略的深入实施，很多省市推行了"四书两账"商标行政指导制度。

"四书"包括：

1.《商标注册建议书》是工商部门提示企业及时申请商标注册使用的一种文书。各级工商行政管理机关可将《商标注册建议书》摆放在登记注册窗口，或者在经济户口管理、咨询服务等工作中使用，发放给未及时申请商标注册的企业，引导企业申请商标注册。

2.《商标管理提示书》是为了提示企业正确使用、管理和保护注册商标的一种文书。该文书的使用对象为拥有注册商标的企业，提示企业强化商标法律意识，依法保护自身的商标专用权。

3.《商标培育指导书》是为了鼓励、支持、指导企业实施商标品牌战略，培育提高商标知名度的一种文书。该文书的使用对象为拥有注册商标且为相关公众熟知的企业。

4.《商标违法使用告诫书》是工商部门在纠正企业商标违法行为时使用的文书。各级工商行政管理机关在日常检查中，发现企业使用商标过程中存在有轻微违法行为，可以通过行政指导方式予以规范的，应立即发送《商标违法使用告诫书》，及时纠正企业的违法行为。

"两账"包括：

1.《辖区商标注册情况登记台账》是基层工商所（分局）在调查摸底的基础上建立的辖区内已注册、已申请注册和拟申请注册商标情况登记台账。

2.《辖区企业商标联络员登记台账》是基层工商所（分局）建立的辖区企业确定的商标工作联络员的姓名、通信方式等的登记台账。

（二）"一所一标"工作制度

工商所（分局）每年引导、帮助辖区内一个农产品申请注册商标；每年在辖区范围内确定至少一个已注册的农产品商标，扶持其实施商标品牌战略，带动本地区品牌经济发展。

各地针对本地实际，还建立了其他形式多样的商标行政指导工作制度。

第十一章　商标品牌战略

第一节　商标品牌战略概述

一、商标品牌战略的含义

商标品牌战略的实施涉及国家、地方政府和企业三个层面。

对国家而言，商标品牌战略属于经济发展战略范畴，是国家知识产权战略的重要组成部分。主要是通过制定商标发展纲要、完善商标立法和商标管理制度，创造公平竞争的商标发展环境，完善公共服务体系，充分发挥商标在推动经济发展中的核心作用，提升中国经济的国际竞争力。

在地方政府层面，根据国家知识产权战略纲要，制定适合本地情况的商标发展规划及政策措施。主要是通过对市场主体开展行政指导，提供政策性支持，帮助市场主体提高创立、管理、运用、保护商标的水平和能力，全面推动各类市场主体从产品经营上升到品牌经营，提高区域经济在国内外市场的竞争力。实施的主要职能部门是各级市场监督管理部门，但是需要政府的政策支持，财政、商务、农林等部门的协作配合。如：对商标品牌战略实施的扶持政策，对地理标志商标的扶持政策等。商标品牌战略实施工作，政府的重视和支持非常重要。如：地理标志商标的注册和管理，没有专业协会就没有申报主体，而专业协会的成立，有赖于政府的协调，包括协会人员配备问题，如果协会人员配备不力，地理标志商标缺乏管理和运营，就发挥不出带动农民致富的作用。

企业商标品牌战略，是企业将商标工作及商标手段运用于企业的经营活动之中，以带动和影响整个企业的经营活动。是企业经营战略的组成部分，并随企业经营战略的调整而调整。通过商标品牌战略的实施，对内带动技术、管理、文化等各项创新，对外增加产品的品牌附加值，扩大产品的市场占有率。一个企业要想长久发展，做大做强，"为人作嫁"不是长久之计，必须有自己的品牌，没有自己品牌的企业是没有希望的。

所以，商标品牌战略的工作格局是政府主导，企业主体，市场监督管理部门主力，部门协作，社会积极参与。

二、实施商标品牌战略的意义

商标对当今社会的影响极为广泛并且重要。对消费者而言，从出生开始，在生活或者工作中就主动或者被动地面临着各种各样的商标的选择，而这些选择影响着我们的生活品质、身体健康，甚至生命质量；对经营者而言，消费者对商标的选择，决定了经营者的市场占有率，直接影响着经营者的经济效益；对国家而言，商标的影响力，决定了一个国家在国际上的经济实力。因此，商标知识产权对经济发展的影响面最宽，涉及各行各业；关联度最广，商标除了可以自己使用，还可以许可他人使用，可以"公司＋农户＋商标"等，影响发展经济的环节最多；作用最持久，商标无限续展，可以培养百年品牌。所以，实施商标品牌战略极为重要。

（一）商标品牌战略是国家知识产权战略的重要组成部分。通过全面开展品牌经营，全方位推动品牌经济的发展，提高我国经济的国际竞争力。

（二）**实施商标品牌战略是转变经济发展方式的内在需求。**在知识经济、品牌经济成为经济发展主导力量的今天，遵循市场经济规律，在实体资本运营的基础上加强对信用资本的培育和运用，推动广大市场主体从产品经营上升到品牌经营，是深层次推进经济发展方式转变的内在需求。

（三）**实施商标品牌战略是应对国际金融危机的必然选择。**当"中国制造"已经成为世界各地市场上必不可少的商品来源时，品牌价值的提升成为增强国家经济实力的必然选择，国家整体经济的崛起必然要伴随自主品牌的崛起。

三、国家关于商标品牌战略的部署

国家对商标品牌战略十分重视，先后出台了一系列关于实施商标品牌战略的重要文件。

2008 年 6 月 5 日，国务院下发了《国家知识产权战略纲要》（国发〔2008〕18 号）就知识产权战略的指导思想、战略目标、战略重点、专项任务、战略措施作出了规定。其中，第四部分专项任务第（二）项商标中规定：（21）切实保护商标权人和消费者的合法权益。加强执法能力建设，严厉打击假冒等侵权行为，维护公平竞争的市场秩序。（22）支持企业实施商标品牌战略，在经济活动中使用自主商标。引导企业丰富商标内涵，增加商标附加值，提高商标知名度，形成驰名商标。鼓励企业进行国际商标注册，维护商标权益，参与国际竞争。（23）充分发挥商标在农业产业化中的作用。积极推动市场主体注册和使用商标，促进农产品质量提高，保证食品安全，提高农产品附加值，增强市场竞争力。（24）加强商标管理。提高商标审查效率，缩短审查周期，保证审查质量。尊重市场规律，切实解决驰名商标、著名商标、知名商品、名牌产品、优秀品牌的认定等问题。

　　2014 年 5 月，习近平总书记在河南考察时提出"三个转变"的重要指示：推动中国制造向中国创造转变、中国速度向中国质量转变、中国产品向中国品牌转变。党的十八大报告提出：要适应经济全球化新形势，坚持出口和进口并重，强化贸易政策和产业政策协调，形成以技术、品牌、质量服务为核心的出口竞争新优势，促进加工贸易转型升级，发展服务贸易，推动对外贸易平衡发展。《国民经济和社会发展十二五规划纲要》提出：推动自主品牌建设，提升品牌价值和效应，加快发展拥有国际知名品牌和核心竞争力的大型企业……积极发展检验检测、知识产权和科技成果转化等科技支撑服务。培育发展一批高技术服务骨干企业和知名品牌……加快培育以技术、品牌、质量、服务为核心竞争力的新优势。

　　2015 年 5 月 8 日国务院下发了《关于印发〈中国制造 2025〉的通知》（国发〔2015〕28 号），第三部分战略任务和重点中第（四）加强质量品牌建设中指出：推进制造业品牌建设。引导企业制定品牌管理体系，围绕研发创新、生产制造、质量管理和营销服务全过程，提升内在素质，夯实品牌发展基础。扶持一批品牌培育和运营专业服务机构，开展品牌管理咨询、市场推广等服务。健全集体商标、证明商标注册管理制度。打造一批特色鲜明、竞争力强、市场信誉好的产业集群区域品牌。建设品牌文化，引导企业增强以质量和信誉为核心的品牌意识，树立品牌消费理念，提升品牌附加值和软实力。加速我国品牌价值评价国际化进程，充分发挥各类媒体作用，加大中国品牌宣传推广力度，树立中国制造品牌良好形象。

　　2017 年 5 月 2 日，为了扩大自主品牌的知名度和影响力，国务院批复国家发改委《关于设立"中国品牌日"的请示》，同意自 2017 年起，将每年 5 月 10 日设立为"中国品牌日"。

四、商标行政管理部门在商标品牌战略实施中的职能

依据国务院机构改革方案，商标行政管理职能归市场监管局及其知识产权主管部门。根据三定方案和商标法规定，市场监管局及其知识产权主管部门在商标行政管理工作中的职能有两项，一是商标战略实施；二是商标注册和管理。商标行政管理部门在商标战略实施中的工作职能，有以下几个特点：

（一）法定性

加强商标战略实施，一直都是工商行政管理部门的重要职责，国务院机构改革时，这一职能划归国家知识产权局。根据《国家知识产权局职能配置、内设机构和人员编制规定》第三条规定：国家知识产权局的主要职责是："（一）负责拟订和组织实施国家知识产权战略。拟订加强知识产权强国建设的重大方针政策和发展规划。拟订和实施强化知识产权创造、保护和运用的管理政策和制度。"所以，商标行政管理部门实施好商标战略，落实好习近平总书记关于"中国产品向中国品牌转变"的重要讲话精神，责无旁贷。

（二）重要性

商标是重要的知识产权，直接影响经济发展，世界各国都把实施知识产权战略作为促进本土经济复苏的战略选择。

（三）紧迫性

当今是知识经济飞速发展的时代，商标作为知识经济的重要组成部分，跟不上世界知识经济发展的步伐，就会被动挨打。

所以，商标行政管理部门加强商标的管理和研究，大力推动商标品牌战略实施，时不我待。

第二节　企业商标品牌战略

企业商标品牌战略有几个重要方面，是一个相互联系的有机体。主要包括：

一、商标的选择战略

选择好的商标，是企业商标决策的首要一环。商标是商品的脸。选择商标要考虑以下几个方面：

（一）选择商标要考虑在法律上的有效性

选择的商标要能够获准注册，能够受到保护。要具有合法性、显著性、避免权利冲突。选择主商标（公司商标）和选择个别商品商标有所不同。主商标必须选择强商标，个别商品商标允许有一点暗示性，如六个核桃。有些专家认为有点暗示性的商标属于使用商标的一种策略。

（二）要有选择的贸易考虑

选择商标要站在消费者角度，更多地考虑以下因素：

1. **发音的特点**：商标文字的读音应当朗朗上口，悦耳动听。大凡驰名商标都便于消费者呼叫，容易传递信息。读起来绕口发不出音，不能称作好商标。

2. **记忆的特点**：是否便于消费者记忆。商标醒目、突出，有独特之处，给人们直观感觉的印象很深，使人看了听了难以忘怀。

3. **寓意的特点**：商标具有广告信息载体的作用。应该尽量巧妙利用美好的寓意，向消费者传递信息。

4.联想的特点：商标的文字、图形，能使人产生美好的联想。

5.国际化的特点：商标伴随商品走向世界各个角落，要适应各地的消费者。要特别注意不同国家、不同民族的政治、宗教、风俗、习惯、语言等，避开引起不良后果的文字或图形。

（三）要考虑选择的时机

选择商标要有一定的前瞻性和全局性。正常情况下，企业在成立的同时，就应当选择好商标，提前选择、设计、注册好商标。什么时间用，择机而定。

二、商标的运用战略

企业实施多商标策略的"一品多牌"还是单一商标策略的"多品一牌"战略，就是一个企业的产品，是其所有的产品都使用一件商标，还是不同种类的产品使用不同的商标，或是在不同种类的产品上既使用主商标，也使用副商标，或是通过并购商标扩大市场份额，或是通过 OEM 的方式带动企业发展策略。"根据自身条件，做适合自己的事。"在战略家的眼里，先要做对事，然后才是把事情做好。如果事情一开始就是错的，那么不管如何去努力，也无济于事。一个企业，是实施多商标战略还是单一商标战略，是一件关系到是否做对的大事。对于不同的企业而言，应该根据自身的资源优势，去选择适合自己的道路。

（一）单一商标策略

相对于多商标策略而言，是指一个企业所生产的所有产品都使用一件商标的情形。如：佳能实施单一商标策略，其生产的办公设备、个人用品和工业设备三大部分产品，数字多功能复印机、全彩色复印机、打印机、传真机、照相机、双筒望远镜、半导体生产设备等，都使用"佳能"商标。

在世界知名品牌中，香奈儿、耐克、微软、诺基亚、索尼、麦当劳等，也是实施单一商标策略。吉列是实施单一商标策略的杰出代表，无论是手动剃具、电动剃具还是传感剃具，吉列都采取了严整的单一商标策略，甚至连女性刮毛刀也不例外。正是在单一化商标战略的帮助下，吉列达到了在美国市场、欧洲市场、拉美市场占有率分别为 68%、73% 和 91% 的惊人程度。

1. 单一商标策略的好处

（1）所有产品共用一件商标，可以大大节省传播费用，对一件商标的宣传同时可以惠泽所有产品。可以发挥商标名牌的效应，有利于产品向不同市场的扩张。跨国公司在向国外扩张时经常使用这种策略，利用已有的品牌知名度打开市场，节约进入市场的费用和时间。

（2）有利于新产品的推出，如果商标已经具有一定的市场地位，新产品的推出无须过多宣传便会得到消费者的信任。

（3）众多产品一同出现在货架上，可以彰显品牌形象。

2. 单一商标策略的问题

（1）并非所有领域都可以使用单一商标策略。它适用于各产品或业务单元之间能产生协同效应的领域，而不适合于那些毫无关联的领域。如：三菱在汽车上使用"三菱"，在银行服务上也使用"三菱"就不合适。无法共享核心定位和基本品牌识别的产品，也不适合于单一商标策略，如：999 根本无法在药品和啤酒上达成定位和基本识别的一致，所以 999 啤酒必然导致失败。还比如，活力 28，既生产洗衣粉，又生产纯净水，活力 28 纯净水大多数消费者不接受，因为总会感觉有洗衣粉的味道。

（2）采用单一商标策略明显不足之处是，品牌下某一产品出现问题，极有可能产生连锁反应。因此，单一商标覆盖的产品不宜太多，一般以不超过 5 个为宜，这是由品牌的局限性所决定的，为什么可口可乐与百事可乐饮料机都是有 5 个饮料口而不是 10 个？道理就在于此。三鹿奶粉在鲜牛奶、中老年奶粉、婴幼儿配方奶粉、酸奶等系列奶制品上都使用三鹿商标，导致一个产品出了问题，给企业带来毁灭性打击。

（3）单一商标品牌影响力会随着产品线的扩张而衰减。实行这种策略的问题主要在于，人们往往会认为，有强大的品牌作后盾，只要挂上名牌，产品销售不成问题。事实上，名牌的影响力像橡皮筋一样，拉得越长，力量越弱。名牌的影响力会随着运用范围的扩大而下降。

（4）单一商标的纵向延伸有风险。品牌在同一档次产品中的横向延伸一般问题不大，但向不同产品档次的纵向延伸比较有风险，因为纵向延伸意味着品牌要囊括不同质量和水平的产品。如，凯迪拉克（Cadillac）是通用汽车公司的看家品牌，该公司为应对激烈的市场竞争，曾于 20 世纪 80 年代推出了凯迪拉克牌子的经济车 Cadillac Cimarron，结果使人们对凯迪拉克品牌传统的豪华车的象征意义发生动摇，直接影响到其高档车的销售。因为顾客花雪佛兰的价钱就可买到凯迪拉克，说明凯迪拉克不再豪华。

（二）多商标策略

是相对于单一商标策略而言，是指一个企业对所生产的不同产品，分别使用不同商标的情形。如：福特实施多商标策略，其旗下商标曾经有：福特、林肯、水星、阿斯顿、马丁、美洲豹、马自达、沃尔沃、路虎等。宝洁是实施多商标策略的杰出代表，作为一家国际性综合洗涤品生产经营公司，它的经营特点：一是种类多，从香皂、牙膏、漱口水、洗发精、护发素、柔软剂、洗涤剂，到咖啡、橙汁、烘焙油、蛋糕粉、土豆片，到卫生纸、化妆纸、卫生棉、感冒药、胃药，横跨了清洁用品、食品、纸制品、药品等多种行业。二是从生产之初企业就采用多商标策略，比如在我国市场上，香皂用的是舒肤佳，牙膏用的是佳洁士，卫生巾用的是护舒宝，仅洗发精就有"飘柔""潘婷""海飞丝"等品牌。正是这种战略使得宝洁成为如今世界当之无愧的"品牌大户"，并且其独特的品牌经理制被后来者奉为实施"一品多牌"战略的制胜法宝。

1. 采用多商标策略的理论依据

一是绝大部分消费者对特定品牌的忠诚度是有限的，往往不同程度地受到其他品牌的影响；二是新品牌的产生能给制造商内部机构带来刺激和效率，品牌负责部门彼此竞争，以求进步；三是每一品牌定位于不同的利益和需求，有助于最大限度地形成品牌的差异化和个性化，吸引不同的追随者；四是区分同一制造商生产的不同档次、质量或类型的产品，以吸引不同的消费群体，塑造不同的商标形象。

2. 采用多商标策略的好处

有助于企业全面占领一个大市场，扩大市场覆盖面。一个大市场是由许多具有不同期望和需求的消费者群组成的，根据若干消费者群的各自特点相应推出不同品牌的产品，有利于实现总体市场占有率最大化；当某些细分市场产品实质差别不太明显时，赋予不同产品独立品牌有助于形成人为的产品差别。例如：几乎所有洗涤剂的成分都差不多，但各成分比例稍有不同，有的注重去污能力，有的重视保护织物纤维，有的强调适合手洗。在科技日益创新的年代，人们有求新的普遍心理，对"第一"有特别的情感和特殊的记忆，在新细分市场中第一个出现的品牌如果得到消费者的认可，会给企业带来领先者的优势，成为人们选择参照的对象。零售商通常按照品牌安排商品货架，多品牌可以在柜台占有较大空间，增加销售机会。

3.多商标策略的最大缺点

推出一种产品就要创建一个品牌，需要花费巨大的促销费用，只适合于产品市场规模大的情形。据专家研究，西方企业创立一个新品牌平均需花费 5000 万美元。另外，它要求更高的品牌组织与管理能力，多元化品牌对企业的供应链管理、分销管理、推广管理都会产生巨大的压力。

在实施多商标策略时，有一种这样的情况：为对付竞争对手而特意开发一个类似品牌，以起到扰乱对方的作用，而企业并不对这一品牌抱有太多期望。如外地某品牌啤酒一旦进入了由本地企业控制的市场，本地啤酒企业可能就会推出和该品牌口感相似的产品，目的就是利用渠道优势把外地品牌赶出市场，不让它站稳脚跟，哪怕自己以后也放弃该种产品。

（三）主副商标策略

是以一个成功品牌作为主品牌，涵盖企业的系列产品，同时又给不同产品起一个生动活泼、富有魅力的名字作为副品牌，以突出产品的个性形象。如伊利的"伊利—小天使""伊利—苦咖啡"等；联想的"联想—天星""联想—天秤""联想—天禧""联想—天鹭""联想—同禧""联想—逐日""联想—奔月""联想—问天"等。

选择"单一商标"还是"多商标"策略，此时企业手握的都是一把双刃剑，无论选择哪种策略都有利有弊，而引入副商标是摆脱这种两难境地的比较有效的办法。海尔是实施主副商标策略的典范。海尔集团以海尔作为主商标，来涵盖企业所生产制造的系列产品，同时又给不同产品起一个生动活泼、富有魅力的名字作为副商标，以主商标展示系列产品社会影响力，而以副商标凸现各个产品不同个性形象的营销策略，这被越来越多的国际著名企业视为现代经营的妙招。在冰箱上，海尔相继推出了"海尔—小王子""海尔—双王子""海尔—大王子""海尔—帅王子""海尔—

金王子"等；在空调上，海尔先后推出了"海尔—小超人"变频空调、"海尔—小状元"健康空调、"海尔—小英才"窗机等；在洗衣机上，海尔推出了"海尔—神童""海尔—小小神童""海尔—即时洗"等；海尔还推出了"海尔—探路者"彩电、"海尔—小海象"热水器、"海尔—小公主"暖风机、"海尔—孔雀公主"暖被机、"海尔—水晶公主"空气清新机、"海尔—小梦露"美容加湿器等。

（四）非品牌策略

　　每个企业创业起步都很艰难，在产品开发、生产制造、市场开拓上都得投入很大的精力和财力。创品牌同样是一段需要耗费大量人力、物力和财力的奋斗过程。一些企业不顾自身实际，一味争创名牌，结果所谓的品牌如"流星"一般，快速升起又快速陨落。因此，某些创业或成长阶段的中小企业，不妨选择放弃品牌战略，以价格优势或其他核心竞争力构筑自己的市场地位。

　　适合放弃品牌战略的中小型企业主要有以下几种类型：

　　1. 难以形成产品差别，用户对产品的品牌要求并不高的如机械制造、中间部件制造的企业；

　　2. 质量难以统一保证和衡量，或消费者对质量要求不高，无须进行特别市场辨认的企业，如电力、采矿、供水企业等；

　　3. 制造日常生活中经常接触的、不需要特别专业知识的就能够辨别其真假好坏的商品的企业，如低档服装等。

　　我国消费者的主体是广大的工薪阶层和农民，物美价廉的商品则是他们的首要选择。实施放弃品牌战略的企业，大多可以省却不菲的广告费或其他促销成本，以低廉的价格出售产品，往往会赢得消费者的青睐。有资料分析，同样质量的商品，采取放弃品牌战略的企业可降低售价

20%～40%，通过大批量生产，薄利多销，同样也能为企业赢得较好的经济效益。放弃品牌不是主张企业永远抛开品牌，更不是对品牌的否定，而是建议企业先将宏大的品牌梦想暂时放在一边，踏踏实实把自己做大做强，以便积蓄力量实现自己的梦想。企业强大了，本身就是一种品牌。

三、及时申请商标注册

商标选择好以后要及时申请注册。我国是采用注册原则和申请在先原则的国家。企业在开办之初就要及时办理商标注册申请，以取得商标专用权，求得国家法律保护。不要误解自愿注册原则。自愿注册绝不是鼓励使用商标不注册，一般情况下，不注册就不能受到法律保护，甚至可能会丧失取得商标专用权的机会，失掉已经开拓的商品销售市场。等商标使用一段时间有了知名度再去申请注册，在商标抢注风盛行的当下，不但申请被驳回，还有可能该商标已经被他人注册，再使用会构成侵权。所以，要想企业走得好，走得远，必须及时申请商标注册。

申请商标注册要与商标的选择战略结合起来。企业要根据自身状况，决定是采用单一商标战略还是多商标战略。几点建议：一是建议企业将企业字号同时作为商标申请注册，以避免日后他人将自己的字号作为商标申请注册，被搭便车，造成商标权和企业字号权的冲突，造成市场混淆。二是确定注册商标使用商品的范围时，尽量宽泛，在相关领域做延伸注册，以加大保护范围，并为日后企业产品线的拓宽留下余地。如，经常有企业生产白酒，打开市场后又生产啤酒、纯净水等；有企业提供餐饮服务，之后又经营餐具等。三是将相同和近似商标在企业自身将有可能发展的与现有注册商标不属于类似商品或者服务的领域申请注册。一方面可以有效抵御他人的抢注行为，另一方面也为企业将来发展留下商标拓展余地。

四、商标的保护战略

伴随着市场激烈的竞争，商标侵权，不仅会抢占商标权人市场份额，还会损害权利人商品声誉。所以，企业决策者对于商标保护应当处处留心，时时注意，加强保护。企业要通过一切可以利用的手段，了解市场情况，发现侵犯自己的商标专用权行为时，要及时采取措施。警告侵权人，停止侵权行为，请求市场监督管理部门处理或者向人民法院提起诉讼，及时有效制止侵权行为。

五、商标的使用战略

商标信誉、商标价值在使用过程中产生。把商标用在商品上，投入实际的商业活动，商标随着商品到消费者手中，消费者通过消费，产生对商品质量总的评价，逐渐形成对商标的评价，形成商标信誉。商标品牌的形成要有一个过程，在这个过程中，商标要坚持稳定使用。在市场上处处可以看得到，时时可以看得到，给消费者加深印象。商标一旦为消费者认识，切忌变化。本来很熟悉的人，经过整容，面目全非，再见面就不认识了。商标的文字，图形，包括所采用的颜色，如果改变很大，消费者就不敢轻易相信。因此，主商标在选择、设计时，就要精心，定下来以后，坚持不变，时间越久，影响越深，消费者的品牌认知度和忠诚度越强，市场竞争力就越强。

六、商标的宣传战略

企业在实施商标品牌战略中，宣传战略非常重要，酒香不怕巷子深的观念和做法，已经远远不能适应现代市场竞争的需要。因此，企业要想不断加强在市场中的竞争力，就要不断提高企业商标的知名度，给消费者更多更强认牌购物的机会，就要不断加大商标的宣传力度。企业在商标宣传时要注意做好如下几方面工作：

（一）把商标作为企业广告宣传的重点。成功的广告，要围绕企业商标进行宣传，才能效果显著，使企业的形象、产品定位深入人心。不少企业宣传时注重宣传的是企业产品名称，而非商标，宣传投入再多，也是"公益广告"。

（二）广告创意要新颖，独具特色，有美感，这样才能把本企业的广告宣传与其他企业同类产品的广告区别开来，给消费者留下深刻印象。

（三）商标广告宣传要与企业文化及经营理念相结合，让消费者接触广告后能产生有效联想。

（四）广告宣传应针对产品特点和目标群体特点，精准施策，坚持不懈地进行商标宣传。

第三节　商标品牌战略实施中的主要问题及建议

一、企业在商标品牌战略实施中的主要问题

（一）企业品牌意识差，认识不到商标在企业发展中的战略地位，不及时注册商标

1. 商标在国内被抢注的教训。有的自己设计一个商标就开始使用，不到国家商标局办理注册手续，待品牌有知名度再去办手续时才发现商标已被别人注册。

例：西柏坡商标。2005 年，石家庄某个人一次抢注 30 余个"西柏坡"商标，西柏坡旅游公司意识到问题严重，不惜重金，花了十多万元购回了该申请人的"申请在先权"。如果被他人注册成功，付出的代价将远大于这个数字。

2. 商标在国外被抢注的教训。我国一大批优秀的商品进入境外市场，纷纷受制于海外的抢先注册者。要在该国卖货，就得留下买"路"钱。

例："鹦鹉"牌手风琴出口日本时被日方告知：必须缴纳 15% 的商标专项销售费，因为这一商标已被日方企业在当地抢先取得专用权。结果，不愿意花这笔冤枉钱的企业，将"鹦鹉"品牌改为"蜻蜓"出口，驰名商标"鹦鹉"一夜之间变成了无人知晓的"蜻蜓"，没有市场知名度。

我国商标在国外被抢注的情况很普遍，而且大多是知名度高、市场信誉好的牌子。包括日本："同仁堂""天津狗不理"；美国："青岛"牌啤酒；印度尼西亚："凤凰"牌自行车、"蝴蝶"牌缝纫机；韩国："竹叶青"

酒；菲律宾："阿诗玛"、"红塔山"牌香烟；马来西亚："天坛"牌蚊香；泰国："标准"缝纫机；德国："虎牌"万金油等。

（二）与外商合资合作中，品牌经营战略差，自主知识产权意识缺失，商标权流失严重

有一个合资合作的故事说，有一只鸡和一只猪合伙开饭店，双方各占50%的股份。鸡对猪说："我每天下一个蛋用来炒菜，你每天割一块肉用来炒菜。"猪认为合理，表示"同意"。饭店后来开大了，股权最后归谁呢？毫无疑问归鸡，因为猪最后被割没有了，被割死了。我们很多企业在合资合作中就处于猪的位置，失去的是自己的立足之本。

有以下几种情况：

1. 甘愿贴牌加工，为他人作后方加工厂。中国制造的玩具占全球产量的70%，鞋类产品大约占全球产量的50%，彩电占全球产量的45%，空调占全球产量的30%，纺织品服装贸易占全球的24%，等等。在多个行业中，中国都位居全球第一大生产国和第一大出口国。"中国制造"模式的本质：这种具有压倒性优势的"中国制造"，具有一种共性的生产模式：利用自身成本低廉的比较优势，受国际大企业委托进行生产。原材料、能源、劳动力、土地等生产要素价格的大幅上升不断压缩"中国制造"的利润空间，同时，我们还要付出环境污染的代价。

研究表明：产业链利润呈现一个"V"字形，即所谓的"微笑曲线"。一头是研发、设计，另一头是品牌、销售、服务，中间是加工生产。一般而言，两头的产业利润率在20%至25%之间，中间利润只有5%。中国代加工企业在微笑曲线中的位置，就处在利润链的最低端。

例如：美国市场上的芭比娃娃，中国苏州企业贴牌生产。美国市场上的价格是10美元，在中国的离岸价格却只有2美元。其中1美元是管理费和运输费，剩下的 1 美元中，0.65 美元用于支付来料费用，剩下的 0.35 美元，才是中国企业所得。温州生产的打火机，卖到欧洲 2 欧元 1 只。同样的打火机，外国人买回去贴上牌子再拿到欧洲去卖，价格在 20 欧元以上。

2. 合资合作中廉价转让、丧失原有的知名品牌。这类商标交易的共同特点：

一是交易方式大多是"买断"或独占许可；二是买主拿到这些商标后并不积极使用，而是束之高阁，很少宣传、使用，大量使用和花巨资作广告宣传的，仍是合资合作的洋商标。

例："五星"啤酒合资案。"五星"啤酒 1929 年在巴拿马国际博览会上获得过金奖，1956 年被周恩来总理亲自指定为国宴专用啤酒；1979 年被北京市政府授予"著名商标"称号。合资后，外方一下子投入 5.4 亿元，还清了 5 个多亿的巨额债务。"五星"成为合资企业商标，从此，市场上不见了"五星"品牌啤酒。

合资合作中，廉价转让的商标还有孔雀电视机、洁银牙膏、金鸡鞋油、豪门啤酒、太湖啤酒等。彩电行业众多知名品牌消失。"北京牌"：1993年韩国"三星"吞并天津通广——中国第一条彩电生产线上的"北京牌"从此消失。"孔雀"：荷兰"飞利浦"1994 年出价 365 万美元，苏州电视机厂呕心沥血 10 年辛苦养大的"孔雀"，立刻关入"笼"中。1995 年，索尼公司与上海广电、上海真空合资，共同投资 4.1 亿美元成立上海索尼公司。索尼方在合资公司的内销比例和日方技术出让方面做出巨大让步，但绝不松口的就是产品必须挂"SONY"牌子。于是，"金星""飞跃""凯歌"这三个中国品牌在市场上从此销声匿迹。

在合资合作中，有的企业坚持自主品牌，为企业长久发展打下了根基。

（三）认为自己是行业"龙头"企业，产品不愁销，有没有、用不用商标关系不大

市场是动态的，竞争也是动态的，市场那么大，他人在商标品牌的美誉度、信誉度下，会逐渐增加自己的市场份额。在他人强大的品牌优势下，没有品牌企业的竞争力会越来越弱。所以，商场如战场，在品牌竞争中，不进则退。没有强劲的品牌竞争力就会逐步被竞争对手挤压掉。

（四）商标保护意识差

20世纪90年代，河北邢台市巨鹿某饮料集团有限公司利用当地盛产的枸杞，制成"二月花"牌枸杞珍饮料，它保留了枸杞多种营养成分，口味甘甜，色泽鲜红，深受消费者喜爱。该产品的注册商标是"二月花"，商品名称是"枸杞珍"，企业在广告宣传时把商品名称"枸杞珍"也当成了宣传重点，结果广大消费者只知"枸杞珍"而不知"二月花"。受利益驱动，周边50多家小企业、个体户纷纷生产饮料"枸杞珍"，口感极差。当时公司不注意对商标、特有名称进行有效保护，无序竞争扰乱了市场秩序，损害了商品声誉，失去了消费者的喜爱，导致该企业很快停产。如果当年企业突出宣传的是商标"二月花"而非商品名称"枸杞珍"，并且注意进行保护，或许"二月花"会成为与"露露"齐名的品牌。

（五）商标设计不当

1. 有的企业名称、产品名称和商标名称差异很大，没有任何关联。

2. 有的商标设计缺乏文化内涵和艺术性，影响了打造和扩张商标的知名度。商标是标，商品是本，商标设计要能够体现这个本，使二者协调，相互呼应。很多成功的设计方案，如："津津"食品，意味着食品吃起来津津有味；"农夫山泉"矿泉水，给人天然、绿色、环保的感受；"一洗黑"染发香波，暗示了商品的效能特征。

（六）商标使用不当

1. 不严格按照商标注册证使用。或者变形使用注册商标，如注册商标是简体文字，使用时变为繁体文字；或者超出核准的商品范围使用注册商标。如核准的是 33 类，使用范围为白酒类，却擅自使用在 32 类啤酒商品上。

2. 商标在包装装潢上的位置不显著、不突出。商标放在包装上很不显眼的位置，就像衣服上的一个小纽扣，起不到"抢眼"的作用，最醒目的往往是商品名称和装潢，突出宣传的是公共资源，不是企业自己的知识产权，不注重利用一切机会对商标进行宣传。

二、实施商标品牌战略的建议

（一）政府

加强商标品牌战略实施的顶层设计，将商标品牌战略纳入国家经济和社会发展规划，将商标品牌战略纳入经济发展战略的重要内容。各级政府层层制订落实方案，使得商标品牌战略有目标、有措施、有考核、有落实。世界主要国家都有完整的品牌战略思路和政策支持体系。美国政府的主要做法是通过财税金融支持，鼓励企业开展科研创新，以技术进步带动品牌发展。日本 2003 年出台了"日本品牌"战略，提出通过知识创新、发展先进制造业等手段，将日本塑造成高品质、高美誉度的国家品牌。韩国采取分类指导方式，积极鼓励民族品牌发展。

（二）市场监管局及其知识产权主管部门

要协调农业、商务、信息产业、科技等相关部门，进一步加大商标培育、扶持、指导和宣传力度，提升企业实施商标品牌战略的认识和积极性，提升消费者的品牌消费意识。

（三）企业

更加注重注册、使用、宣传、保护注册商标，扩大品牌影响力，提升品牌市场竞争力，打造"中国品牌"形象。

首先，商标品牌战略的起点是设计一个好的商标。最根本的标准是具有强显著性，即明显的与他人已有的商标不同，远离他人已经出名的、具有一定影响力的商标。

其次，商标品牌战略的基础是商标注册。商标只有注册才会受到法律的有力保护。

最后，品牌战略的模式是品牌扩张，包括品牌自我扩张，如海尔（Haier）、SONY、西门子、松下、LG；收购、并购其他品牌，如：TCL、中国乐华、德国施耐德（Schneider）、美国 Govedio、汤姆逊等；给国际知名品牌作贴牌生产 OEM（Original Equipment Manufacturer），设计代工 ODM（Original Design Manufacturer），如格兰仕（GALANZ）；多品牌扩张，如，联合利华有 2000 多个品牌；品牌创新。在保证产品质量基础上，通过技术创新带动品牌创新，是品牌扩张的长远保证。20 世纪 90 年代初，上海海立集团与日本日立公司合资成立上海日立电器有限公司，由于中方处于控股地位（持有 75% 的股份），在自主创新上掌握了主动权。上海日立从最初完全靠引进技术，到参与外方研发及至自主研发，完成了从承接技术到超越品牌的嬗变。自主开发的新品已取得核心技术专利 69 项，其独立研发的新 1.5 匹 SL 系列高效节能空调压缩机性能还超越了外方的产品，成为市场主导产品。2004 年，合资使用"日立"商标的合同到期，日方有意将商标赠予合资公司永久性免费使用，条件是中方不再使用"海立"品牌。海立集团坚决予以拒绝。目前，上海日立不仅成为国内空调压缩机品牌规格最全的供应商，而且开始用自主技术、自有品牌到海外投资办厂。

　　世界经济发展到现在，没有自主品牌，永远都是为他人作嫁衣；没有核心竞争技术，没有创新，自主品牌也走不了太远。所以，既要有自主品牌，又要不断有技术创新，才能既做大又做强，实现长久发展。

第三部分 ◁◁ 商标侵权行为

第十二章 商标侵权行为

第一节 侵犯他人注册商标专用权行为概述

一、商标专用权

商标权主要包括独占使用权和禁止权（排他权）。

独占使用权是在核定的商品上使用注册商标的权利，未经许可，他人不得使用。禁止权比其独占使用权的外延要广泛。因为禁止的范围扩展到了相同商品上的近似商标以及类似商品上的相同、近似商标，这就是商标权的排斥范围。《商标法实施条例》第九十五条规定了商标权的权利依据："《商标注册证》及相关证明是权利人享有注册商标专用权的凭证。《商标注册证》记载的注册事项，应当与《商标注册簿》一致；记载不一致的，除有证据证明《商标注册簿》确有错误外，以《商标注册簿》为准。"

二、侵犯他人注册商标专用权行为

是指未经商标注册人许可，擅自在相同商品上使用与其注册商标相同的商标，或者在相同商品上使用与其注册商标相近似的商标、在类似商品上使用与其注册商标相同或者近似的商标，容易造成市场混淆，以及对他人注册商标权造成其他损害的行为。

关于未经商标注册人许可的情形：2020 年 6 月 17 日，国家知识产权局印发的《商标侵权判断标准》（国知发保字〔2020〕23 号）第八条规定："未经商标注册人许可的情形包括未获得许可或者超出许可的商品或者服务的类别、期限、数量等。"

三、商标专用权终止问题

（一）商标权终止的原因

1. 被注销。注册商标十年期满，因未在规定期限内办理续展手续，会被注销。

2. 被撤销。注册商标因自行改变注册事项，连续三年未使用，或者因成为通用名称等原因会被撤销。

3. 被宣告无效。《商标法》第四十四条规定："已经注册的商标，违反本法第十条、第十一条、第十二条规定的，或者是以欺骗手段或者其他不正当手段取得注册的，由商标局宣告该注册商标无效；其他单位或者个人可以请求商标评审委员会宣告该注册商标无效。"第四十五条规定："已经注册的商标，违反本法第十三条第二款和第三款、第十五条、第十六条第一款、第三十条、第三十一条、第三十二条规定的，自商标注册之日起五年内，在先权利人或者利害关系人可以请求商标评审委员会宣告该注册商标无效。"

（二）商标权终止后他人申请相同、近似商标的时间限制及使用是否构成侵权问题

1. 时间限制为一年。《商标法》第五十条规定："注册商标被撤销、被宣告无效或者期满不再续展的，自撤销、宣告无效或者注销之日起一年内，

商标局对与该商标相同或者近似的商标注册申请，不予核准。"

2. 在商标被撤销、被宣告无效或者注销后他人再使用的，不构成商标侵权。

3. 超过十年有效期限但还在续展期限内的商标，他人擅自使用的，一旦该商标得以续展，就会构成侵权，不再续展的，则不会构成侵权。所以，在他人注册商标续展期内，擅自使用该商标的行为，是否构成侵权，取决于该商标是否续展。这种情况下，可以中止案件的查处，待宽展期过后，视权利人的申请续展情况，再决定继续查处还是结案。权利人申请了商标续展的，案件继续查处；未申请续展的，不构成商标侵权，依法定程序结案。

第二节　商标侵权行为的类型及执法判定中应该注意的问题

一、未经商标注册人的许可，在同一种商品上使用与其注册商标相同的商标

在同一种商品上使用与其注册商标相同的商标，除构成正当合理使用的情形外，认定侵权行为时不需要考虑混淆因素，认定自然构成混淆。在核定商品或者服务上使用与注册商标相同的商标，侵犯的是商标权利人的绝对权利。

（一）同一种商品

1. 概念

根据《商标侵权判定标准》规定：同一种商品是指涉嫌侵权人实际生产销售的商品名称与他人注册商标核定使用的商品名称相同的商品，或者二者商品名称不同但在功能、用途、主要原料、生产部门、消费对象、销售渠道等方面相同或者基本相同，相关公众一般认为是同种商品。

核定使用的商品或者服务名称是指国家知识产权局在商标注册工作中对商品或者服务使用的名称，包括《类似商品和服务区分表》（以下简称区分表）中列出的商品或者服务名称和未在区分表中列出但在商标注册中接受的商品或者服务名称。

2. 比对标准

一是参照现行区分表进行认定。判断涉嫌侵权的商品或者服务与他人

注册商标核定使用的商品或者服务是否构成同一种商品或者同一种服务，参照现行区分表进行认定。

二是采用"常识标准"：对于区分表未涵盖的商品，应当基于相关公众的一般认识，综合考虑商品的功能、用途、主要原料、生产部门、消费对象、销售渠道等因素认定是否构成同一种或者类似商品；对于区分表未涵盖的服务，应当基于相关公众的一般认识，综合考虑服务的目的、内容、方式、提供者、对象、场所等因素认定是否构成同一种或者类似服务。

3. 比对对象

判断是否属于同一种商品或者同一种服务，应当在权利人注册商标核定使用的商品或者服务与涉嫌侵权的商品或者服务之间进行比对。

（二）相同商标

1. 概念

与注册商标相同的商标是指涉嫌侵权的商标与他人注册商标完全相同，以及虽有不同但视觉效果或者声音商标的听觉感知基本无差别、相关公众难以分辨的商标。

2. 相同情形

《商标侵权判定标准》第十四条规定："侵权的商标与他人注册商标相比较，可以认定与注册商标相同的情形包括：

（一）文字商标有下列情形之一的：

1. 文字构成、排列顺序均相同的；

2. 改变注册商标的字体、字母大小写、文字横竖排列，与注册商标之间基本无差别的；

3. 改变注册商标的文字、字母、数字等之间的间距，与注册商标之间基本无差别的；

4. 改变注册商标颜色，不影响体现注册商标显著特征的；

5. 在注册商标上仅增加商品通用名称、图形、型号等缺乏显著特征内容，不影响体现注册商标显著特征的；

（二）图形商标在构图要素、表现形式等视觉上基本无差别的；

（三）文字图形组合商标的文字构成、图形外观及其排列组合方式相同，商标在整体视觉上基本无差别的；

（四）立体商标中的显著三维标志和显著平面要素相同，或者基本无差别的；

（五）颜色组合商标中组合的颜色和排列的方式相同，或者基本无差别的；

（六）声音商标的听觉感知和整体音乐形象相同，或者基本无差别的；

（七）其他与注册商标在视觉效果或者听觉感知上基本无差别的。"

（三）比对对象、标准及比对方法

判断商标是否相同，应当在权利人的注册商标与涉嫌侵权商标之间进行比对。以相关公众的一般注意力和认知力为标准，采用隔离比对、整体比对和主要部分比对的方法进行认定。

1. 隔离比对。 是因为消费者通过商标选择商品，主要是受经验或广告影响，消费者对商品商标的评价是通过印象中的商标与具体商品上的商标相比对来进行的，这就是隔离比对。隔离比对的含义在于商标比对的方式应当符合消费者接触商标的一般方式。这决定着执法人员在比对商标时不能将两商标放置在一起比对，而只能在隔离的状态下进行。

2. 整体比对。 是指两商标是否近似，应当将两商标进行整体的比对，不能将商标分割成几个不同的部分，就相应的部分进行比对。因为从相关公众认牌购物的情况看，其对商标的认知是整体的，而非局部的。在选择商品时，不会"专业"地分辨商标的各个部分。因此，商标不会作为零散的部分存在于人的认知之中，也就是说相关公众对商标的总体印象一般具有决定意义，故商标不应该分成各个部分进行单独比较。

3. 要部比对。是指人们对商标的记忆往往是其最显著部分，因此，人们会忽略近似商标设计上存在的细微差别，这种商标中最显著部分被称为要部。要部的确定与吸引一般消费者的因素密切相关。如："米老鼠"造型的要部是圆圆的鼻子和眼睛，大大的耳朵，开心的嘴巴。

（四）"使用"的判断

1. 涉嫌侵权行为要求构成《商标法》意义上的商标的使用。《商标侵权判定标准》第三条规定：判断是否构成商标侵权，一般需要判断涉嫌侵权行为是否构成《商标法》意义上的商标的使用。

商标的使用，是指将商标用于商品、商品包装、容器、服务场所以及交易文书上，或者将商标用于广告宣传、展览以及其他商业活动中，用以识别商品或者服务来源的行为。

2. 使用的具体表现形式。关于商标使用的具体表现形式，《商标侵权判定标准》第四条、第五条、第六条做出了明确规定。

3. 综合判定。《商标侵权判定标准》第七条规定：判断是否为商标的使用应当综合考虑使用人的主观意图、使用方式、宣传方式、行业惯例、消费者认知等因素。

4. 不属于侵权的使用情形。涉及商标侵权的使用应当仅仅限于商业性使用，当事人在教育、科研等公益活动中对商标的使用行为以及其他非商业性的使用行为并不包括在内。如，消费者在自己使用的汽车上加贴本车牌子以外的其他品牌标志不构成侵权。

（五）其他属于在相同商品或者服务上使用相同商标的侵权情形

1. 自行改变注册商标或者将多件注册商标组合使用。《商标侵权判定标准》第二十二条规定：自行改变注册商标或者将多件注册商标组合使用，与他人在同一种商品或者服务上的注册商标相同的，属于《商标法》第五十七条第一项规定的商标侵权行为。

2. 将企业名称中的字号突出使用。《商标侵权判定标准》第二十三条规定：在同一种商品或者服务上，将企业名称中的字号突出使用，与他人注册商标相同的，属于《商标法》第五十七条第一项规定的商标侵权行为。

（六）执法实践中在假冒注册商标违法行为判定中存在的误区

1. 商标必须完全一样才是相同。认为假冒的商标与被侵权的注册商标完全一样，大小、字体、排列组合、颜色等都相同才属于相同商标，才构成假冒注册商标。根据《商标侵权判定标准》规定，改变注册商标的字体、字母大小写、文字横竖排列，与注册商标之间基本无差别的；或者改变注册商标的文字、字母、数字等之间的间距，与注册商标之间基本无差别的；改变注册商标颜色，不影响体现注册商标显著特征的等，均可以认定与注册商标相同。

2. 商品必须完全一样才是相同。认为使用假冒注册商标的商品与注册商标核定使用的商品必须完全一样才是相同，如该核定使用的商品为洗衣粉，他人在洗衣液上使用，就认为二者不是相同商品。商品名称不同但在功能、用途、主要原料、生产部门、消费对象、销售渠道等方面相同或者基本相同，相关公众一般认为是同种商品的，就应该认定为是同一种商品。

3. 假冒注册商标的商品质量劣次，就与被假冒注册商标的商品不相同。假冒注册商标的商品质量好坏，不影响是否为相同商品的认定。

4. 将通常意义所称的"假冒伪劣"中的"假冒"与《商标法》中的假冒注册商标行为混同。通常意义所称的"假冒伪劣"中"假冒"的含义

比较广泛，除了包括假冒他人注册商标的行为，还包括产品质量法中的
"假"，即行为人在产品的生产、销售过程中掺杂掺假，以假充真的行为，
其产品并非标称的物品，如在制作药品过程中掺入面粉等；"冒"指冒用他
人厂名厂址、质量标志、认证标志、名优标志等。

二、未经商标注册人的许可，在同一种商品上使用与其注册商标近似的商标，或者在类似商品上使用与其注册商标相同或者近似的商标，容易导致混淆的

其他属于此类侵权行为的情形：在同一种商品或者类似商品上将与他
人注册商标相同或者近似的标志作为商品名称或者商品装潢使用，误导公
众的。《商标法实施条例》第七十六条规定："在同一种商品或者类似商品
上将与他人注册商标相同或者近似的标志作为商品名称或者商品装潢使用，
误导公众的，属于《商标法》第五十七条第二项规定的侵犯注册商标专用
权的行为。"

（一）此类侵权行为包含以下四种侵权行为：

1. 在同一种商品上使用近似商标；

2. 在类似商品上使用相同商标；

3. 在类似商品上使用近似商标；

4. 在同一种商品或者类似商品上将与他人注册商标相同或者近似的标
志作为商品名称或者商品装潢使用。其又包括四种具体情形：

（1）在同一种商品上将与他人注册商标相同的标志作为商品名称或者
商品装潢使用；

（2）在同一种商品上将与他人注册商标近似的标志作为商品名称或者
商品装潢使用；

　　（3）在类似商品上将与他人注册商标相同的标志作为商品名称或者商品装潢使用；

　　（4）在类似商品上将与他人注册商标近似的标志作为商品名称或者商品装潢使用。

（二）近似商标的概念及近似的判定

1. 概念

　　与注册商标近似的商标是指涉嫌侵权的商标与他人注册商标相比较，文字商标的字形、读音、含义近似，或者图形商标的构图、着色、外形近似，或者文字图形组合商标的整体排列组合方式和外形近似，或者立体商标的三维标志的形状和外形近似，或者颜色组合商标的颜色或者组合近似，或者声音商标的听觉感知或者整体音乐形象近似等。

2. 商标近似的判断标准

　　一是参照现行《商标审查及审理标准》关于商标近似的规定进行判断。二是应当以相关公众的一般注意力和认知力为标准。

3. 比对对象及比对方法

　　判断商标是否近似，应当在权利人的注册商标与涉嫌侵权商标之间进行比对。判断商标是否近似，是以权利人的注册商标为准，而不是以商标权利人实际使用的商标为准。同样，要采用隔离比对、整体比对和主要部分比对的方法进行认定。

4. 执法中判定商标是否近似应该注意的问题

　　一是近似判定需要审慎。实践中大量案件的商标近似判定由具体办案人员完成，判定的结果受每个人的认知水平等因素影响比较大。特别是一些没有投诉人申诉举报，只是依自身职权查处的案件，更需要审慎，避免引起行政诉讼不利后果。

　　二是遇到疑难案件，以市场监管总局国家知识产权局名义做出的近似认定更有权威。所以，存有争议或者难以判断是否近似的案件，可以逐级向国家知识产权局请示，征询国家知识产权局的认定意见。

（三）类似商品和类似服务的概念及判定

1. 概念

　　（1）类似商品：是指在功能、用途、主要原料、生产部门、消费对象、销售渠道等方面具有一定共同性的商品。

　　（2）类似服务：是指在服务的目的、内容、方式、提供者、对象、场所等方面具有一定共同性的服务。

2. 类似商品或者服务的判定标准

　　（1）参照《类似商品和服务区分表》中的商品类似群进行认定。该表的商品类似划分的原则是：以商品的功能和用途为主要依据，兼顾商品的生产部门、销售渠道和消费习惯。该表的服务类似划分的原则是：以提供该服务项目的目的、方式和对象为主要依据。根据这样的原则，国际分类表中的每一类商品和服务都被划分成了几个、十几个甚至几十个类似群组，每个类似群组内的商品或服务就构成了类似商品或服务。同一个类的不同的商品或者服务类似群组之间大多不相类似。同一个类别或者不同类别商品或者服务如果存在类似关系，会分别在本类备注中标注。商品或者服务类似关系会随着社会的发展发生变化，因此《类似商品和服务区分表》是判断商品或服务是否类似的参照，但不是唯一的依据。更要以相关公众的一般认识作为判定标准。

　　如：有的商品或服务在商品分类表里属于同一类，但相关公众习惯上不认为类似，如咖啡和酱油（均属于30类）。有的商品或服务在商品分类表里不属于同一类，但相关公众习惯上认为类似，如啤酒（32类）和白酒等（33类）含酒精的饮料（啤酒除外），白酒、红酒、黄酒等；药品（5类）和医药咨询服务（44类）。

考虑商品服务的类似群划分与经济发展实际情况相比存在一定的滞后性，以及现实中存在利用商品类别划分进行不正当竞争的注册行为，在以商品、服务的客观属性为基础的前提下，个案中可以对《类似商品和服务区分表》进行突破，突破遵循维护公平竞争秩序的原则，并有具体适用条件。对一些关联性较强，即使不存在恶意，相同近似商标注册也可能导致混淆的商品、服务，也可以进行适当突破，例如：对第25类服装商品，一般进行全类保护。所以，判断商品是否类似应根据商品或服务的功能、用途和使用对象等进行综合判断，有些商品或服务虽然不在一个群组甚至一个类别，但由于其功能、用途和消费对象等基本相同，因此也判为类似商品或服务，如第5类医用营养饮料等商品与第30类非医用营养品等判为类似。

案例：北京康恩遗传资源公司诉北京市海淀区宏都商贸公司商标侵权纠纷案

（类似商品的判定，第31类的玉米和30类的干鲜类别上的小枣构成近似）

案情：1996年北京康恩遗传资源公司诉北京市海淀区宏都商贸公司商标侵权纠纷案。该案中，原告认为被告使用于"山东乐陵金丝小枣"（商品分类为第30类的干鲜）上的"山海发"商标侵犯了原告核定在第31类的玉米上的商标专用权。该案被告提出了与本案二审判决完全相同的理由，即依据《商标注册用商品和服务分类表》涉案商品属于不同的商品类别，因此不属于类似商品，进而不构成侵权。该案审理期间商标法解释尚未颁布，但法院同样没有将《商标注册用商品和服务分类表》作为判断类似商品的依据，而是从一般消费者的认识出发，认为玉米与小枣在消费者看来都属于农副产品类，不是宜于区分的不同类商品，进而判定被告构成商标侵权。

评析： 该案审理法院在类似商品的判断上，准确把握和运用了"禁止混淆"这一保护商标权的核心，因为将类似商品作为侵权的要件就是为了避免混淆，这也是商标权在"禁"与"行"方面不一致的原因所在。

（2）区分表未涵盖商品和服务类似的判定。对于区分表未涵盖的商品，应当基于相关公众的一般认识，综合考虑商品的功能、用途、主要原料、生产部门、消费对象、销售渠道等因素认定是否构成类似商品。

对于区分表未涵盖的服务，应当基于相关公众的一般认识，综合考虑服务的目的、内容、方式、提供者、对象、场所等因素认定是否构成类似服务。

"相关公众的一般认识"包含三层含义：首先，判断的基础是在相关领域内；其次，判断的视角是一般公众，不是领域内的专家学者；最后，判断的水平是一般性认识，也就是应坚持"对商品或者服务的客观认识"这一标准。

社会是不断发展变化的，商品服务也不是静止不变的，科技的进步，常会使某些产品功能越来越完善、用途越来越广泛，因此，需要具体判定。

3. 类似商品或者服务判定的重要性

（1）关系到商标权的取得。《商标法》第三十一条：……在同一种商品或者类似商品上，以相同或者近似的商标申请注册的，初步审定并公告使用在先的商标，驳回其他人的申请，不予公告。

（2）**关系侵权是否成立的认定。**类似商品或者服务判定的妥当与否，直接关系到当事人商标专用权的保护范围，以及公平竞争市场经济秩序的维系。

（3）**需要具体判定**。由于商品和服务项目在不断更新、发展，市场交易的状况也不断变化，类似商品或者服务的判定也会有所变化，具有个案特殊性，所以在查办案件过程中会涉及对类似商品或者服务的具体判断问题。

4. 审判实践中"关联商品"概念的引入

关联商品往往是针对那些《类似商品和服务区分表》中被划定为非类似，但实际上仍具有较强的关联性，且相关商标共存容易导致混淆误认的商品而言的。对于这些商品，仍需置于类似商品框架下进行审查判断，只要容易使相关公众认为商品或者服务是同一主体提供的，或者其提供者之间存在特定联系，在法律上即构成类似商品。

类似商品的界定直接涉及商标权的保护范围，对于保护一些具有一定知名度而又达不到驰名商标程度的注册商标，将关联商品纳入类似商品的范围，尤其具有现实意义。如：〔2011〕知行字第 37 号：将第 25 类的服装和鞋、靴，列为关联商品，给予类似保护。

杭州啄木鸟公司与商标评审委员会商标行政纠纷案（2010 年度报告）中，最高人民法院认为：

《类似商品和服务区分表》是我国商标主管机关以世界知识产权组织提供的《商标注册用商品和服务国际分类》为基础，总结我国长期的商标审查实践并结合我国国情而形成的判断商品和服务类似与否的规范性文件。《区分表》可以作为判断类似商品或者服务的参考。但是，商品和服务的项目更新和市场交易情况不断变化，类似商品和服务的类似关系不是一成不变。因此在商标异议、争议和后续诉讼以及侵权诉讼中进行商品类似关系判断时，不能机械、简单地以《类似商品和服务区分表》为依据或标准，而应当考虑更多实际要素，结合个案的情况进行认定。

类似商品判断中考虑商品的用途时，应以其主要用途为主，如果产品的不同用途面对的是不同的消费对象，一般情况下应该以注意程度较低的消费者为准。

执法实践中，应充分考虑商标所使用商品的关联性，准确把握商品类似的认定标准：认定商品类似可以参考类似商品区分表，但更应当尊重市场实际。要以相关公众的一般认识为标准，结合商品的功能、用途、生产部门、销售渠道、消费对象等因素，正确认定《商标法》意义上的商品类似。主张权利的商标已实际使用并具有一定知名度的，认定商品类似要充分考虑商品之间的关联性。相关公众基于对商品的通常认知和一般交易观念认为存在特定关联性的商品，可视情况纳入类似商品范围。

5. 判定商品或者服务类似必须具备的要件

（1）引证商标具有较强的显著特征；

（2）系争商标所使用的商品、服务与引证商标核定使用的商品、服务具有较强关联性；

（3）引证商标具有一定的知名度；

（4）系争商标所有人主观恶意明显；

（5）系争商标与引证商标具有较高的近似度；

（6）系争商标的注册或者使用，容易导致相关公众的混淆和误认。

（四）服务商标的侵权认定

服务商标侵权认定过程中，应当考虑以下因素：

1. 在相同服务项目上或与该服务项目相关联的商品上使用他人已注册的服务商标的，构成商标侵权。但是，若在服务所涉及的商品上使用他人服务商标，或通过带有该服务商标的商品提供服务，消费者可以通过具体服务方式区别服务来源，不会导致服务来源误认的，不构成服务商标侵权。

2.由于服务行为一般是通过辅助性商品来实现的，所以，商品商标的不当使用有可能对服务来源产生混淆误认，从而构成服务商标侵权或者商品商标侵权。因此，服务商标的注册人可以在与提供服务相关联的商品上另外注册与服务商标相同的商品商标，以求获得更全面的保护。

3.涉及服务商标的商标侵权、假冒行为，给商标注册人带来的主要是信誉损失、精神损害，一般情况下，侵权行为的经营额难以计算。所以，行政执法部门在处理此类案件时，应以制止商标侵权为主，对于有确凿证据证明其违法经营数额的，可以按照法律有关规定进行处罚。

（五）容易导致混淆的判定及容易导致混淆的情形

在商标侵权判断中，在同一种商品或者同一种服务上使用近似商标，或者在类似商品或者类似服务上使用相同、近似商标的情形下，还应当对是否容易导致混淆进行判断。容易导致混淆的，构成侵权，否则，不构成侵权。

《商标侵权判定标准》第二十条规定：商标法规定的容易导致混淆包括以下情形：

1.足以使相关公众认为涉案商品或者服务是由注册商标权利人生产或者提供；

2.足以使相关公众认为涉案商品或者服务的提供者与注册商标权利人存在投资、许可、加盟或者合作等关系。

（六）其他几种属于《商标法》第五十七条第二项规定的商标侵权行为

1.自行改变注册商标或者将多件注册商标组合使用。《商标侵权判定标准》第二十二条规定：自行改变注册商标或者将多件注册商标组合使用，与他人在同一种或者类似商品或者服务上的注册商标近似、容易导致混淆的，属于商标法第五十七条第二项规定的商标侵权行为。

2. 将企业名称中的字号突出使用。《商标侵权判定标准》第二十三条规定：在同一种或者类似商品或者服务上，将企业名称中的字号突出使用，与他人注册商标近似、容易导致混淆的，属于商标法第五十七条第二项规定的商标侵权行为。

3. 以攀附为目的附着颜色。《商标侵权判定标准》第二十四条规定：不指定颜色的注册商标，可以自由附着颜色，但以攀附为目的附着颜色，与他人在同一种或者类似商品或者服务上的注册商标近似、容易导致混淆的，属于商标法第五十七条第二项规定的商标侵权行为。

注册商标知名度较高，涉嫌侵权人与注册商标权利人处于同一行业或者具有较大关联性的行业，且无正当理由使用与注册商标相同或者近似标志的，应当认定涉嫌侵权人具有攀附意图。

（七）执法部门判断是否容易导致混淆时应当考量的因素

《商标侵权判定标准》第二十一条规定：商标执法相关部门判断是否容易导致混淆，应当综合考量以下因素以及各因素之间的相互影响：

1. 商标的近似情况；

2. 商品或者服务的类似情况；

3. 注册商标的显著性和知名度；

4. 商品或者服务的特点及商标使用的方式；

5. 相关公众的注意和认知程度；

6. 其他相关因素。

三、销售侵犯注册商标专用权商品的行为

销售侵犯注册商标专用权商品的行为是最易被发现，也是最常见的商标侵权行为。侵权人必须要通过销售环节才能实现非法利润，所以，查处

销售环节的商标侵权商品是制止商标侵权行为的重要环节。《商标法》规定，销售明知或者应知是侵犯他人注册商标的商品，才承担相应法律责任。否则，只承担停止销售的责任。

（一）无主观过错不受惩罚及其认定条件

当事人销售不知道是侵犯注册商标专用权的商品，能证明该商品是自己合法取得并说明提供者的，由市场监督管理部门责令停止销售。既不承担民事赔偿责任，也不受其他行政处罚。

认定当事人无主观过错的条件有两个：一是销售的是不知道是侵犯注册商标专用权的商品；二是能证明该商品是自己合法取得并说明提供者。

1. 不属于"销售不知道是侵犯注册商标专用权的商品"的情形

《商标侵权判定标准》第二十七条规定：有下列情形之一的，不属于商标法第六十条第二款规定的"销售不知道是侵犯注册商标专用权的商品"情形：

（1）进货渠道不符合商业惯例，且价格明显低于市场价格的；

（2）拒不提供账目、销售记录等会计凭证，或者会计凭证弄虚作假的；

（3）案发后转移、销毁物证，或者提供虚假证明、虚假情况的；

（4）类似违法情形受到处理后再犯的；

（5）其他可以认定当事人明知或者应知的。

2. 关于销售商"合法取得"的认定

关于"合法取得"的理解。一是"合法取得"指渠道合法，不代表源头合法、生产合法；如：产品本身就是侵权商品，但是销售商不知情，从渠道内进货，是上游供货商提供的货物出了问题。二是渠道合法是免除侵权责任的必要条件，不是充分条件。要免责，还必须具备"销售不知道是侵犯注册商标专用权的商品"这个前提条件。如果明知是侵权商品，渠道再合法，也构成侵权。

关于合法取得情形：《商标法实施条例》第七十九条规定："下列情形属于商标法第六十条规定的能证明该商品是自己合法取得的情形：

（1）有供货单位合法签章的供货清单和货款收据且经查证属实或者供货单位认可的；

（2）有供销双方签订的进货合同且经查证已真实履行的；

（3）有合法进货发票且发票记载事项与涉案商品对应的；

（4）其他能够证明合法取得涉案商品的情形。"

3."说明提供者"的法律含义

根据《商标侵权判定标准》规定，"说明提供者"是指涉嫌侵权人主动提供供货商的名称、经营地址、联系方式等准确信息或者线索。对于因涉嫌侵权人提供虚假或者无法核实的信息导致不能找到提供者的，不视为"说明提供者"。

（二）关于"明知"的认定

《最高人民法院、最高人民检察院关于办理侵犯知识产权刑事案件具体应用法律若干问题的解释》第九条规定："有下列情形之一的，应当认定为属于刑法第二百一十四条规定的'明知'：

1.知道自己销售的商品上的注册商标被涂改、调换或者覆盖的；

2.因销售假冒注册商标的商品受到过行政处罚或者承担过民事责任，又销售同一种假冒注册商标的商品的；

3.伪造、涂改商标注册人授权文件或者知道该文件被伪造、涂改的；

4.其他知道或者应当知道是假冒注册商标的商品的情形。"

如：从进货渠道和价格上可以判断所进货物的真假。其中，销售明知是假冒他人注册商标的商品，有可能构成犯罪。

（三）违法行为的处理方式

1. 对侵权商品责令停止销售。

2. 对供货商立案查处或者将案件线索移送具有管辖权的商标执法相关部门查处。

3. 对责令停止销售的侵权商品，侵权人再次销售的，应当依法查处。因为这种情况下已经明知是侵权商品。

（四）其他属于销售侵犯注册商标专用权的商品的行为

1. 包工包料加工承揽经营活动中的侵权行为。《商标侵权判定标准》第二十五条规定，在包工包料的加工承揽经营活动中，承揽人使用侵犯注册商标专用权商品的，属于商标法第五十七条第三项规定的商标侵权行为。即属于销售侵犯注册商标专用权的商品的行为。

2. 销售商品时附赠侵犯注册商标专用权商品的行为。《商标侵权判定标准》第二十六条规定，经营者在销售商品时，附赠侵犯注册商标专用权商品的，属于商标法第五十七条第三项规定的商标侵权行为。即属于销售侵犯注册商标专用权的商品的行为。

（五）执法中应该注意的问题

《商标侵权判定标准》第二十九条规定，涉嫌侵权人属于商标法第六十条第二款规定的销售不知道是侵犯注册商标专用权的商品的，对其侵权商品责令停止销售，对供货商立案查处或者将案件线索移送具有管辖权的商标执法相关部门查处。

对责令停止销售的侵权商品，侵权人再次销售的，应当依法查处。

执法中要注意履行法律规定的执法职责，对侵权商品供货商立案查处，供货商不在管辖范围的应将案件线索移送具有管辖权的商标执法相关部门查处。仅仅对案件本身做出处理，责令停止销售，未对供货商立案查处或未将案件线索移送侵权商品供货商所在地行政执法部门的，存在未履行法定职责的执法风险。

四、伪造、擅自制造他人注册商标标识或者销售伪造、擅自制造的注册商标标识的行为

"伪造"是指按照他人注册商标标识进行仿制，其标识本身是假冒的；"擅自制造"是指未经注册商标所有人同意而印制他人注册商标标识。如：商标印制单位擅自超出商标权人委托印制商标标识的数量，擅自加印商标标识并销售的，属于擅自制造他人注册商标标识。非法制造、销售非法制造的注册商标标识的，有可能构成犯罪。

商标标识是商标的载体，是商标的物质表现形式，是造成消费者商品来源混淆和侵权人谋取非法利润的关键点，因此是商标侵权和假冒行为的源头之一。

五、未经注册商标所有人同意，更换其注册商标并将该更换商标的商品又投放市场的行为（反向假冒行为）

将他人商品上的注册商标更换为自己或者第三方的商标后投放市场，同样会使消费者对商品的来源产生混淆，误导公众，损害公平的市场竞争秩序。

（一）"反向假冒"的含义

顾名思义，反向假冒是假冒的反向操作，假冒行为是将自己的产品假冒为他人的产品进行销售，而反向假冒则是将他人的产品冒充为自己的产品销售。

商标、商品特有名称、包装、装潢等是企业知名度、形象、信誉、质

量、社会地位的载体，商品标识与商品之间有着全方位的联系，它们是一个不可分割的整体。反向假冒行为破坏了这种密切联系，使公众无法将令人满意的商品与真正的生产者相联系，剥夺了被反向假冒者建立并获取商品信誉的权利。

（二）对反向假冒行为构成要件的理解

1. 行为主体既可能是生产商也可能是销售商。 生产商、销售商都有可能将更换商标后的商品销售给其他销售商或直接销售给消费者，都是投入市场的行为。

2. 主观上，更换注册商标行为人事先未经商标注册人同意或事后未取得商标注册人同意。 行为人如果是该注册商标的许可使用人，这种许可使用仅限于使用该注册商标或不使用该注册商标，被许可人无权更换该注册商标。

3.“更换”的表现形式有以下几种。

（1）行为人撤换掉原注册商标换上自己的商标；

（2）行为人用自己的商标覆盖原注册商标；

（3）行为人撤换掉原注册商标换上经第三人同意的第三人的商标；

（4）行为人用经第三人同意的第三人的商标覆盖原注册商标；

（5）行为人既不撤换也不覆盖原注册商标，而是将带有原注册商标的商品重新进行包装或分装并加贴自己的商标，如把大包装食品换成小包装等。

4. 对“投入市场行为”的理解。 市场是指一切商品经济行为发生、变更、发展和消灭的空间领域。因此，将商品投入市场的行为应不仅局限于商品销售领域，还应当指行为人不以直接消费为目的而是以谋取某种利益为目的将该商品的注册商标更换后将要进行的一系列商业行为，如作为销售礼品附赠等。

（三）反向假冒的情形

现实生活中的反向假冒大体有三种情况：

1. 反向假冒者的产品是知名产品，被反向假冒者为新企业，产品不具有知名度（但产品质量达到一定水平，反向假冒者一般不会用劣质产品假冒自己的产品）。在这种情况下，消费者购得质优的被反向假冒商品后，依据撤换后的商品标识，自然地将对商品的信赖与青睐投给了反向假冒者，被反向假冒者"创品牌、占市场"的计划一开始就被扼杀在摇篮里，造成了将来信誉的损失。反向假冒者利用这种方法限制了新竞争对手的发展壮大，不正当地保有了市场份额及竞争优势。

2. 反向假冒者为新企业或产品为不知名的一般商品，被反向假冒者的产品是广为相关公众所知的名牌商品。此时的反向假冒具有明显的搭便车和利用他人成本的性质。反向假冒者不是通过自己投入人力、财物进行科研创新，生产优质新型产品，而是在竞争对手付出了大量生产、宣传成本后，以买入的方式取得其成果，更换标识后既赚取利润，又傍沾他人商品信誉，为自己赢得消费者，在取得一定市场份额后再改换出售自己生产的商品。这种情形的反向假冒者通过盗用他人已有的商品声誉抢占他人市场，达到竞争对手自己排挤自己的目的，是明显的不正当竞争行为。

3. 反向假冒者与被反向假冒者的商品在质量、知名度上相当，但被反向假冒者生产成本明显偏低，通过替换商品标识，反向假冒者一方面遏制了竞争对手进一步扩大知名度和市场占有量的发展，另一方面以盗用竞争对手商品的方式降低了自己的生产成本，获取了更高利润，而被反向假冒者却承担了由不正当竞争带来的巨大的现期及远期损失。

（四）认定和处理反向假冒行为需要注意的问题

1. 行为发生后权利人追认也属于同意。如果该更换行为发生前已经过商标注册人同意，不属于反向假冒行为；如果行为人在行为发生后获得商标注册人的追认同意，按照知识产权可以协商解决的原则，该侵权责任可以免除或通过民事协商途径解决。

2. 关于商品的来源问题。反向假冒的商品既包括原商标注册人自己生产的商品，也包括其委托他人生产或者从别处购得的商品。

3. 关于商品属性改变问题。执法过程中，对商品属性改变程度的认识要慎重，如果该商品在物理性质上改变较大或者已经发生化学改变，则不宜判定为反向假冒。

4. 如果更换的商标仍为原注册人的商标但与原先使用的商标不同，或者未经许可更换为第三人的注册商标，则构成一般商标侵权行为与反向假冒行为的竞合，可以视具体情形定性处理。

（1）如果行为人更换的商标比原注册商标的价值更大、知名度更高，应当认定为一般侵权行为，反之，认定为反向假冒行为；

（2）如果行为人更换的第三人的商标比原注册商标价值更大、知名度更高，则应当认定为一般侵权行为，反之，认定为反向假冒行为；

（3）如果已经第三人同意，将原注册商标更换为第三人的商标，则构成反向假冒行为。

六、故意为侵犯他人商标专用权行为提供便利条件，帮助他人实施侵犯商标专用权行为

（一）提供便利条件具体情形

为侵犯他人商标专用权提供仓储、运输、邮寄、印制、隐匿、经营场所、网络商品交易平台等，属于《商标法》第五十七条第六项规定的提供便利条件。

《商标侵权判定标准》第三十条规定：市场主办方、展会主办方、柜台出租人、电子商务平台等经营者怠于履行管理职责，明知或者应知市场内经营者、参展方、柜台承租人、平台内电子商务经营者实施商标侵权行为而不予制止的；或者虽然不知情，但经商标执法相关部门通知或者商标权利人持生效的行政、司法文书告知后，仍未采取必要措施制止商标侵权行为的，属于商标法第五十七条第六项规定的商标侵权行为。

（二）执法中应该注意的问题

1. "等"：是等外，是指除了"仓储、运输、邮寄、印制、隐匿、经营场所、网络商品交易平台等"以外其他类似的方便条件。

2. "故意"是指要满足主观过错要件：提供便利条件的行为人应当存在主观故意。故意＋客观上提供便利＋达到帮助他人侵权目的。不知而为的，不承担法律责任。查办案件中，要注意收集查证当事人主观上"明知或者应知故意"的证据，不能简单推定。如：法律上没有给从事运输服务的经营者设定运输前查验商标注册证的义务。所以，不能因为提供运输服务中，没有查验商标注册证而运输了侵犯他人注册商标专用权商品，就认定当事人主观上有过错。

案例：衣念公司诉淘宝公司侵犯注册商标专用权纠纷案——为他人侵权行为提供便利条件

案情：原告衣念公司是两商标注册的权利人，两商标注册使用的商品为服装，被告杜国发在淘宝网上销售的卡通小熊商品，其熊头图案与原告的注册商标高度近似。衣念公司曾于2006年起向淘宝公司就杜国发销售侵权产品进行投诉的信息多达15万余条，被告淘宝公司删除了其中85%的相关产品信息，在2009年9—11月又就同样的情况7次致函淘宝公司，被告淘宝公司亦删除了相关的商品信息，但未采取其他制止侵权行为的措施。

原告认为被告故意为侵犯他人注册商标专用权的行为提供便利条件，纵容、帮助杜国发实施侵权行为。

法院认定：本案焦点问题是淘宝公司作为网络交易平台服务提供者是否应当承担帮助侵权责任。

首先，杜国发销售侵犯第1545520号、第1326011号注册商标权的商品，构成商标侵权。

其次，淘宝网在本案中为杜国发销售侵权商品提供网络交易平台，其未直接实施销售侵权商品的行为，而属于网络服务提供者。网络服务提供者对于网络用户的侵权行为一般不具有预见和避免的能力，因此，并不因为网络用户的侵权行为而当然需承担侵权赔偿责任。但是如果网络服务提供者明知或者应当知道网络用户利用其所提供的网络服务实施侵权行为，而仍然为侵权行为人提供网络服务或者没有采取适当的避免侵权行为发生的措施的，则应当与网络用户承担共同侵权责任。

评析：

淘宝网知道杜国发利用其网络服务实施商标侵权行为，但仅是被动地根据权利人通知采取没有任何成效的删除链接之措施，未采取必要的能够防止侵权行为发生的措施，从而放任、纵容侵权行为的发生，其主观上具有过错，客观上帮助了杜国发实施侵权行为，构成侵权。

七、给他人的注册商标专用权造成其他损害的行为

具体情形包括：将与他人注册商标相同或者相近似的文字注册为域名。

《商标侵权判定标准》第三十一条规定：将与他人注册商标相同或者相近似的文字注册为域名，并且通过该域名进行相关商品或者服务交易的电子商务，容易使相关公众产生误认的，属于商标法第五十七条第七项规定的商标侵权行为。

第三节　关于混淆的判定问题

一、混淆判定的意义

商标管理实践中，混淆判定具有重要意义。

（一）事关侵权认定。

在商标侵权案件中，混淆判定是侵权认定的主要依据，判断构成混淆，则侵权构成，判定不构成混淆，则不构成侵权。

（二）事关能否获得注册或者被宣告无效。

混淆判定也是商标审查的重要尺度，事关系争商标能否获得注册或者被宣告无效。因为禁止权范围的确定取决于"混淆可能性"。目的是保护商品与商标联结，在相关公众中的印象承载不被破坏，能够划定权利边界，保护在先商标的区别商品来源功能，避免市场混淆和损害消费者利益。

二、混淆的类型

《商标侵权判定标准》第二十条规定：商标法规定的容易导致混淆包括以下情形：

（一）足以使相关公众认为涉案商品或者服务是由注册商标权利人生产或者提供；

（二）足以使相关公众认为涉案商品或者服务的提供者与注册商标权利人存在投资、许可、加盟或者合作等关系。

据此，混淆有两种类型：

（一）相关消费者误认两商标为同一来源。认为是同一商标或同一企业系列产品；

（二）相关消费者误认两商标使用人存在特定关联。认为存在投资、授权许可、加盟或者合作等关联关系。

三、《商标法》中为禁止混淆而作出的相关规定

（一）第十三条第二款："就相同或者类似商品申请注册的商标是复制、摹仿或者翻译他人未在中国注册的驰名商标，容易导致混淆的，不予注册并禁止使用。"

（二）第十五条："未经授权，代理人或者代表人以自己的名义将被代理人或者被代表人的商标进行注册，被代理人或者被代表人提出异议的，不予注册并禁止使用。

就同一种商品或者类似商品申请注册的商标与他人在先使用的未注册商标相同或者近似，申请人与该他人具有前款规定以外的合同、业务往来关系或者其他关系而明知该他人商标存在，该他人提出异议的，不予注册。"

（三）第四十二条第二款："转让注册商标的，商标注册人对其在同一种商品上注册的近似的商标，或者在类似商品上注册的相同或者近似的商标，应当一并转让。

对容易导致混淆或者有其他不良影响的转让，商标局不予核准，书面通知申请人并说明理由。"

（四）第五十七条："有下列行为之一的，均属侵犯注册商标专用权：……（二）未经商标注册人的许可，在同一种商品上使用与其注册商标近似的商标，或者在类似商品上使用与其注册商标相同或者近似的商标，容易导致混淆的。"

（五）**第三十条**："申请注册的商标，凡不符合本法有关规定或者同他人在同一种商品或者类似商品上已经注册的或者初步审定的商标相同或者近似的，由商标局驳回申请，不予公告。"

（六）**第三十一条**："两个或者两个以上的商标注册申请人，在同一种商品或者类似商品上，以相同或者近似的商标申请注册的，初步审定并公告申请在先的商标；同一天申请的，初步审定并公告使用在先的商标，驳回其他人的申请，不予公告。"

（七）**第三十二条**："申请商标注册不得损害他人现有的在先权利，也不得以不正当手段抢先注册他人已经使用并有一定影响的商标。"

四、混淆的司法判定

最高人民法院《关于当前经济形势下知识产权审判服务大局若干问题的意见》（法发〔2009〕23号）要求，各级法院要结合审判工作实际，认真贯彻执行。"6.完善商标司法政策，加强商标权保护，促进自主品牌的培育。正确把握商标权的专用权属性，合理界定权利范围，既确保合理利用商标资源，又维护公平竞争；既以核定使用的商品和核准使用的商标为基础，加强商标专用权核心领域的保护，又以市场混淆为指针，合理划定商标权的排斥范围（排斥权），确保经营者之间在商标的使用上保持清晰的边界，使自主品牌的创立和发展具有足够的法律空间。未经商标注册人许可，在同一种商品上使用与其注册商标相同的商标的，除构成正当合理使用的情形外，认定侵权行为时不需要考虑混淆因素。认定商品类似和商标近似要考虑请求保护的注册商标的显著程度和市场知名度，对于显著性越强和市场知名度越高的注册商标，给予其范围越宽和强度越大的保护，以激励市场竞争的优胜者，净化市场环境，遏制不正当搭车、模仿行为。"

所以，商标权的专有使用权应该是客观的和固定的，但排他权是相对的和弹性的，具有一定的主观性，需要根据商标的具体情况决定是强保护还是弱保护。

五、混淆的综合判定中应该考量的因素

在混淆判定中，要贯彻诚实信用原则，维护公平有序的商标竞争环境。鼓励善意正当使用，保护品牌业已形成的市场声誉，打击"傍名牌""打擦边球"的不正当竞争行为。对市场中实际混淆可能性进行客观判断，全面考量，综合判定。结合商品关联性、在先商标知名度、系争商标使用人主观意图综合判断，避免机械比较商标构成要素，将可能造成市场混淆作为根本的判断依据。《商标侵权判定标准》第二十一条规定了商标执法相关部门判断是否容易导致混淆，应当综合考量的因素以及各因素之间的相互影响。

（一）商标的近似情况；

（二）商品或者服务的类似情况；

（三）注册商标的显著性和知名度；

（四）商品或者服务的特点及商标使用的方式；

（五）相关公众的注意和认知程度；

（六）其他相关因素。

产生混淆的，商标标识必然近似，使用商品、服务必然类似，但商标近似、商品服务类似的未必一定产生混淆。

六、商标和企业字号冲突混淆的规制

（一）企业名称权与商标权冲突混淆的表现形式及其产生原因

企业名称权与商标权冲突实际就是企业名称中的字号与商标的冲突，这种冲突同样会造成市场混淆。主要有三种形式：

1. 将他人注册商标作为企业名称的字号使用，形成在先商标权与在后企业名称权的冲突，即"商标在先，字号在后"。

2. 将他人的企业名称中的字号部分注册为商标加以使用，形成在先登记的企业名称权与在后登记的商标权的冲突，即"字号在先，商标在后"。

3. 把他人在先注册的商标作为企业名称的字号，又把他人登记在先的企业名称中的字号注册为商标，形成交叉冲突。

现实生活中，造成这些冲突主要分为两种情况，一种为善意"撞车"，另一种为恶意仿冒。

善意"撞车"情况，一般是指后登记企业名称或注册商标者并不知道他人已经将相同文字作为商标或企业名称使用。造成这种情况的原因：一是因为企业名称登记和商标注册核准依据的法律不同。从法律角度看，两种权利都属于民法调整范畴。企业名称权作为一个整体受到法律保护，名称中的字号部分是企业名称权的核心。二是因为两者审查标准、程序不相同。我国企业名称实行分级登记管理，国家市场监督管理总局和省、市、县市场监督管理局在其区域范围内核准企业名称，而根据《商标法》规定，国家市场监督管理总局知识产权局主管全国商标注册和管理工作。进行企业名称登记时，企业名称登记机关并不与商标进行联合检索，确权过程中也没有设立公示和异议程序，各级登记机关无须检查也没有办法检查该企业名称中的字号是否与他人注册商标的文字相同或相近。这就难免使两者发生冲突。

恶意仿冒情况，一般是指行为人为了牟取非法利益，明知他人已将相同文字作为商标或字号，仍将其用作自己的企业名称的字号或商标，利用他人已建立的商誉、信用等无形财产，从事相同或相近的经营活动，从而使公众产生混淆。这是行为人的恶意"搭便车"行为，目前企业名称权与商标权冲突，发生法律纠纷的大多数是这种情况。

（二）解决企业名称权与商标权冲突的原则

1. 保护在先权利和维护公平竞争原则。一般情况下，商标注册在先，企业名称登记在后，在使用中对公众造成欺骗或者误解的，则商标权人的权利与利益就应该受到法律保护。但如果企业名称登记在先，商标注册在后，企业名称专用权有地域范围限制，由于二者在登记体制、登记程序和可获知机会等方面有很大差异，因此，应视不同情况区别对待。从公平的角度看，商标权应具有比企业名称权更强的排他力。

2. 禁止混淆原则。是否存在混淆和混淆的可能性，误导公众，是判定商标权与企业名称权冲突的标准。

3. 不宜简单地作为案件实施行政处罚。商标权和企业名称权都是通过一定的法定程序取得的，都是市场监督管理部门的行政核准登记注册的结果，权利发生冲突，应该通过法定程序解决。解决之前，都属有效权利，不宜作为案件实施处罚。

（三）解决企业名称权与商标权冲突混淆的法律依据

1.《商标法》第三十二条规定："申请商标注册不得损害他人现有的在先权利，也不得以不正当手段抢先注册他人已经使用并有一定影响的商标。"《商标法》中规定的在先权利，包括企业名称权。

2.《商标法》第五十八条规定："将他人注册商标、未注册的驰名商标作为企业名称中的字号使用，误导公众，构成不正当竞争行为的，依照《中华人民共和国反不正当竞争法》处理。"

3. 根据最高人民法院《关于审理注册商标、企业名称与在先权利冲突的民事纠纷案件若干问题的规定》第四条规定："被诉企业名称侵犯注册商标专用权或者构成不正当竞争的，人民法院可以根据原告的诉讼请求和案件具体情况，确定被告承担停止使用、规范使用等民事责任。"

4.《反不正当竞争法》第六条规定："经营者不得实施下列混淆行为，引人误认为是他人商品或者与他人存在特定联系：……（二）擅自使用他人有一定影响的企业名称（包括简称、字号等）、社会组织名称（包括简称等）、姓名（包括笔名、艺名、译名等）……（四）其他足以引人误认为是他人商品或者与他人存在特定联系的混淆行为……"第十八条第二段规定："经营者登记的企业名称违反本法第六条规定的，应当及时办理名称变更登记；名称变更前，由原企业登记机关以统一社会信用代码代替其名称。"《反不正当竞争法》的这一规定，为有效解决长期以来企业名称搭商标便车的问题，提供了更加明确具体可操作的法律依据。

（四）企业字号和注册商标名称冲突的处理办法

1. 登记不适宜的企业名称，正常使用企业名称仍然侵权的。他人注册商标在先，企业名称登记在后，即使正常使用企业名称仍然侵权的，商标注册人可以根据《反不正当竞争法》第六条规定，向登记机关所在市场监督管理机关请求，或者向人民法院起诉，要求相关企业变更企业名称或者判令当事人变更企业名称。属于不正当竞争行为，应该停止使用。

2. 企业名称登记属于合法登记，但不适宜使用企业字号或者突出使用字号构成侵权的。通过颜色、字体等突出使用字号，或者不恰当地使用简称造成与他人注册商标近似，属于商标侵权行为，应该规范使用。

3. 企业名称登记在先，商标注册在后，注册商标的使用对企业字号造成混淆的情况。《商标法》第九条规定，申请注册的商标"不得与他人在先取得的合法权利相冲突"，第三十二条规定，"申请商标注册不得损害他人现有的在先权利"。这两条规定确立了处理在先获得的名称权与在后获得的商标权的冲突的基本规则——在先权利优先原则。

案例：大连王将公司与李惠廷商标侵权纠纷案——字号与注册商标冲突的处理

基本案情：李惠廷在先注册了餐馆等服务上的"王将"商标并实际使用，日本王将公司投资建立的大连王将公司在后成立，并在经营活动中在服务用品上使用了"王将"，李惠廷提起侵权诉讼。

裁判结果：最高人民法院提审后撤销了原审判决关于大连王将公司停止使用含有"王将"字样的企业名称与停止使用"王将"和"王将"字样的服务标识的判项，改判大连王将公司规范使用其企业名称，停止突出使用"王将"和"王将"等侵犯李惠廷注册商标专用权的行为，并赔偿李惠廷经济损失等。

最高人民法院认为：如果不正当地将他人具有较高知名度的在先注册商标作为字号注册登记为企业名称，注册使用企业名称本身即是违法，不论是否突出使用均难以避免产生市场混淆的，可以根据当事人的请求判决停止使用或者变更该企业名称；如果企业名称的注册使用并不违法，只是因突出使用其中的字号而侵犯注册商标专用权的，判决被告规范使用企业名称、停止突出使用行为即足以制止被告的侵权行为，因此这种情况下不宜判决停止使用或者变更企业名称。

第四节　商标注册程序和定牌加工中商标侵权行为的认定

一、商标注册申请程序中商标侵权行为的认定

商标局接到商标注册申请书后，会给申请人出具商标申请受理通知书。仅有商标局发出的受理通知书的商标，是未注册商标，不仅不享有商标专用权，还会因其与在先注册商标相同或者近似的使用，承担侵权责任。所以，对仅有商标申请受理通知书的商标，发现有侵权行为的，要依法查处。

（一）异议程序中商标侵权行为的认定

申请注册的商标经商标局审查后，认为符合《商标法》有关规定，予以初步审定并公告。自该商标初步审定公告之日起三个月内，在先权利人、利害关系人可以就是否注册提出异议。此为商标异议期。处于异议期的商标仍然是未注册商标，不享有商标专用权。市场监督管理部门如认为该商标与投诉人注册商标近似构成侵权的，有权立案查处。

（二）无效宣告程序中商标侵权行为的认定

法律规定的商标无效宣告申请期，为后一个商标注册之日起五年内。恶意注册的，驰名商标所有人不受五年的限制。进入无效宣告程序的商标都是注册商标，其商标专用权暂受法律保护，在后一个注册商标被宣告无效之前，理论上不存在侵犯前一个注册商标专用权问题。此时，即使认为两商标近似，也不能作为案件查处。当后一个注册商标被宣告无效后，被宣告无效商标一方当事人继续使用该商标的，市场监督管理部门才可以立案查处。

二、定牌加工中商标侵权行为的认定

（一）定牌加工中商标侵权行为的情形

定牌加工俗称贴牌，一般是指生产加工企业接受他人委托，按照委托方提出的产品质量和包装要求生产产品并使用委托方商标，自己无产品处置权的生产行为。在现代国际贸易中经常出现的国内外贸易双方或者多方以 OEM 方式（英文全称 original equipment manufacturer）结算的经营方式，其内容主要是指定牌加工。

从实践看，定牌加工中的商标侵权行为，主要表现为《商标法》第五十七条第（一）项所述的行为，即擅自在相同商品上使用与他人注册商标相同商标的行为。其中的"擅自"又有两种情况：

1. 加工方在定牌加工合同规定的数量、范围之外，自行生产加工带有注册商标的商品销售。这种情况构成侵权，执法实践中没有异议。

2. 委托方在中国没有注册商标，不享有中国《商标法》保护的商标权，但在国外某国有商标权的情况下，定牌加工产品，然后出口。俗称两头在外：国外享有商标权，国内定牌加工，国外销售。委托方在其他国家享有合法商标专用权，但在我国该商标被他人注册，委托方的定牌加工行为和受委托方的加工行为是否构成侵权，一直以来存在不同意见。一种意见认为构成侵权。依据是《商标法》第五十七条第（一）项规定："未经商标注册人的许可，在同一种商品上使用与其注册商标相同的商标的。"第四十八条规定："本法所称商标的使用，是指将商标用于商品、商品包装或者容器以及商品交易文书上，或者将商标用于广告宣传、展览以及其他商业活动中，用于识别商品来源的行为。"其中的"使用"行为既包括销售环节将商标用于商品、商品包装或者容器上，也包括生产环节的类似使用。在《中华人民共和国商标法》所管辖的地域范围内，没有适用法律的例外。

另一种意见认为不构成侵权。"两头在外"的行为，就商标而言，没有在国内市场形成市场混淆，没有形成不正当竞争。就商标的地域性，不会对境内的商标权造成损害；行为的实质是加工承揽的合同关系，不应认定为商标的使用行为。

案例：莱斯公司诉亚环公司侵犯莱斯公司"PRETUL"商标专用权案——贴牌加工是否构成商标侵权

案情：储伯公司系墨西哥"PRETUL"或"PRETUL及椭圆图形"注册商标权利人（第6类、第8类）。亚环公司受储伯公司委托，按照其要求生产挂锁，在挂锁上使用"PRETUL"相关标识并全部出口至墨西哥。莱斯公司诉亚环公司侵犯莱斯公司"PRETUL"商标专用权。

该案由宁波市中级人民法院一审，经浙江省高级人民法院二审、最高人民法院提审，历时近5年，2015年年底，最高人民法院做出司法判定。

裁判要旨：最高人民法院在（2014）民提字第38号民事判决书中认为：在委托加工产品上贴附的标志，既不具有区分所加工商品来源的意义，也不能实现识别该商品来源的功能，故其所贴附的标志不具有商标的属性，在产品上贴附标志的行为亦不能被认定为商标意义上的使用行为。

分析：该批挂锁不在中国市场上销售，也就是该标识不会在我国领域内发挥商标的识别功能，不具有使我国的相关公众将贴附该标志的商品，与莱斯公司生产的商品来源产生混淆和误认的可能性。故不构成商标侵权。

（二）定牌加工产品标识标注中的法律问题

《商标法》没有规定商标持有人委托加工的商品必须标明产地，只是对于经许可使用他人注册商标的，规定必须在使用该注册商标的商品上标明被许可人的名称和商品产地。但是，《产品质量法》规定，产品标识应该有中文标明的产品名称、生产厂厂名和厂址，这是为了确保消费者对产品来源的知情权，所以，商标持有人委托加工的商品必须标明受委托加工一方的厂名和厂址。实践中，一些县域企业经营者在北京、上海等地注册公司并注册商标，再委托自己在县域设立的企业生产。产品上只标注委托人上海公司的名称和地址，不标注实际生产厂厂名和地址，显然剥夺了消费者对产品来源的知情权。

第五节　不属于商标侵权的使用情形

一、正当使用的含义及其方式

《商标法》没有明确规定他人正当使用的含义及其方式。一般情况下，以这些标志本身常用的方式去使用，就是正当使用。如：在商品上正常使用本商品名称、图形和型号；在商品包装、说明和广告中正常描述该商品的质量、主要原料、功能、用途等特点；在商品上和广告中正常使用地名，都应当属于合法的正当的使用。

但是，使用人不能将这些标志用颜色、字体、文字的大小等方式突出出来，不能使之成为商标形式的使用，即标志性使用，更不能与商标注册人的使用方式完全相同，否则应当构成商标侵权行为。

二、正当使用的范围

（一）描述性使用

正当使用通用名称等。《商标法》第五十九条规定："注册商标中含有的本商品的通用名称、图形、型号，或者直接表示商品的质量、主要原料、功能、用途、重量、数量及其他特点，或者含有的地名，注册商标专用权人无权禁止他人正当使用。"根据上述规定，含以下标志的商标有可能被他人"正当使用"：a.本商品的通用名称、图形和型号；b.直接表示商品的质量、主要原料、功能、用途、重量、数量及其他特点；c.地名。地名有三类：一是县级以上行政区划名称。《商标法》允许第一类地名在符合一定的条件（具有第二含义）下注册。二是县级以下乡、镇、村落的名称。三是山川、河流、地貌特征名称。《商标法》无条件地允许第二、三类地名注册。地名在产品上标注往往起商品产地作用。因此，这些地名如果作为商标注册，无权禁止该地域的其他人以表示产地的方式使用地名。含有以上标志的商标一般情况下独创部分的显著性较弱，往往与通用部分共同构成一个完整的商标主体，因此，应当从商标主体比较两商标近似比较妥当。如果单独使用以上通用性标志，未造成商标商品来源误认，应属于标志的正当使用范畴。

案例："薰衣草"案

案情：原告李逢英诉湖南恒安纸业有限公司等三公司侵犯其"薰衣草"注册商标。被告制造的"心相印"纸巾上标注有"薰衣草"标识，但在出现"薰衣草"标识的位置近旁，均醒目标示被告的"心相印"注册商标。

法院认定：被控侵权商品上标注"薰衣草"标识，是为了说明描述该商品香型这一特点，属于正当使用。不构成侵权。

（二）指示性使用

正当使用三维标志性质形状、使用价值形状等。《商标法》第五十九条第二款规定："三维标志注册商标中含有的商品自身的性质产生的形状、为获得技术效果而需有的商品形状或者使商品具有实质性价值的形状，注册商标专用权人无权禁止他人正当使用。"

案例："沁州"商标侵权案（2013年度报告）

案情：沁州黄公司享有第606790号"沁州"注册商标专用权。2008年11月，檀山皇发展公司、檀山皇基地公司以沁州黄公司为被告提起本案诉讼，要求确认其有权在小米商品上以非商标形式使用"沁州黄"，不侵犯"沁州"商标专用权。

最高人民法院认为："沁州黄"能够反映出一类谷子（米）与其他谷子（米）的根本区别，符合通用名称的要求。在"沁州"商标申请注册前，"沁州黄"已经成为通用的谷物品种名称，沁州黄公司对沁州黄小米品种提纯复壮、产业化及商品化的贡献，不能成为其垄断"沁州黄"这一通用名称的理由。"沁州"注册商标虽然具有较高知名度，但是无权禁止其他企业将"沁州黄"文字使用在以"沁州黄"谷子加工而成的小米商品上，以表明其小米的品种来源。檀山皇发展公司、檀山皇基地公司在包装上使用"沁州黄"文字以表明小米品种来源的行为，属于正当使用。

（三）在先使用

1.《商标法》对在先使用行为保护的相关规定

（1）第九条第一款："申请注册的商标，应当有显著特征，便于识别，并不得与他人在先取得的合法权利相冲突。"

（2）第十三条第二款规定的在先使用的未注册驰名商标："就相同或者类似商品申请注册的商标是复制、摹仿或者翻译他人未在中国注册的驰名商标，容易导致混淆的，不予注册并禁止使用。"

（3）第十五条规定的商标注册人抢注的被代表或者被代表人的商标："未经授权，代理人或者代表人以自己的名义将被代理人或者被代表人的商标进行注册，被代理人或者被代表人提出异议的，不予注册并禁止使用。"

（4）第三十一条规定的在先使用并有一定影响的商标："两个或者两个以上的商标注册申请人，在同一种商品或者类似商品上，以相同或者近似的商标申请注册的，初步审定并公告申请在先的商标；同一天申请的，初步审定并公告使用在先的商标，驳回其他人的申请，不予公告。"

上述法律规定均立足于在商标注册程序中对在先使用行为的保护。

（5）《商标法》第五十九条第三款规定："商标注册人申请商标注册

前，他人已经在同一种商品或者类似商品上先于商标注册人使用与注册商标相同或者近似并有一定影响的商标的，注册商标专用权人无权禁止该使用人在原使用范围内继续使用该商标，但可以要求其附加适当区别标识。"

①关于"有一定影响的商标"：《商标侵权判定标准》第三十三条规定：商标法第五十九条第三款规定的"有一定影响的商标"是指在国内在先使用并为一定范围内相关公众所知晓的未注册商标。

有一定影响的商标的认定，应当考虑该商标的持续使用时间、销售量、经营额、广告宣传等因素进行综合判断。

②关于"在原使用范围内继续使用"：《商标侵权判定标准》第三十三条规定：使用人有下列情形的，不视为在原使用范围内继续使用：

（A）增加该商标使用的具体商品或者服务；

（B）改变该商标的图形、文字、色彩、结构、书写方式等内容，但以与他人注册商标相区别为目的而进行的改变除外；

（C）超出原使用范围的其他情形。

（6）《商标侵权判定标准》第三十二条规定：在查处商标侵权案件时，应当保护合法在先权利。

以外观设计专利权、作品著作权抗辩他人注册商标专用权的，若注册商标的申请日先于外观设计专利申请日或者有证据证明的该著作权作品创作完成日，商标执法相关部门可以对商标侵权案件进行查处。

2. 先用权抗辩的具体适用

（1）时间在先；

（2）区别商品来源的商标使用行为，符合地域性要求；

（3）在先使用行为产生了一定的影响；

（4）使用的是相同或者类似商品、相同或者近似商标。

案例：狗不理集团公司诉天丰园饭店侵权案（2009 年度报告）——判断商标正当使用时对在先使用历史因素的考量

案情：狗不理集团公司注册"狗不理"服务商标之前，天丰园饭店一直将"狗不理猪肉灌汤包"作为菜品名称持续使用。狗不理集团公司认为天丰园饭店构成侵权，遂提起诉讼。

最高人民法院认为：判断使用他人注册商标的行为是否构成正当使用时，应当充分考虑和尊重相关历史因素；同时应根据公平原则，对使用行为作出必要和适当的限制。考虑在狗不理集团公司注册"狗不理"服务商标之前，天丰园饭店持续使用"狗不理猪肉灌汤包"这一菜品名称的历史因素，天丰园饭店仍可保留"狗不理猪肉灌汤包"这一菜品名称，但根据公平原则，天丰园饭店不得作其他扩张性使用。

第六节　商标侵权行为认定中的问题

一、认定机关

县级以上市场监督管理机关，均可依职权查处商标侵权行为，有权就商标侵权行为性质进行认定。市场监督管理总局国家知识产权局是商标侵权行为性质认定的最高权力机关，是省级市场监督局查办案件的复议机关。市场监督管理分局（市场所）查办商标侵权案件应该以所属县（区）局名义进行。县级以上市场监督管理部门在执法中，有权根据所获取的证据和法律规定，对涉案标志是否与他人注册商标相同或近似，涉案行为是否构成商标侵权做出自己的判断和认定，无须报请上一级商标主管部门或者国家知识产权局来认定，更不应完全依赖商标注册人或者举报人的意见。

二、认定原则

（一）尊重当事人合法权益的原则

保护商标注册人的合法权益，是行政执法行为最基本的立足点。在处理商标侵权案件过程中，涉及民事权益部分，要充分考虑商标权利人的意愿，同时也要考虑行政相对人（商标侵权行为人）的违法情节，保证双方当事人的合法权益不受损害。一是尊重商标当事人意愿，其可以就商标纠纷自行协商或选择纠纷处理途径；二是充分考虑在先使用人利益，合理界定正当使用；三是要尊重在先权利，如著作权、企业名称权、外观设计专利权等。

（二）保护注册商标的原则

商标经注册享有商标专用权，受法律保护。对注册不当被宣告无效的商标，在其宣告无效之前，也应当受到保护。《商标法》第四十七条规定："依照本法第四十四条、第四十五条的规定宣告无效的注册商标，由商标局予以公告，该注册商标专用权视为自始即不存在。"

无效宣告不具有追溯力。《商标法》第四十七条第二款规定："宣告注册商标无效的决定或者裁定，对宣告无效前人民法院做出并已执行的商标侵权案件的判决、裁定、调解书和行政执法部门做出并已执行的商标侵权案件的处理决定以及已经履行的商标转让或者使用许可合同不具有追溯力。但是，因商标注册人的恶意给他人造成的损失，应当给予赔偿。"所以，有关无效宣告的判决、裁定、调解，对判决、裁定、调解之前行政执法部门已经做出并已执行的商标侵权案件的处理决定，不具有追溯力，也是为了保护注册商标权利的稳定性和受保护性。

（三）商品质量的优劣不影响商标侵权行为性质认定

商品质量是《质量法》规制的范畴。侵犯注册商标专用权的商品质量合格，不影响对侵权行为性质的认定；质量不合格，同时还违反了《质量法》的规定，对两个违法行为合并处罚。

（四）商标注册人的违法使用不影响对他人侵犯其商标权行为性质的认定

有的案件中，侵权人以商标权人自己使用其注册商标不规范，擅自改变注册商标，或者擅自扩大商标的使用范围等事由进行抗辩，以减轻自身的侵权责任。在这类案件中，应该根据责罚相当的原则，分别判定侵权人和商标权人应该承担的责任，分别依法予以处罚。

三、侵权判定的比对对象

判断涉嫌侵权的商标是否与权利人的注册商标构成相同或者近似，要以权利人的商标注册证上的商标为比对对象，不是以权利人实际使用的商标为比对对象；判断涉嫌侵权的商品或者服务是否与权利人的相同或者类似，要以权利人商标注册证上核定使用的商品或者服务为比对对象，不是以权利人实际经营的商品或者提供的服务为比对对象。

四、查办商标侵权案件应该注意的问题

现有商标法律体系下，侵权认定需要注意以下问题：

（一）在同一种商品或者类似商品上使用与他人注册商标相同或者近似的商标不一定必然构成侵权，需要核查当事人对该涉案商标的使用时间

1. 未注册商标在先使用的，允许与后注册商标并存。《商标法》规定了商标共存制度，加强了对未注册商标的保护力度。商标注册人申请商标注册前，他人已经在同一种商品或者类似商品上先于商标注册人使用与注册商标相同或者近似并有一定影响的商标的，注册商标专用权人无权禁止该使用人在原使用范围内继续使用该商标。

（1）法律依据：《商标法》第五十九条规定："……商标注册人申请商标注册前，他人已经在同一种商品或者类似商品上先于商标注册人使用与注册商标相同或者近似并有一定影响的商标的，注册商标专用权人无权禁止该使用人在原使用范围内继续使用该商标，但可以要求其附加适当区别标识。"

（2）执法提示：需要查证涉案商标在先使用证据。

要点：

① 在先持续的不间断使用。

② 善意的使用。

③ 商品商标和服务商标的原使用范围确定的原则：

商品商标：是指原使用商品的范围；

服务商标：是指原经营场所内。

④ 依注册权人要求，附加区别标识。

2. 异议期间，他人对异议不成立而准予注册的商标的使用不构成侵权，查办案件中，要注意核查涉案商标的使用是否在异议期内。《商标法》第三十六条规定："经审查异议不成立而准予注册的商标，商标注册申请人取得商标专用权的时间自初步审定公告三个月期满之日起计算。自该商标公告期满之日起至准予注册决定做出前，对他人在同一种或者类似商品上使用与该商标相同或者近似的标志的行为不具有追溯力；但是，因该使用人的恶意给商标注册人造成的损失，应当给予赔偿。"

商标权的期间是从申请注册的商标刊登初步审定公告三个月期满之日起算。但是，如果自初审公告之日起三个月内，在先权利人、利害关系人认为该商标注册申请违反本法第十三条第二款和第三款、第十五条、第十六条第一款、第三十条、第三十一条、第三十二条规定的，或者任何人认为该商标注册申请违反本法第十条、第十一条、第十二条规定的，可以向商标局提出异议。对初步审定公告的商标提出异议的，商标局应当自公告期满之日起十二个月内作出是否准予注册的决定，有特殊情况需要延长的，经国务院工商行政管理部门批准，可以延长六个月。在三个月＋十二个月＋六个月这段异议期间内，被提出异议的商标尚处在权利待定期，这期间他人对该商标的使用不构成侵权。所以，查办案件中，要注意核查涉案商标的使用是否在异议期内。

这是有商标注册证也不能绝对受保护的又一种情况。

3. 是否容易导致混淆。容易导致混淆是认定侵权构成的要件之一，所以是否容易导致混淆的判定至关重要。对是否容易导致混淆的判定，直接影响侵权的认定。"容易导致混淆的"，构成侵权；否则，不构成侵权。

（二）对销售行为要注意核查当事人的主观过错

《商标法》第六十条规定："销售不知道是侵犯注册商标专用权的商品，能证明该商品是自己合法取得并说明提供者的，由工商行政管理部门责令停止销售。"所以，销售不知道是侵犯注册商标专用权的商品，能证明该商品是自己合法取得并说明提供者的，只是责令停止销售，没有规定没收、罚款等行政处罚。所以，在办案过程中，查证当事人主观上是否有过错是定案的关键。

（三）要注意商标侵权行为的免责情形，核查两个"是否"

1. 免责的情形。注册商标专用权人此前三年内未实际使用过该注册商标，也不能证明因侵权行为受到其他损失的，被控侵权人不承担赔偿责任。在市场上实际使用的商标是实体意义上的商标，具有区分商品来源的功能，同时在使用中积累了商誉，是商誉的载体。侵权人借用附着在实体意义上的商标的商誉推销自己的产品，通过侵害行为获得利益，不仅会造成消费者混淆，也会给商标权人造成损失。因此，侵害已经使用的实体意义上的商标权，形成损害赔偿请求权。未在市场上使用的形式意义上的商标没有区分商品来源的功能，侵害形式意义上的商标权不会造成消费者混淆，从而不会给商标权人造成损失；形式意义上的商标未经使用，尚未形成商誉的载体，侵害人无从借用形式意义上的商标所附着的商誉推销自己的产品，无从通过侵害行为获得利益。因此，形式意义上的商标权受到侵害的，商标权人没有因侵害行为受到其他损害，故不具有侵权损害赔偿请求权。

2. 法律依据。《商标法》第六十四条规定："注册商标专用权人请求赔偿，被控侵权人以注册商标专用权人未使用注册商标提出抗辩的，人民法院可以要求注册商标专用权人提供此前三年内实际使用该注册商标的证据。注册商标专用权人不能证明此前三年内实际使用过该注册商标，也不能证明因侵权行为受到其他损失的，被控侵权人不承担赔偿责任。"

最高人民法院在《关于当前经济形势下知识产权审判服务大局若干问题的意见》中指出："妥善处理注册商标实际使用与民事责任承担的关系，使民事责任的承担有利于鼓励商标使用，激活商标资源，防止利用注册商标不正当地投机取巧。请求保护的注册商标未实际投入商业使用的，确定民事责任时可将责令停止侵权行为作为主要方式，在确定赔偿责任时可以酌情考虑未实际使用的事实，除为维权而支出的合理费用外，如果确无实际损失和其他损害，一般不根据被控侵权人的获利确定赔偿；注册人或者受让人并无实际使用意图，仅将注册商标作为索赔工具的，可以不予赔偿；注册商标已构成商标法规定的连续三年停止使用情形的，可以不支持其损害赔偿请求。"

所以，对于一个因连续三年不使用可以向商标局申请撤销的注册商标，法律给予的是极弱的保护；不能证明因侵权行为受到其他损失的，民事上不能得到赔偿。

但商标权人为制止侵害行为所支付的合理开支可以作为因侵害行为所受的损失，商标权人有权请求侵害人予以赔偿，即商标权人享有以"合理开支"为内容的损害赔偿请求权。

3. 查处商标案件时，要注意核查两个"是否"。

（1）要核查权利人在三年内是否使用涉案被侵权的注册商标。

（2）要核查权利人是否因侵权行为受到其他损失。

如果注册商标专用权人不能证明此前三年内实际使用过该注册商标，

也不能证明因侵权行为受到其他损失的，被控侵权人不承担赔偿责任。

4.《商标法》法律制度设置中存在的问题。没有正当理由连续三年不使用的注册商标，被控侵权人不承担赔偿责任，相同情况下，是否还应承担行政责任？行政责任如何确定？可否参照此条款？《商标法》没有明确规定，考虑没有实际发生市场混淆，对该商标侵权行为可以从轻处理，可以不作罚款处理。所以，查办商标侵权案件时，应该要求权利人提供三年内使用该商标的证据，包括订货合同、许可合同、发票、广告等。

案例：格力诉美的商标侵权案件

案情：格力公司是注册号为8059133的"五谷丰登"注册商标专用权人，商标核定使用商品类别第11类（空调器等）。经原告调查发现，美的公司在其生产的空调器上使用了与上述注册商标"五谷丰登"相同的商标，其网页上共有19款不同型号的空调器产品使用了"五谷丰登"商标。格力公司认为，美的公司侵犯了其注册商标专用权，遂诉至法院。

法院判决：

一审法院判决被告停止侵权，其中美的公司赔偿原告经济损失380万元和维权合理费用。美的公司不服提起上诉。

二审法院认为，被告构成商标侵权，但原告的涉案商标在被侵权前并未实际使用，因此并无实际损失，不应获得损害赔偿380万元（但合理费用予以支持），遂做出改判：认定美的公司侵害了格力公司涉案注册商标"五谷丰登"专用权，并判令美的公司停止侵权并赔偿格力公司维权合理费用。

评析：商标未实际使用，就不存在实际损失，不应获得损害赔偿，但应责令侵权人停止侵权行为，支付维权合理费用。

第七节　商标侵权行为的法律责任

一、民事责任

（一）概念

指民事主体违反合同或不履行其他义务而应承担的法律后果。主要是损害赔偿法律责任。

（二）商标侵权行为的民事责任与一般民事侵权行为民事责任的差异

商标侵权行为的民事责任与一般民事侵权行为的民事责任存在差异，主要表现在：一般民事侵权行为主要由四个法律要件构成：一是行为人实施了违法行为，二是违法行为与损害事实之间存在因果关系，三是有损害后果，四是行为人在主观上有过错。商标侵权行为主要适用无过错原则，也不强调必须有损害事实，侵权行为事实成立但尚未给商标权利人造成损害的，也应当承担侵权责任。除销售行为外，侵权行为人是否有主观过错，对侵权定性无影响，即只要发生了侵权事实，侵权就构成，行为人就要承担侵权责任。只是销售不知道是侵犯注册商标专用权的商品，能证明该商品是自己合法取得并说明提供者的，不承担赔偿责任。

（三）《商标法》关于民事责任的规定

《商标法》第六十三条、六十四条对侵犯注册商标专用权的民事责任作出了如下规定。

1. 赔偿实际损失。侵犯商标专用权的赔偿数额，按照权利人因被侵权所受到的实际损失确定；实际损失难以确定的，可以按照侵权人因侵权所获得的利益确定；权利人的损失或者侵权人获得的利益难以确定的，参照该商标许可使用费的倍数合理确定。对恶意侵犯商标专用权，情节严重的，可以在按照上述方法确定数额的一倍以上五倍以下确定赔偿数额。赔偿数额应当包括权利人为制止侵权行为所支付的合理开支。

2. 法院依法可以行使更大的裁量权。人民法院为确定赔偿数额，在权利人已经尽力举证，而与侵权行为相关的账簿、资料主要由侵权人掌握的情况下，可以责令侵权人提供与侵权行为相关的账簿、资料；侵权人不提供或者提供虚假的账簿、资料的，人民法院可以参考权利人的主张和提供的证据判定赔偿数额。

3. 最高五百万元赔偿。权利人因被侵权所受到的实际损失、侵权人因侵权所获得的利益、注册商标许可使用费难以确定的，由人民法院根据侵权行为的情节判决给予五百万元以下的赔偿。

4. 销毁侵权物品。人民法院审理商标纠纷案件，应权利人请求，对属于假冒注册商标的商品，除特殊情况外，责令销毁；对主要用于制造假冒注册商标的商品的材料、工具，责令销毁，且不予补偿；或者在特殊情况下，责令禁止前述材料、工具进入商业渠道，且不予补偿。

5. 假冒注册商标的商品不得在仅去除假冒注册商标后进入商业渠道。

6. 注重商标的使用，不使用可能不能获得赔偿。《商标法》第六十四条规定："注册商标专用权人请求赔偿，被控侵权人以注册商标专用权人未使用注册商标提出抗辩的，人民法院可以要求注册商标专用权人提供此前三年内实际使用该注册商标的证据。注册商标专用权人不能证明此前三年内实际使用过该注册商标，也不能证明因侵权行为受到其他损失的，被控侵权人不承担赔偿责任。"

7. 销售行为要考量侵权人的主观过错。销售不知道是侵犯注册商标专用权的商品，能证明该商品是自己合法取得并说明提供者的，不承担赔偿责任。

（四）商标民事权利纠纷的处理途径

《商标法》第六十条规定："有本法第五十七条所列侵犯注册商标专用权行为之一，引起纠纷的，由当事人协商解决；不愿协商或者协商不成的，商标注册人或者利害关系人可以向人民法院起诉，也可以请求工商行政管理部门处理。"因此，商标民事权利纠纷的解决途径有三种：

1. 双方协商。双方自愿协商解决。

2. 民事诉讼。不愿协商或者协商不成的，商标注册人或者利害关系人可以向人民法院起诉。知识产权案件由被告人所在地中级人民法院受理。

3. 请求行政执法部门处理。被侵权人可以请求当地市场监督管理部门进行行政处理。

（五）需要注意的问题

1. 行政处理属于不告不理。市场监督管理部门依照当事人的申请而启动民事权利纠纷的行政处理程序。

2. 行政调解不具有强制执行力。《商标法》第六十条规定："对侵犯商标专用权的赔偿数额的争议，当事人可以请求进行处理的工商行政管理部门调解，也可以依照《中华人民共和国民事诉讼法》向人民法院起诉。经工商行政管理部门调解，当事人未达成协议或者调解书生效后不履行的，当事人可以依照《中华人民共和国民事诉讼法》向人民法院起诉。"这时，提起的是民事诉讼，不能提起行政诉讼，被告是侵犯注册商标专用权人，不是处理案件的行政执法部门。

二、行政责任

市场监督管理部门依职权追究当事人的行政责任。

（一）市场监督部门的职权

商标行政违法案件，市场监督管理部门可以依照职权主动查处，也可以因权利人的投诉或者举报人的举报而查处。当事人向市场监督部门请求处理，只是解决当事人商标民事权利纠纷的途径之一，不是市场监督部门查处商标违法案件的必经程序。《商标法》第六十一条规定："对侵犯注册商标专用权的行为，工商行政管理部门有权依法查处。"

（二）市场监督部门的强制措施权

《商标法》第六十二条规定：县级以上工商行政管理部门根据已经取得的违法嫌疑证据或者举报，对涉嫌侵犯他人注册商标专用权的行为进行查处时，可以行使下列职权：

1. 询问有关当事人，调查与侵犯他人注册商标专用权有关的情况；

2. 查阅、复制当事人与侵权活动有关的合同、发票、账簿以及其他有关资料；

3. 对当事人涉嫌从事侵犯他人注册商标专用权活动的场所实施现场检查；

4. 检查与侵权活动有关的物品，对有证据证明是侵犯他人注册商标专用权的物品，可以查封或者扣押。

工商行政管理部门依法行使前款规定的职权时，当事人应当予以协助、配合，不得拒绝、阻挠。

市场监督部门行政执法中行使强制措施权应该注意的问题是，《商标法》第六十二条规定的强制措施权，是赋予执法部门在查处涉嫌侵犯他人注册商标专用权的行为时行使的，在查处不涉及商标侵权，只是一般商标违法行为时法律没有授权，不得行使。

（三）市场监督部门行政执法中的中止案件查处程序

1. 相关规定

《商标法》第六十二条第三款规定："在查处商标侵权案件过程中，对商标权属存在争议或者权利人同时向人民法院提起商标侵权诉讼的，工商行政管理部门可以中止案件的查处。中止原因消除后，应当恢复或者终结案件查处程序。"《商标法实施条例》第八十一条规定："涉案注册商标权属正在商标局、商标评审委员会审理或者人民法院诉讼中，案件结果可能影响案件定性的，属于商标法第六十二条第三款规定的商标权属存在争议。"

商标权属存在争议，指商标处于异议、申请宣告注册商标无效的案件中，或者在诉讼中。中止案件查处程序的规定，解决了市场监督部门查办商标侵权案件中因权属不确定带来的执法困境，同时明确了司法程序优先。

《商标侵权判定标准》第三十五条规定：正在国家知识产权局审理或者人民法院诉讼中的下列案件，可以适用商标法第六十二条第三款关于"中止"的规定：

（1）注册商标处于无效宣告中的；

（2）注册商标处于续展宽展期的；

（3）注册商标权属存在其他争议情形的。

2. 中止案件查处程序的情形

（1）被控侵权商标尚未注册。以不中止查处为原则，以中止查处为例外。被控侵权商标在申请、初步审定、异议程序中，被控侵权方以此提出抗辩。行政执法部门对是否构成侵权存在争议。个人认为，被控侵权商标在申请、初步审定、异议程序中，尚未获得商标注册，不能受到法律保护。

如果执法人员认为与他人在先注册商标构成近似，而且使用商品相同或者类似，可以不中止案件的查处。如果对是否构成近似，执法人员存在争议，则应该以中止查处程序为宜。

（2）被控侵权商标已经注册。应该以中止查处为原则，以不中止为例外。商标注册后，法律效力具有稳定性。已经经过法律程序核准并获得注册的商标被控侵权的，应该首先通过向商评委申请宣告无效程序，宣告该被控侵权商标无效，基层执法部门不宜作为侵权案件直接查处。如果超出核定使用商品范围使用或者实际使用商品与核定使用商品不一致的，或者对核准注册的商标做出实质性改变，与他人商标构成近似的，基层执法部门则可以不适用中止程序，直接判定是否构成侵权，对案件进行查处。

（3）在先商标处于撤销或者无效程序中。执法实践中，下列情况下可以中止案件查处程序：一是商标局依职权已经作出撤销或者无效宣告决定，但尚未生效；二是商评委依当事人请求已经作出无效宣告裁定，但尚未生效；三是由进行查处的行政执法部门依法判断。如果商标局、商评委已经作出决定或者裁定，虽然未生效，可以作为重要参考，中止案件查处程序。

3. 查办案件的行政执法部门中止案件查处程序后，为尽快结案，可以进一步做些协调工作

对于被控侵权商标为注册商标的，可以告知投诉人向商标评审委员会申请宣告无效；对于投诉人的在先商标为注册商标的，可以向商标局、商评委申请，提速审理相关案件。

4. 中止原因消除后，案件的后续处理

（1）**恢复案件查处程序**。权属争议经商标局或者商评委裁定，维护了权利人的商标权，或者经法院判决侵权成立，继续案件查处程序，依法给予行政处罚。

（2）**终结案件查处程序**。权属争议经商标局或者商评委裁定，商标权人的主张未得到支持，或者经法院判决侵权不成立，终结案件查处程序。

5. 中止案件查处程序的意义

中止案件查处的规定，解决了行政执法部门在商标侵权案件查处过程中，因双方当事人之间有权属争议，将案件查办部门夹在中间左右为难的尴尬境地。商品是否类似、商标是否近似，有些情况很复杂，商标局、商评委甚至法院观点都不尽一致，基层执法人员就更难把握和判断。有当事人的投诉或者举报，行政执法部门必须调查处理，案件一经立案，必须在法定期限内结案。如果商标权属有争议而执法人员又难以判定的情况下，就会出现两难境地：不查处，商标权人会说办案机关不作为；查处，又难以判定是否构成侵权。中止案件查处的规定，解决了这一执法难题。

（四）执法部门要求权利人对涉案商品进行辨认工作中存在的问题

1. 相关规定

《商标法实施条例》第八十二条规定："在查处商标侵权案件过程中，工商行政管理部门可以要求权利人对涉案商品是否为权利人生产或者其许可生产的产品进行辨认。"

《商标侵权判定标准》第三十六条规定：在查处商标侵权案件过程中，商标执法相关部门可以要求权利人对涉案商品是否为权利人生产或者其许可生产的商品出具书面辨认意见。权利人应当对其辨认意见承担相应法律责任。

商标执法相关部门应当审查辨认人出具辨认意见的主体资格及辨认意见的真实性。涉嫌侵权人无相反证据推翻该辨认意见的，商标执法相关部门将该辨认意见作为证据予以采纳。

2. 执法部门要求权利人对涉案商品进行辨认工作中存在的问题及处理建议

一是**不配合**。有时商标权人不配合行政执法部门执法，拒绝对涉案商品是否为其生产或者其许可生产的产品进行辨认。

二是**出具假证据**。本来是其生产或者其许可生产的产品，但由于经销商跨区域进货（内部串货），损害了商标权人划区域授权经销的利益，向行政执法部门举报经销商经营假冒商品，而在行政执法部门要求其对涉案商品进行鉴定时，故意出假证，证明不是其生产或者其许可生产的产品。基于上述情况，商标执法相关部门应当审查辨认人出具辨认意见的主体资格及辨认意见的真实性。商标权利人或者其授权的主体的鉴定意见，需要执法部门结合全案证据，综合判定。

三是**重证据**。涉嫌侵权人无相反证据推翻辨认意见的，商标执法相关部门将该辨认意见作为证据予以采纳。

（五）《商标法》对行政责任的规定

1. 责令立即停止侵权行为。工商行政管理部门处理时，认定侵权行为成立的，责令立即停止侵权行为。

2. 没收、销毁侵权商品和主要用于制造侵权商品、伪造注册商标标识的工具。没收、销毁的是主要工具而不是专门工具，工具范围扩大。

3. 罚款。违法经营额五万元以上的，可以处违法经营额五倍以下的罚款，没有违法经营额或者违法经营额不足五万元的，可以处二十五万元以下的罚款。

4. 责令停止销售。销售不知道是侵犯注册商标专用权的商品，能证明该商品是自己合法取得并说明提供者的，由工商行政管理部门责令停止销售。

5. 关于违法经营额。

（1）关于"违法经营额"和"非法经营额"：2013年版《商标法》将"非法经营额"修改为"违法经营额"，用语更加准确。最高人民法院、最高人民检察院《关于办理侵犯知识产权刑事案件具体应用法律若干问题的解释》（法释〔2004〕19号）第十二条规定："本解释所称'非法经营数额'，是指行为人在实施侵犯知识产权行为过程中，制造、储存、运输、销售侵权产品的价值。已销售的侵权产品的价值，按照实际销售的价格计算。制造、储存、运输和未销售的侵权产品的价值，按照标价或者已经查清的侵权产品的实际销售平均价格计算。侵权产品没有标价或者无法查清其实际销售价格的，按照被侵权产品的市场中间价格计算。"

（2）关于"非法"和"违法"的区别：在具体的法律规范中没有直接的相关解释。现代汉语词典的解释是："非法"即不合法，"违法"即不守法，这种解释仍然无法有效区分它们之间的差异。根据我国现行《刑法》罪名的设置，涉及"非法"行为的罪名有56个，涉及"违法"行为的罪名有4个。两者的区别：一是违法行为可能是故意行为，也可能是过失行为；非法行为则都是故意行为。二是违法行为可能是积极行为，也可能是消极行为；非法行为则都是积极行为。三是违法行为总是与特定的职务或业务相联系，其本身是应当受到法律规制而又不符合法律规制的行为；非法行为与合法的职务或业务无关，是被法律禁止的行为。如：《最高人民法院关于审理建设工程施工合同纠纷案件适用法律问题的解释》法释〔2004〕14号文件中，使用了如下表述："第四条承包人非法转包、违法分包建设工程或者……"，这里使用"非法转包"和"违法分包"的表述，正是因为在工程建设的法律规范中，已经明确规定了"分包"活动应当遵守的行为准则，同时明确禁止任何形式的"转包"行为。

（3）**计算违法经营额应该考虑的因素**：《商标法实施条例》第七十八条规定："计算商标法第六十条规定的违法经营额，可以考虑下列因素：

①侵权商品的销售价格；

②未销售侵权商品的标价；

③已查清侵权商品实际销售的平均价格；

④被侵权商品的市场中间价格；

⑤侵权人因侵权所产生的营业收入；

⑥其他能够合理计算侵权商品价值的因素。"

（4）**执法实践中计算违法经营额的方法**：关于计算违法经营额可以考虑的因素，适用时是否有先后顺序？分几种具体情况分析：

a. **侵权商品全部售出的情况**：按照①实际销售价格计算，实际也就是⑤因侵权所产生的营业收入；

b. **侵权商品全部未售出的情况**：应该按照②未销售侵权商品的标价计算；如果没有标价，可以按照④被侵权商品的市场中间价格计算。

c. **侵权商品部分售出，部分未售出的情况**：售出的部分，按照①实际销售价格计算；未售出的部分，应该按照③已查清侵权商品实际销售的平均价格计算，而不应该按照②未销售侵权商品的标价计算。理由是：1. 从商品价格看，商品的实际销售价格一般来说不会高于标价，按标价计算出的非法经营额通常高于按实际销售价格计算出的非法经营额。2. 从危害后果看，已销售侵权商品是既遂，已经造成实际危害，库存侵权商品是未遂，没有造成实际危害。如果将库存的侵权商品按标价计算违法经营额，会造成已经产生实际危害的数额计算标准较低，没有产生实际危害的数额计算标准反而高的不合理局面。3. 从立法原则看，根据《行政处罚法》规定的"实施行政处罚必须与违法行为的事实、性质、情节以及社会危害程度相当"的过罚相当原则，按照实际销售平均价格计算库存侵权商品的违法经营额，能够客观评价库存侵权商品产生社会危害的实际状况，符合过罚相当原则。因此，如果库存的侵权商品既有标价，又能够查清其实际销售价格，根据过罚相当的原则，应按已经查清的侵权商品的实际销售平均价格计算违法经营额。

6. 从重处罚情形。对五年内实施两次以上商标侵权行为或者有其他严重情节的，应当从重处罚。

关于**两次以上的界定**：《商标侵权判定标准》第三十四条规定：商标法第六十条第二款规定的"五年内实施两次以上商标侵权行为"指同一当事人被商标执法相关部门、人民法院认定侵犯他人注册商标专用权的行政处罚或者判决生效之日起，五年内又实施商标侵权行为的。

所以，两次以上的界定是在被执法部门处罚过或者有法院生效判决后，又实施侵权行为的。虽然之前实施了侵权行为但未被处理过的，不属于从重处罚情节。但对两年内的侵权行为，可以一并处理。

（六）执法实践中对行政责任有关问题的理解

1. 行政责任不能协商。当事人就民事纠纷进行协商不是行政执法部门商标违法行为进行行政处罚的前置程序。《商标法》第六十条规定："有本法第五十七条所列侵犯注册商标专用权行为之一，引起纠纷的，由当事人协商解决；不愿协商或者协商不成的，商标注册人或者利害关系人可以向人民法院起诉，也可以请求工商行政管理部门处理。工商行政管理部门处理时，认定侵权行为成立的，责令立即停止侵权行为，没收、销毁侵权商品和主要用于制造侵权商品、伪造注册商标标识的工具，违法经营额五万元以上的，可以处违法经营额五倍以下的罚款，没有违法经营额或者违法经营额不足五万元的，可以处二十五万元以下的罚款。对五年内实施两次以上商标侵权行为或者有其他严重情节的，应当从重处罚。销售不知道是侵犯注册商标专用权的商品，能证明该商品是自己合法取得并说明提供者的，由工商行政管理部门责令停止销售。对侵犯商标专用权的赔偿数额的争议，当事人可以请求进行处理的工商行政管理部门调解，也可以依照《中华人民共和国民事诉讼法》向人民法院起诉。经工商行政管理部门调解，当事人未达成协议或者调解书生效后不履行的，当事人可以依照《中华人民共和国民事诉讼法》向人民法院起诉。"据此，有人认为，工商行政管理部门处理商标侵权案件，应由当事人先行协商解决；不愿协商或者协商不成，请求行政执法部门处理时，执法部门才能处理，这是对法律的误解。这个理解只适用于商标纠纷民事责任部分的解决。行政责任，当事人不能协商，行政执法部门有权主动查处。依据：

（1）《商标法》第六十一条规定："对侵犯注册商标专用权的行为，工商行政管理部门有权依法查处。"

（2）《商标法》第六十二条规定："县级以上工商行政管理部门根据已经取得的违法嫌疑证据或者举报，对涉嫌侵犯他人注册商标专用权的行为进行查处时，可以行使下列职权：……"

（3）《商标法实施条例》第七十七条规定："对侵犯注册商标专用权的行为，任何人可以向工商行政管理部门投诉或者举报。"

2. 就商标权益的使用和保护而言，有些商标违法行为无民事责任，仅承担行政责任。如商标注册人擅自改变商标注册事项、冒充注册商标等。

3. 当事人就民事纠纷协商解决后如何追究侵权人行政法律责任。对行政执法机关已经立案但尚未作出行政处理决定的商标侵权案件，当事人就民事纠纷协商解决后商标注册人或者利害关系人申请撤诉的，行政执法机关可以根据侵权行为是否侵害社会公众利益和消费者权益以及情节轻重等具体情况依法追究侵权人的行政法律责任。侵权人主动减轻或者消除违法行为危害后果的，应当从轻处罚或者不予行政处罚（商标案字〔2004〕第111号批复）。所以，对行政执法机关已经立案但尚未作出行政处理决定的商标侵权案件，原则上讲，撤诉不影响行政处罚。

4. 一品多标作为一个案件处理。 擅自在一件商品或者其包装上使用他人多件注册商标的，应当按照一个商标侵权行为进行处理。而不能将多个侵权商标作为多个案件处理。

（七）执法实践中对侵犯注册商标专用权行为追诉时效的确定和把握

1. 行政责任追诉时效为二年。《行政处罚法》规定，违法行为二年内未发现的，不再处罚。对二年的追诉时效规定如何适用，特别是对持续侵权行为追诉时效期间的适用，是执法实践中必须把握好的问题。

（1）持续的侵权行为，应该从行为终了之次日起计算，超过两年未发现的，不再处罚。查处的违法行为的经营额等应该是从发现之日起向前推算二年计算，超过两年的，不再处罚。

（2）商标侵权行为中断后又实施侵权行为的情形，违法经营额等从发现时起向前推算二年计算，超过二年的侵权行为不再处罚。

2. 侵权民事责任的诉讼时效为三年。《最高人民法院关于审理商标民事纠纷案件适用法律若干问题的解释》第十八条规定："侵犯注册商标专用权的诉讼时效为三年，自商标注册人或者利害权利人知道或者应当知道侵权行为之日起计算。商标注册人或者利害关系人超过三年起诉的，如果侵权行为在起诉时仍在持续，在该注册商标专用权有效期限内，人民法院应当判决被告停止侵权行为，侵权损害赔偿数额应当自权利人向人民法院起诉之日起向前推算三年计算。"

三、刑事责任

（一）法律依据

1.《刑法》；

2. 2004 年 12 月 22 日最高人民法院、最高人民检察院《关于办理侵犯知识产权刑事案件具体应用法律若干问题的解释》（法释〔2004〕19号，以下简称《解释》），2007 年 4 月 5 日最高人民法院、最高人民检察院《关于办理侵犯知识产权刑事案件具体应用法律若干问题的解释（二）》（法释〔2007〕6 号）和 2020 年 9 月 14 日起施行的最高人民法院、最高人民检察院《关于办理侵犯知识产权刑事案件具体应用法律若干问题的解释（三）》（法释〔2020〕10 号）；

3. 2010 年 5 月 7 日最高人民检察院、公安部《最高人民检察院公安部关于公安机关管辖的刑事案件立案追诉标准的规定（二）》；

4. 2011 年 1 月 10 日最高人民法院、最高人民检察院、公安部《关于办理侵犯知识产权刑事案件适用法律若干问题的意见》（法释〔2011〕3 号）。

（二）具体罪行

1. 假冒注册商标罪

（1）概念

未经商标注册人许可，在同一种商品上使用与其注册商标相同的商标，构成犯罪的，除赔偿被侵权人的损失外，依法追究刑事责任。

假冒商标犯罪应当同时具备以下条件：一是商标注册人实际使用的商标与核准注册的商标相同，该商标实际使用的商品在商标专用权核定的商品范围内；二是他人擅自使用的商标与注册人的商标相同，商品相同；三是假冒他人商标达到犯罪立案标准。

（2）犯罪构成标准

《刑法》第二百一十三条规定："未经注册商标所有人许可，在同一种商品上使用与其注册商标相同的商标，情节严重的，处三年以下有期徒刑或者拘役，并处或者单处罚金；情节特别严重的，处三年以上七年以下有期徒刑，并处罚金。"

2010 年 5 月 7 日最高人民检察院、公安部关于印发《最高人民检察院公安部关于公安机关管辖的刑事案件立案追诉标准的规定（二）》"第六十九条 [假冒注册商标案（刑法第二百一十三条）] 未经注册商标所有人许可，在同一种商品上使用与其注册商标相同的商标，涉嫌下列情形之一的，应予立案追诉：

（一）非法经营数额在五万元以上或者违法所得数额在三万元以上的；

（二）假冒两种以上注册商标，非法经营数额在三万元以上或者违法所得数额在二万元以上的；

（三）其他情节严重的情形。"

（3）关于尚未附着或者尚未全部附着假冒注册商标标识的侵权产品价值是否计入违法经营数额问题

2011 年 1 月 10 日最高人民法院、最高人民检察院、公安部《关于办理侵犯知识产权刑事案件适用法律若干问题的意见》"七、关于尚未附着或者尚未全部附着假冒注册商标标识的侵权产品价值是否计入非法经营数额的问题：

在计算制造、储存、运输和未销售的假冒注册商标侵权产品价值时，对于已经制作完成但尚未附着（含加贴）或者尚未全部附着（含加贴）假冒注册商标标识的产品，如果有确实、充分证据证明该产品将假冒他人注册商标，其价值计入非法经营数额。"

2. 销售假冒注册商标的商品罪

《刑法》第二百一十四条规定："销售明知是假冒注册商标的商品，销售金额数额较大的，处三年以下有期徒刑或者拘役，并处或者单处罚金；销售金额数额巨大的，处三年以上七年以下有期徒刑，并处罚金。"

（1）犯罪构成标准

主观上要求是"明知"，即明知而故意销售。如果不知是假冒注册商标的商品，无论销售数额多大，也不构成犯罪。所以，判别当事人是否明知非常关键。在确定了属于明知的基础上，才会涉及是否达到犯罪构成标准而移送的问题。

根据 2004 年 12 月 22 日起施行的《最高人民法院、最高人民检察院关于办理侵犯知识产权刑事案件具体应用法律若干问题的解释》（法释〔2004〕19 号，以下简称《解释》）有下列情形之一的，应当认定为属于《刑法》第二百一十四条规定的"明知"：

①知道自己销售的商品上的注册商标被涂改、调换或者覆盖的；

②因销售假冒注册商标的商品受到过行政处罚或者承担过民事责任，又销售同一种假冒注册商标的商品的；

③伪造、涂改商标注册人授权文件或者知道该文件被伪造、涂改的；

④其他知道或者应当知道是假冒注册商标的商品的情形。

（2）关于"销售金额数额较大"

销售金额是指销售假冒注册商标的商品后所得和应得的全部违法收入。关于"所得和应得的全部违法收入"，"所得"一般是指已经得到的违法收入，"应得"一般是指应收款。

2010 年 5 月 7 日最高人民检察院、公安部关于印发《最高人民检察院公安部关于公安机关管辖的刑事案件立案追诉标准的规定（二）》第七十条："[销售假冒注册商标的商品案（刑法第二百一十四条）]销售明知是假冒注册商标的商品，涉嫌下列情形之一的，应予立案追诉：

①销售金额在五万元以上的；

②尚未销售，货值金额在十五万元以上的；

③销售金额不满五万元，但已销售金额与尚未销售的货值金额合计在十五万元以上的。"

（3）尚未销售或者部分销售情形的定罪量刑问题

2011年1月10日最高人民法院、最高人民检察院、公安部《关于办理侵犯知识产权刑事案件适用法律若干问题的意见》规定："八、关于销售假冒注册商标的商品犯罪案件中尚未销售或者部分销售情形的定罪量刑问题

销售明知是假冒注册商标的商品，具有下列情形之一的，依照刑法第二百一十四条的规定，以销售假冒注册商标的商品罪（未遂）定罪处罚：

①假冒注册商标的商品尚未销售，货值金额在十五万元以上的；

②假冒注册商标的商品部分销售，已销售金额不满五万元，但与尚未销售的假冒注册商标的商品的货值金额合计在十五万元以上的。

假冒注册商标的商品尚未销售，货值金额分别达到十五万元以上不满二十五万元、二十五万元以上的，分别依照刑法第二百一十四条规定的各法定刑幅度定罪处罚。

销售金额和未销售货值金额分别达到不同的法定刑幅度或者均达到同一法定刑幅度的，在处罚较重的法定刑或者同一法定刑幅度内酌情从重处罚。"

（4）违法行为的牵连

关于实施假冒注册商标的犯罪行为，又销售该假冒注册商标的商品如何定性问题：《解释》第十三条规定："实施刑法第二百一十三条规定的假

冒注册商标犯罪，又销售该假冒注册商标的商品，构成犯罪的，应当依照《刑法》第二百一十三条的规定，以假冒注册商标罪定罪处罚。"

这样规定是由于行为人自己实施假冒注册商标的犯罪行为，又销售该假冒注册商标的商品，从刑法理论上讲属于牵连犯，一般应"从一重处"，不实行并罚。

（5）违法行为的聚合

关于实施假冒注册商标的犯罪行为，又销售明知是他人的假冒注册商标的商品如何定性问题：《解释》第十三条规定："实施刑法第二百一十三条规定的假冒注册商标犯罪，又销售明知是他人的假冒注册商标的商品，构成犯罪的，应当实行数罪并罚。"行为人如果既自己实施了假冒注册商标的犯罪行为，又销售明知是他人的假冒注册商标的商品，属于违法行为的聚合，构成实质上的数罪，应当数罪并罚。

3. 伪造、擅自制造他人注册商标标识或者销售伪造、擅自制造的注册商标标识罪

《刑法》第二百一十五条的规定："伪造、擅自制造他人注册商标标识或者销售伪造、擅自制造的注册商标标识，情节严重的，处三年以下有期徒刑、拘役或者管制，并处或者单处罚金；情节特别严重的，处三年以上七年以下有期徒刑，并处罚金。"

（1）犯罪构成标准

2010年5月7日最高人民检察院、公安部关于印发《最高人民检察院公安部关于公安机关管辖的刑事案件立案追诉标准的规定（二）》第七十一条 [非法制造、销售非法制造的注册商标标识案（刑法第二百一十五条）] 伪造、擅自制造他人注册商标标识或者销售伪造、擅自制造的注册商标标识，涉嫌下列情形之一的，应予立案追诉：

① 伪造、擅自制造或者销售伪造、擅自制造的注册商标标识数量在二万件以上，或者非法经营数额在五万元以上，或者违法所得数额在三万元以上的；

② 伪造、擅自制造或者销售伪造、擅自制造两种以上注册商标标识数量在一万件以上，或者非法经营数额在三万元以上，或者违法所得数额在二万元以上的；

③ 其他情节严重的情形。

"件"：是指标有完整商标图样的一份标识。

（2）尚未销售或者部分销售情形的定罪问题。

2011 年 1 月 10 日，最高人民法院、最高人民检察院、公安部《关于办理侵犯知识产权刑事案件适用法律若干问题的意见》规定："九、关于销售他人非法制造的注册商标标识犯罪案件中尚未销售或者部分销售情形的定罪问题

销售他人伪造、擅自制造的注册商标标识，具有下列情形之一的，依照《刑法》第二百一十五条的规定，以销售非法制造的注册商标标识罪（未遂）定罪处罚：

① 尚未销售他人伪造、擅自制造的注册商标标识数量在六万件以上的；

② 尚未销售他人伪造、擅自制造的两种以上注册商标标识数量在三万件以上的；

③ 部分销售他人伪造、擅自制造的注册商标标识，已销售标识数量不满二万件，但与尚未销售标识数量合计在六万件以上的；

④ 部分销售他人伪造、擅自制造的两种以上注册商标标识，已销售标识数量不满一万件，但与尚未销售标识数量合计在三万件以上的。"

（三）关于多次实施侵犯知识产权行为累计计算数额问题

2011 年 1 月 10 日最高人民法院、最高人民检察院、公安部《关于办理侵犯知识产权刑事案件适用法律若干问题的意见》规定："十四、关于多次实施侵犯知识产权行为累计计算数额问题

依照《最高人民法院、最高人民检察院关于办理侵犯知识产权刑事案件具体应用法律若干问题的解释》第十二条第二款的规定，多次实施侵犯知识产权行为，未经行政处理或者刑事处罚的，非法经营数额、违法所得数额或者销售金额累计计算。

二年内多次实施侵犯知识产权违法行为，未经行政处理，累计数额构成犯罪的，应当依法定罪处罚。实施侵犯知识产权犯罪行为的追诉期限，适用刑法的有关规定，不受前述二年的限制。"

（四）关于为他人实施侵犯知识产权犯罪提供原材料、机械设备等行为的定性问题

2011 年 1 月 10 日，最高人民法院、最高人民检察院、公安部《关于办理侵犯知识产权刑事案件适用法律若干问题的意见》规定："十五、关于为他人实施侵犯知识产权犯罪提供原材料、机械设备等行为的定性问题

明知他人实施侵犯知识产权犯罪，而为其提供生产、制造侵权产品的主要原材料、辅助材料、半成品、包装材料、机械设备、标签标识、生产技术、配方等帮助，或者提供互联网接入、服务器托管、网络存储空间、通信传输通道、代收费、费用结算等服务的，以侵犯知识产权犯罪的共犯论处。"

（五）侵权证据问题

证据包括：1. 物证；2. 书证；3. 视听资料；4. 证人证言；5. 权利人陈述；6. 涉嫌侵权人陈述辩解；7. 民事或者行政诉讼当事人陈述；8. 鉴定结论；9. 勘验、检查笔录等。上述证据应当存在链接关系，一般情况下，不

能由单一证据作为唯一证据对案件进行定性处理。

（1）关于**权属方面的证据**。主要证明商标权的归属，是否为驰名商标，该商标权的保护范围。一是该当事人是该权利的拥有者或其利害关系人，因此确定是合法的原告或投诉人；二是该商标权在中国合法存在，在有效期内，商标权可被依法行使。证据主要包括：①商标注册证（如指定颜色的须提交商标注册证的原件）及续展证明或者续展办理手续。国际商标注册，则需提供由国家商标局发布的该国际注册在中国有效的证明。②驰名商标认定文件或人民法院认定驰名商标的判决书。

（2）关于**侵权方面的证据**。主要目的在于确认被告以何种形式侵犯原告的商标权，侵权行为发生的范围等。要证明被告实施了或正在实施被控侵权行为。例如，被告生产的被控侵权产品及销售发票、买卖合同、视听资料、被告的促销宣传材料、产品样品或照片等。

（3）关于**损害赔偿方面的证据**。在商标侵权案件中，要求赔偿的，应当提交有关赔偿数额的计算方法。《商标法》第六十三条规定："侵犯商标专用权的赔偿数额，按照权利人因被侵权所受到的实际损失确定；实际损失难以确定的，可以按照侵权人因侵权所获得的利益确定；权利人的损失或者侵权人获得的利益难以确定的，参照该商标许可使用费的倍数合理确定。对恶意侵犯商标专用权，情节严重的，可以在按照上述方法确定数额的一倍以上五倍以下确定赔偿数额。赔偿数额应当包括权利人为制止侵权行为所支付的合理开支。

人民法院为确定赔偿数额，在权利人已经尽力举证，而与侵权行为相关的账簿、资料主要由侵权人掌握的情况下，可以责令侵权人提供与侵权行为相关的账簿、资料；侵权人不提供或者提供虚假的账簿、资料的，人民法院可以参考权利人的主张和提供的证据判定赔偿数额。

权利人因被侵权所受到的实际损失、侵权人因侵权所获得的利益、注册商标许可使用费难以确定的，由人民法院根据侵权行为的情节判决给予五百万元以下的赔偿。"所以，权利人要求赔偿的，应该提交因被侵权所受到的实际损失或者侵权人因侵权所获得的利益方面的证据；或者商标许可使用费标准方面的证据。

（4）**有关侵权人情况的证据**。主要证明侵权人确切的名称、地址、经营范围等情况。

查证方面，法院与行政执法部门的区别：一是证据来源不同。诉讼中的证据由当事人举证，谁主张谁举证；行政执法部门查办案件要主动查证。二是证明事项不同。法院主要查证侵权损失数额，刑事案件也要查证经营额；行政执法部门主要查证侵权行为涉及的经营额。三是法律责任不同。法院追究民事责任和刑事责任；行政执法部门追究行政责任。

（六）侵权物品处理问题

1. 行政执法部门依法对商标侵权行为进行行政处罚，可以责令停止侵权行为，没收、销毁侵权商品和主要用于制造侵权商品、伪造注册商标标识的工具，并可处以罚款。其中，责令停止侵权行为、没收、销毁和罚款等行政处罚决定可以单处，也可并处。

2. 实践中，对没收的商标侵权商品，其商标与商品可以分离且商品尚有使用价值的，在去除侵权商标标识后，在保证假冒注册商标的商品不进入商业渠道的前提下，可以采取除"销毁"以外的其他处理方式加以处置，如捐赠给社会福利机构等，既能废物利用，又减少资源浪费，防止环境污染。

3. 对已没收物品予以拍卖处理的，其拍卖款应当在去除拍卖成本后，全部上缴国库。对没收物品价值不高，拍卖手续过于繁杂的，也可将侵权物品去除侵权标识后捐赠给社会福利机构并载明物品去向。

第八节　《商标法》《反不正当竞争法》《产品质量法》在违法行为规制方面存在的交叉重叠以及法律适用中的联系和转换

《商标法》将有的商标违法行为转至适用《反不正当竞争法》，故在规制商标违法行为方面，《商标法》和《反不正当竞争法》有交叉和重叠，需要在执法实践中考量法律适用问题。

一、关于注册商标、驰名商标与有一定影响的商品名称、包装、装潢交叉保护问题

《反不正当竞争法》第六条规定："经营者不得实施下列混淆行为，引人误认为是他人商品或者与他人存在特定联系：（一）擅自使用与他人有一定影响的商品名称、包装、装潢等相同或者近似的标识……"与《商标法》第十三条以及第十四条关于驰名商标的规定存在着交叉。《商标法》第十三条规定："为相关公众所熟知的商标，持有人认为其权利受到侵害时，可以依照本法规定请求驰名商标保护。就相同或者类似商品申请注册的商标是复制、摹仿或者翻译他人未在中国注册的驰名商标，容易导致混淆的，不予注册并禁止使用。"

（一）注册商标与有一定影响的商品名称、包装、装潢存在着保护的转换

有一定影响的商品名称、包装、装潢因其在市场上使用和宣传具有了

一定影响，因产生混淆而受到《反不正当竞争法》保护，这些有一定影响的商品名称、包装、装潢因具有一定的独特性，可以申请商标注册，商品名称可以转换为商标名称，包装、装潢可以转换为立体商标或者图形商标，继而成为注册商标，受到《商标法》的保护。一定意义上说，有一定影响的商品名称、包装、装潢是尚未进行商标注册的受《反不正当竞争法》保护的未注册商标。反过来说，一些未注册商标可以先行寻求《反不正当竞争法》的保护，注册后再寻求《商标法》保护。

（二）未注册的驰名商标与有一定影响的商品名称、包装、装潢存在保护的交叉重叠关系

1. **有一定影响的商品名称、包装、装潢和未注册的驰名商标之间是有重叠的。** 如果把有一定影响的商品名称、包装、装潢看作是未注册的商标名称、立体商标、图形商标，而这些未注册的商标名称、立体商标、图形商标，又符合《商标法》第十三条、第十四条有关驰名商标认定的条件，这时作为侵权案件，就存在是适用《反不正当竞争法》保护还是适用《商标法》保护的问题。驰名商标因其商标"驰名"，而使用该商标的相关商品或服务变为"有一定影响"，但是，驰名商标所涉及的商品或者服务的名称、包装、装潢不一定就有一定影响。如果使用的情况是作为未注册商标使用，按照未注册的驰名商标保护时，应该适用《商标法》处理；如果使用的情况是作为商品的名称、包装、装潢使用，则应该适用《反不正当竞争法》处理。

2. **两个法律对相关违法行为的处罚力度不同。** 对该类混淆行为，《反不正当竞争法》的处罚力度比《商标法》大。因此，执法实践中，判定使用在商品上的标志是属于商品名称、包装、装潢的使用属性还是商标的使用属性就显得很重要。

《**商标法**》第十三条规定："为相关公众所熟知的商标，持有人认为其权利受到侵害时，可以依照本法规定请求驰名商标保护。

就相同或者类似商品申请注册的商标是复制、摹仿或者翻译他人未在中国注册的驰名商标，容易导致混淆的，不予注册并禁止使用。

就不相同或者不相类似商品申请注册的商标是复制、摹仿或者翻译他人已经在中国注册的驰名商标，误导公众，致使该驰名商标注册人的利益可能受到损害的，不予注册并禁止使用。"

所以，对驰名商标按照《商标法》的保护措施是不予注册并禁止使用。

《反不正当竞争法》第十八条规定："经营者违反本法第六条规定实施混淆行为的，由监督检查部门责令停止违法行为，没收违法商品。违法经营额五万元以上的，可以并处违法经营额五倍以下的罚款；没有违法经营额或者违法经营额不足五万元的，可以并处二十五万元以下的罚款。情节严重的，吊销营业执照。

经营者登记的企业名称违反本法第六条规定的，应当及时办理名称变更登记；名称变更前，由原企业登记机关以统一社会信用代码代替其名称。"

按照《反不正当竞争法》的规定，对混淆行为可以责令停止违法行为，没收违法商品，以及并处罚款。

二、未经商标权人许可而撤换他人注册商标标识及其他有关标识，再将商品投放市场的行为的法律适用

《商标法》第五十七条第（五）项规定，"未经商标注册人同意，更换其注册商标并将该更换商标的商品又投入市场的未经商标注册人同意，更换其注册商标并将该更换的商标的商品又投入市场的"，属于侵犯注册商标专用权行为。将他人的注册商标、其他有关质量、制作成分、生产者等

的标识撤换后，在市场上销售时，使用自己的商标及其他有关标识，这种行为，是适用《商标法》还是适用《反不正当竞争法》进行处罚，因为《商标法》对撤换商标的行为作出了特别规定，所以，对撤换他人注册商标的行为应该适用《商标法》处理。对其他的撤换行为，应该适用《反不正当竞争法》第八条关于虚假宣传的规定处理。

三、在商品上伪造产地和擅自使用地理标志的行为存在交叉规制

在商品上伪造产地和擅自使用地理标志的行为在规制上存在交叉。《产品质量法》第三十条"生产者不得伪造产地，不得伪造或者冒用他人的厂名、厂址"的规定，与《商标法》第十六条规定的"商标中有商品的地理标志，而该商品并非来源于该标志所标示的地区，误导公众的，不予注册并禁止使用"存在着类似的地方。"地理标志"是指标示某商品来源于某地区，该商品的特定质量、信誉或者其他特征，主要由该地区的自然因素或者人文因素所决定的标志。《商标法》中的"地理标志名称"与《产品质量法》中所称的"产地名称"，有联系也有区别。分两种情形：

1. **伪造的产地同时也是地理标志商标。**产地名称中，有些同时也是地理标志名称，这种情况下，伪造产地行为就正好与侵犯地理标志专用权行为重合。例如，对非河北迁西产的板栗在包装上标称"迁西板栗"，虽然是伪造产地，但因"迁西板栗"是地理标志商标，因而应该适用《商标法》第十六条的规定进行处罚。

2. **伪造的产地不是地理标志商标。**例如对非北京产的服装标称产地"北京"，因为"北京服装"不是地理标志商标，应该界定为质量违法行为的"伪造产地"，依据《产品质量法》的有关规定进行处罚。

四、其他"傍名牌"情形的法律适用问题

（一）将他人文字商标拆开注册后再合并使用，配以在境外以他人驰名商标、高知名度企业字号注册的企业名称，造成消费者混淆误认。

一些经营者将他人驰名商标、高知名度企业字号到香港特别行政区或境外注册成企业名称后，以香港企业或境外企业的名义到国家商标局将该他人驰名商标、高知名度企业的字号拆开，分别申请注册成两个或多个商标后，再将两个或多个注册商标合并起来使用，同时以监制、授权经销商等名义配以香港或境外注册的企业名称，达到"傍名牌"的目的。如：胡某以"香港（红双喜）集团有限公司"的名义，先后向商标局申请注册了香喜、喜港两个商标，其中"香"字和"港"字字体、字形一样，两个"喜"字字体、字形一样。胡某在取得这两件商标注册证后，又将其合并在压力锅上使用，就变成了"香喜喜港（香港红双喜）"，达到其"傍"沈阳"红双喜"压力锅品牌的目的，在市场上造成混淆。对于此类行为，根据案件具体情况，依据《商标侵权判定标准》第二十二条规定判定商标相同还是近似，适用《商标法》第五十七条规定处理。

（二）以转让或者许可使用国内注册的商标为幌子，突出标注在境外注册的含有驰名商标、高知名度企业名称。

一些经营者将自己在境内注册的商标依法转让给自己在香港或境外注册的含有他人驰名商标、高知名度企业字号的"傍名牌"企业，再由境外企业通过商标使用许可、授权生产等方式，许可境内企业生产、销售与该他人驰名商标同类的产品，并在产品上淡化自己的商标，突出标注包含有他人驰名商标的境外企业名称，达到"傍名牌"的目的。如某服装生产企业先在商标局申请注册鸟图形商标，然后到香港登记注册了"法国啄木鸟（香港）服饰有限公司"企业名称，再将鸟图形商标依法转让给"法国啄

木鸟（香港）服饰有限公司"，再由"法国啄木鸟（香港）服饰有限公司"以授权生产名义，许可该服装生产企业使用鸟图形商标和"法国啄木鸟（香港）服饰有限公司"企业名称，再加上其包装、装潢与真正"啄木鸟"服装近似，达到"傍"啄木鸟品牌的目的。对此类违法行为，按照《商标法》第五十八条规定："将他人注册商标、未注册的驰名商标作为企业名称中的字号使用，误导公众，构成不正当竞争行为的，可以依照《中华人民共和国反不正当竞争法》处理。"在同一种或者类似商品或者服务上，将企业名称中的字号突出使用，与他人注册商标相同或者近似、容易导致混淆的，属于《商标法》第五十七条第一项或者第二项规定的商标侵权行为，依据《商标法》处理。

（三）将知名企业的商标或者企业字号到香港等地注册为企业名称或商标，再委托内地企业生产同类产品。

一些经营者将境内外一些驰名商标、高知名度企业字号到香港特别行政区等地注册为企业名称或商标，然后以香港或境外企业的名义，用授权生产、委托加工、监制等形式，委托境内企业生产同类产品，在产品包装、装潢上突出使用与该他人驰名商标、高知名度企业的字号相同或相似的境外企业名称，造成消费者混淆误认，侵害合法企业的在先商标权和企业字号权。如某企业将驰名商标苏泊尔在香港特别行政区注册了"苏泊尔集团（香港）有限公司"的企业名称，然后以"苏泊尔集团（香港）有限公司"的名义委托某金属电器有限公司生产压力锅。该金属电器有限公司则在其生产的压力锅产品及包装、装潢上突出使用"苏泊尔集团（香港）有限公司"的企业名称，使消费者误认为是驰名商标所有人"浙江苏泊尔集团有限公司"在香港投资的公司生产的压力锅产品。对此类违法行为，可以按照《商标法》第五十八条规定："将他人注册商标、未注册的驰名商标作为企业名称中的字号使用，误导公众，构成不正当竞争行为的，依照《中华人民共和国反不正当竞争法》处理。"依照《反不正当竞争法》第六条规定定性处理。《反不正当竞争法》第六条规定："经营者不得实施下列混淆行为，引人误认为是他人商品或者与他人存在特定联系：（四）其他足以引人误认为是他人商品或者与他人存在特定联系的混淆行为。"

（四）将他人注册商标、未注册的驰名商标作为企业名称中的字号使用，误导公众的行为的法律适用问题。

此类行为分两种情形：

1. 在同一种商品、服务或者类似商品、服务上，将企业名称中的字号突出使用，与他人注册商标相同或者近似并容易导致混淆的，属于《商标法》第五十七条第一项或者第二项规定的商标侵权行为。

2. 其他情形。包括在同类商品或服务上将企业名称中的字号不作突出使用，在不同类商品或者服务将他人注册商标、未注册的驰名商标作为企业名称中的字号使用，误导公众的情形。

涉及《商标法》转至适用《反不正当竞争法》问题。《商标法》第五十八条规定："将他人注册商标、未注册的驰名商标作为企业名称中的字号使用，误导公众，构成不正当竞争行为的，依照《中华人民共和国反不正当竞争法》处理。"对此类行为，应该转至适用《反不正当竞争法》第六条规定定性："经营者不得实施下列混淆行为，引人误认为是他人商品或者与他人存在特定联系：（四）其他足以引人误认为是他人商品或者与他人存在特定联系的混淆行为。"依据《反不正当竞争法》第十八条规定处理："经营者违反本法第六条规定实施混淆行为的，由监督检查部门责令停止违法行为，没收违法商品。违法经营额五万元以上的，可以并处违法经营额五倍以下的罚款；没有违法经营额或者违法经营额不足五万元的，可以并处二十五万元以下的罚款。情节严重的，吊销营业执照。经营者登记的企业名称违反本法第六条规定的，应当及时办理名称变更登记；名称变更前，由原企业登记机关以统一社会信用代码代替其名称。"